クライマーズ
コンディショニング ブック

菊地敏之 著　前之園多幸・六角智之 監修

BODY
CONDITIONING

はじめに

「君たちはこれ（クライミング）を、ちゃんとスポーツとして取り組んでやっているのか？」

40過ぎて肩を壊し、専門医に赴いた時に言われた言葉である。

野球などのプロスポーツ選手を多く診ているその先生は、そのスポーツを続けるという目線ですべてを考えてくれるという点で非常にありがたかったが、同じくそれに向けての理論的な積み重ねという面でも非常に厳しいものを持っていた。しかし患者の多くが単なる日常復帰ではなく、あくまで選手としての現役復帰を目指しているというその病院にあっては、そうした考え方は当たり前で、それまでただガムシャラに登るということだけをやってきた自分にとって、それは目から鱗に近いものだった。

結果、クライミングにもこうした視点が必要と感じ、『クライマーズ・ボディ』を作り上げたのが２００５年。

それから15年近くがたち、クライミングはよりスポーツ的に、また、より激しいレベルへと発展してきている。そしてそれを取り巻く環境も、以前とは比べものにならないほど進化している。例えば今やクライミングの主流とも言えるコンペに向けてのシステマティックなトレーニング環境の整備などは、その最たるものと言えるだろう。

しかしまた同時に、そうしたスポーツ的な変化に伴う新たな故障例が増えてきているのも事実である。特にユースクライマーにおける指の骨端症などは非常に憂慮すべき事柄だし、高齢者や女性、初心者ならではの障害もこのところ目立って多い。

実際、15年前に『クライマーズ・ボディ』を作った時には考えもしなかったような症例がこの数年多数現れ、その改訂版をいよいよ作らなければと考えるに至った。まずはそのきっかけを与えてくださった山と溪谷社の大畑貴美子さん、出版を東京新聞出版局から山と溪谷社に移行するにあたってお骨折りくださった元『岳人』編集長の廣川建司さん、東京新聞事業局部長の安藤篤人さん、さらに今回新しく本企画への参加をお願いし、貴重な資料を多数提供してくださった日本山岳・スポーツクライミング協会スポーツクライミング医科学委員長の六角智之先生、前回に引き続きやはり豊富な臨床経験から多くのアドバイスをしていただいた前之園多幸先生に、この場を借りて深くお礼を申し上げたい。

そうして旧『クライマーズ・ボディ』を元に新しく作ったのが本書であるわけだが、今回、非常に強く感じているのは、これは、故障した（あるいはする可能性のある）クライマー本人だけでなく、指導者と呼ばれる人たちにもぜひ読んでもらいたいということだ。

特に若年層に対する指導は、先鋭的なユース選手たちに対するものだけでなく、学校の部活動やその他でもこれから機会は大いに増え得る。そこでの健康管理のための知識は、技術指導や安全管理、倫理指導などとともに、きわめて深いものが求められることだろう。そしてこれからこのスポーツの発展を担う人たちに、フィジカル面だけでなく、メンタル面も含め、「スポーツとして取り組む」ということの意義を、改めて深く考え、そしてぜひ伝えていって欲しいものだと思っている。

２０１９年６月　菊地敏之

クライマーズ・コンディショニング・ブック

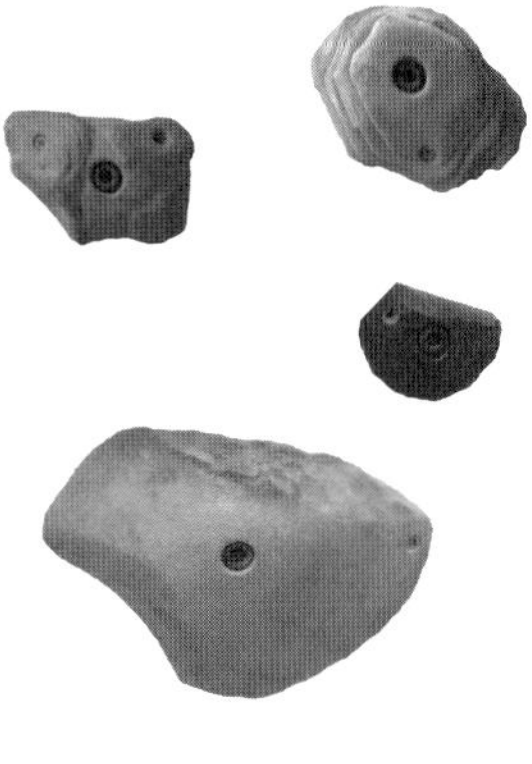

コンディショニング　53

ボディケアの基礎知識　81

第2部　メディカルケア編　105

巻頭インタビューⅠ

平山ユージ

新たなステージへの始動

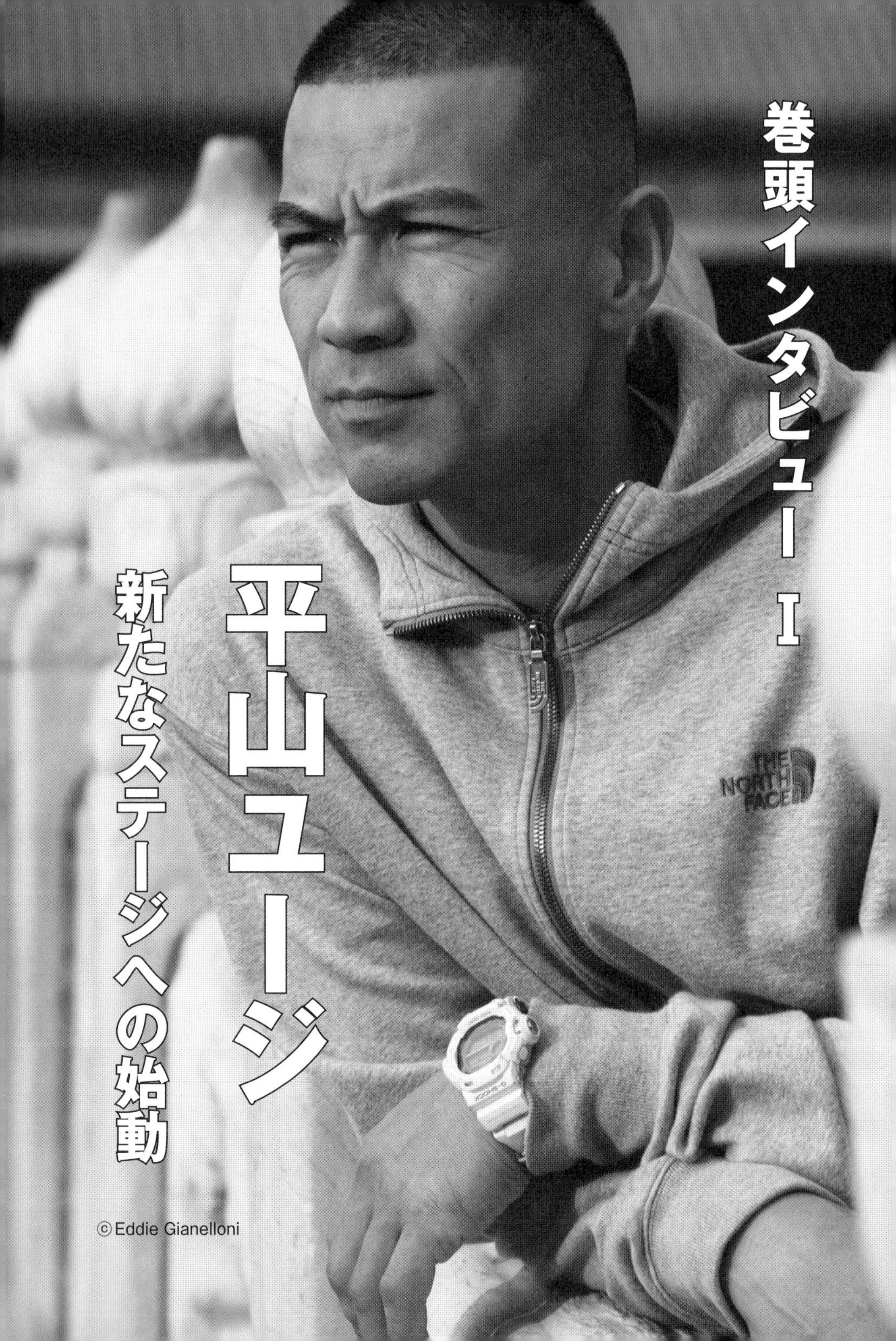

© Eddie Gianelloni

――御前岩でプロジェクトに取り組まれているそうですね。まずはそれについてお聞かせください。

平山ユージ（以下、ユ）　3～4年前にノブさん（徳永信資氏。長らく禁止になっていた御前岩を解禁に導いた人）と御前岩の整備とルートの登り直しをやったんですけど、その時に一番先に目についたラインです。2本あったうち1本はもう登って、One Voice One Team（8a+）というルートになっています。もう片方は最初はやさしそうに見えたんだけど、やってみると難しくて…。

――生涯最難になるようなものですか？

ユ　いや、そんなには難しくないです。14cかdくらいですかね。13cの後に二段くらいのムーブが出てくる感じで、今のボルダリングが強いクライマーならサクっと登っちゃうんじゃないでしょうか。

――古いルートのリピートに関してはいかがでしたか？アスリーツボディとかパチンコゲームとか、若い頃とは感じがだいぶ違ったと思いますが。

ユ　前にここを登っていた10代の頃は、いわば瞬間芸的な登り方だったと思います。とにかく今のこの瞬間をものにすればいいんだという感じで、もう一回登れと言われたらそれはできなかったと思う。でも今は、例えばパチンコゲームなんかでも、何回でも登れるように思います。フィジカル的にはもちろん昔の方が上なんだろうけど、技術的なコントロールは今の方ができてるように感じます。

――安定性が増してきたということでしょうか。

ユ　そうですね。やはり安定性とか技術的なものは、長年積み重ねてきたものがあると思います。技術力はまだ上がっていってる気がする。ただ回復力とか、視力とか、肉体能力は相当ヤバイです。２０１６年にボルダーの着地に失敗して膝を怪我(後十字靭帯断裂)したんですが、それも要は空中バランスが上手くとれなくなっていたからだと思います。

――瞬間的なコントロール能力ということでしょうか。そういうものは落ちたと感じる？

ユ　怖さを感じるようになったという意味でそれはそう思います。実際、ボルダリングなどはやっていてすごく怖く感じる。それで、何でこんなに怖く感じるんだと自問すると、結局体のそうしたコントロール能力が弱っているからじゃないかと…。それでボルダーもノーマットとかやり始めたんです。

――怖いからノーマット、ですか？

ユ　まあ、それはいろんな側面があることで、一つはやはり崇高なクライミングということですけど、もう一つ

←御前岩のプロジェクトに挑む。「この本が出版される頃にはこのプロジェクトは登りたい」(ⓒ 徳永信資)

はそうした怖さを払拭するためですね。で、ムーブができてくると理論的にはそうした怖さは減っていく筈なんですが、いざとなるとどうしても怖い。やはり体が衰えているんだと思いました。

——そうしたコントロール能力のトレーニングなども考えているんですか?

ユ ハイボールでノーマットというのは一つの方法だとは思うんですが、最近のボルダーのコーディネーション系などもある意味こうしたものの一つだと思います。コーディネーションが上手くできないってどういうことかというと、やはりそれはさっき言った空中でのバランス、要は体の瞬間的な反応が鈍っているからだと思うんですね。でもこれはある程度仕方がない。だいたい僕らの年齢でコーディネーション系が得意って人、いないでしょ(笑)。

——コントロール能力ということに関しては平山さんは昔からよく言われてましたが、それに対してそれ以外にやられていることはありますか?

ユ 特別に取り組んでいるというものはなくて、ヨガやったりそのくらいですけど…。やはり実際に登る現場で集中力を出していくという感じでしょうか。特に外の岩場だと、力の絞り出し方が淡泊ではなくなりますよね。そういう時の集中力っていうのは、外岩などの厳しい環境に放り出されて初めて出せるもののような気がする。本当のリスクに直面して、初めて本当のコントロール能力というものを知るように思います。

——それは鍛えるべきもの?

ユ いや、そうだと思いますよ。特に僕がやってきたようなクライミングだと、そこが大切な部分でもあるでしょう。ビッグウォールなどはなんだかんだリスクは相当高いものがあるし、そうした所で力を出すためにはそういう能力も高めておかないと。でもそれって結局、自分の目指す方向性として、今、どういうクライマーをイメージしているか、ということでもあるでしょうね。

——以前平山さんは、ヨーロッパのクライマーは、もうダメってなってからが強い、一手を出していく、ってことに強く感心されてましたね。そういうことでしょうか?

ユ あれはたぶん教育もあるんじゃないでしょうか。でも今の、体操競技的な能力だけを目標にしているようなクライマーでも、それとリンクする部分はあると思います。例えば今のコンペティターが実際そういう所に行ったら、絶対僕らより肉体能力という意味で余

裕がありますよね。そこにコントロール能力を問うようなそれなりの課題があれば、よりレベルの高いクライミングができるようになる筈です。

＊　＊

――コンペティターの話が出たので、若い人に何かアドバイスを、と思うのですが。

ユ　中（インドア）と外（アウトドア）との線をあまりつけない方が良いと思いますね。いや、実際の目標としてはつけてもいいいんだけど、もう一方を常に意識しながら登ると良いと思う。中には中の課題があり、外には外の課題があって、それはそれぞれにたいへんではあるんでしょうけど、それをお互いにリンクさせることができればより強くなる。それは指導者の知識という意味でも強く言いたいことです。

――競技を目標にしている人でも？

ユ　僕の経験からいうと、外で登っていれば技術は絶対上がります。このところワールドカップなんかも欠かさず見ているんですが、見ていて、ああ、この人、アウトドアの技術がもっとあれば、今、優勝できてるのに、と思うことがよくあります。

――それは日本人で？

ユ　それだけではないですが、日本の選手は、単純に「立つ」という能力が足りていない人が多いように思います。それは今の日本のジムのルートがそういう方向に行ってしまっているからかもしれませんが…。でもワールドカップなどはやはり課題の推移というか、その年の傾向というものがあって、一頃のコーディネーションから保持系へ、そして「立つ」系に今は変わってきているように思います。２０１８年はアウトドアの能力を持ってたら相当やれたんじゃないでしょうか。昨シーズン優勝した外国人選手なんか、ほとんど（コンペでは）マークされてなかった人が突然来たという感じでしたが、彼らはそういう下地があったからこそと思いました。

大木貴一（ベースキャンプ入間店スタッフ。今回のインタビューに同席）　外岩の技術ということで聞きたいんですが、外で難しいルートを登っていると、体幹が弱ってくるというか、足が踏めなくなってくるじゃないですか。ああいうの、どうやって対処しているんですか？　ああいう時の体の力はどうやってつけているのかなと思うんですが。

ユ　僕は昔から下半身からの出力ということをずっと意識してきたんですよね。それには呼吸と、体幹と、爪先の力がすべて連動していると思うんだけど、そう

豊田・大給城址のダイヤモンドスラブ。平山はこうした花崗岩を最も得意としてきた（©Eddie Gianelloni）

したことをずっと練ってきた。上半身はあくまで支えで、力を出すのはあくまで下半身っていうのをずっとやってきたと思う。だからそういう体の耐久力は自然に鍛えられているのかなと思います。確かに外のルートでは体幹のよれからしっかり立てなくなるというのがあるから、それを克服するために、なにしろそういうクライミングをすることと、やはりそれを意識することですかね。そういうクライミングって、花崗岩はもちろんだけど、二子なんかもそうだと思いますよ。

——持久力に関してはどうです？　平山さんといえば持久力、というイメージが我々にはあるんですが、それに関してのトレーニングは？

ユ　僕、実は昔、ムーブはすぐできたんですよ。若い頃の話ですが、どちらかというと筋出力系だったんでしょうね。ボルダーなんかも割とすぐできたんです。でも持久力は練り上げないとなかなか育たなかった。だからそれに特別に力を入れていたのは事実ですね。そして持久力がついてくると、思うように指の力が出せるようになった。それは当たり前と言えば当たり前なんだけど、お互いにリンクしている部分というか、相乗効果もあるような気がする。だから僕の体作りはまず持久力をベースに考えて行なっていました。

＊　　＊

――平山さんはコーチ業はされないのですか？

ユ　もう仕事に追われて、ほとんど自分のクライミング時間も取れないくらいですからね。ちょっとそこに全力を注げるようには思えないです。

――でも最近は、安間さんなどとよく登っていますよね。そうした、コンペからさらに外に出たような人たちに何かアドバイスは？

ユ　アドバイスではないですけど、逆にこちらが感じたり得たりするものはたくさんあります。例えば自分はクライミングでいつも「形」というものを追ってきた気がするんですが、佐千はそこに緩み、というのかな、自由度が非常にあるように思います。例えばあるルートを目の前にして、こういう風に読む、こういう風に攻める、と考えている時に、僕はある程度の形の中でスイッチをポンポンと切り替えて行こうとするんだけど、彼はそのスイッチを切ってしまって感覚の方にシフトしていくみたいな…。

――ひらめき、ということでしょうか？　平山さんは以前からその言葉をよく言われてましたよね。

ユ　う～ん、自分の考える「ひらめき」とはちょっと違うのかな。おそらくあるルートに対してはそれに向かって体が自然に動く方向というものがある筈で、要は普段練習している動きが無意識に選択されてくる。それが「ひらめき」っていう形で自動化されているものだと思うんだけど、それにこだわってしまうとまた伸びなくなってしまう。それを学んだんでしょうね。だから彼のひらめきっていうのは、そこからさらに出たようなものだと思う。意識が無意識になるということのさらに外に。

――引き出しが多いってことでしょうか。

ユ　自分の方はそうですが、佐千の方はそういうことでもないと思います。それなりのレベルになるとそんなに使える引き出しがあるとは思えないし、あくまで自由に動いていく感じと言ったらいいでしょうか。それなりのルートをやっている時って、どうしてもその人っぽい動きというものが出てくるじゃないですか。それを、僕は僕のパターンの中から考えていたと思うんですが、佐千はそうしたパターンをあまり持たないというか…。思えば（デビッド・）ラマとか、ヤコブ（・シューベルト）もそういう感じだったんだけど、それはルートを読み切れない時代に大会で勝負させられた彼らならではの能力なのかもしれません。

＊　　＊

安間佐千とは2016年、ノルウェー・フラタンゲルケイブを楽しんだ（© Eddie Gianelloni）

――なんだか話のレベルが高くなりすぎてついていけなくなってきている気がします。このあたりでご自身の最近のトレーニング、フィジカル面でのことをお聞きしたいのですが、普段はどんなことをされてますか？

ユ　なにしろ時間がないですからね。トレーニングというよりコンディショニングっていう感じです。とりあえずは背中の動きが悪くなっているので、そこを改善するようにいろいろやってます。背中の柔軟性がないと肩を痛めたりしますから。そうして痛くなる所をいかに痛めないようにするか、っていうことが最近のトレーニングの主眼になってきていますね。それさえ上手くできたらベストのコンディションでいられる気がする。

――それは誰かに教わって？

ユ　いや、いろんな人の話を聞きながらです。今は加藤先生（加藤勝行氏。ＰＮＦの施術士としてコンペ時代からビッグウォールへのチャレンジまでユージ氏のコンディショニングにずっと関わってきた。現在仙台在住）がいないので、いかにコンディションを整えるかというのが自分自身の課題です。一番のコンディショニングはやはりヨガですが、それである程度のレベルは維持できている気がします。

――ヨガは昔から？

ユ　23歳の時からずっとやってますよ。といっても誰か先生についてというわけではなく、昔教わったものを自分なりに続けているというやり方ですが。

――見たことないですね。

ユ　人前ではやらないですよ。でもそこでも背中を特に意識して今はやっています。それが一番のコンディショニングですね。あとは時間があれば登るようにはしているんだけど…。

――どれくらい、登ってますか？

ユ　ルートは週にできて2日、時間も1～2時間がいいとこかな。

――それで量はどのくらい？

ユ　ん～、13の前半くらいまでを、10本から15本くらいですかね。

――充分登ってるように思えますが。

ユ　いや、昔に比べたら少ないですよ。ほとんどコンディショニング・レベルです。

――トレーナーのような人は付けていないんですか？

ユ　いろいろな人の話を聞いて試しているところはありますけれどね。それにどこかが痛んだら、そこが悪いからなんとかしようということになる。悪い箇所がわかってくるという面もある。自分自身のことでも、関節の柔軟性が失われているし、筋膜リリースやインナーマッスルのトレーニングは時間さえあればできるだけやるようにしています。

――昔のサラテやエルニーニョの時のようなことはもうしない？

ユ　時間的にとてもできないですね。それにやはりあの頃のビッグウォール・チャレンジって、本当に出し切った感があったんですよ。それに年齢もあるので…。今はほとんど怪我と筋肉の偏りとの戦いです。結局僕らの年齢になると、いかに体をケアできているかが良いパフォーマンスにつながる決め手なんだと思います。

――平山さんは今年50歳？　それでまだまだ登るっていうのは大変じゃないですか？

ユ　あんまり意識しすぎるのも良くないと思うけど、意識しないと確かに危ないですね。でも人って、年齢ごとのステージってものがあるじゃないですか。僕は20代の頃からコンペ、ハードルート、ビッグウォールとやってきて、ジムを始めたのが41歳の時です。で、今年50歳というところに来て今はオリンピックのことがあるのでＪＭＳＣＡ（日本山岳・スポーツクライミング協会）に関わっているんですが、オリンピック終

2018年、ラ・ランブラ（9a+　スペイン）へのトライ（©2018 Brett Lowell ／ pictures dept.）

わったらまたちょっとハードルートやろうかなと思ってます。

──ラ・ランブラ（9a＋）なんか？

ユ　ベン・ムーンなんか僕より2つ上で、このあいだ8c＋登ったって言ってました。僕もオリンピック落ち着いたらまたちょっと頑張って、そのあたりトライしてみたいと思ってます。3カ月、クライミングに専念できたらある程度いけるんじゃないかな、とも思うんですが。

（インタビューは2018年12月11日、ベースキャンプ入間店にて。御前岩のプロジェクトは2019年3月22日に完登した。ルート名はTime Machine　8c＋／5・14c）

巻頭インタビューⅡ

小山田 大

最強ボルダラーという生き方

©世良田郁子

――まず一昨年、コロナ、9a(5・15a)を登りましたね。今まで世界最先端のルートを多く登ってきた小山田さんとはいえ、このタイミングでのこの記録には、ちょっとびっくりしました。年齢的なことも含め、かなりたいへんなチャレンジだったと思うんですが、どんな感じでしたか？

小山田大（以下、大） ここ数年ボルダーを集中的にやってきたせいかボルダー力が付いていて、正直なところ意外と楽に感じました。ルートがそもそもドイツの短いルートだったということもあるんですが、それほどたいへんには思えなかった。やはりボルダー力のおかげですね。あと、岩の状態を見極めるとか、ルートをおとすための駆け引きが上手くなった気がしました。それが歳を重ねてきたっていうことかな。

――ボルダー力、ってよく聞く言葉ですが、具体的にはどういうことでしょう？

大 悪いホールドへの対応力ということで、簡単に言えば指の保持力ということなんですが、単に指の力だけかと言うとそれだけでもない。体全体の強さと言ったらいいのかな、要するに、体全体で悪いホールドを処理していく力です。

――それはどうやって鍛えたら良いでしょう？

大 まずジムのボルダーでも、できるだけ悪いホールドを付けたものでやらないとダメですね。それで、できるだけ実際の岩に近い感じの課題を作る。このあいだ中嶋(徹)くんがこのジム(プロジェクト)に来たんだけど、こんな悪いホールド付いているジムって他にないですよと言われました。なんならちょっと見ます？

――これ？　これですか？　いやいや凄まじいですね。これはそうとう指の力がないと話にならない気がしますが…。

大 それはもちろんそうですが、でも指の力だけじゃない。体の対処の仕方というのかな、これだけ悪いホールドになると、下半身でいなそうとするじゃないですか。逆にホールドが持ててしまうと、上半身の力で登ってしまう。保持力がある人はそれでいいんだろうけど、僕は下でいなす感じです。

――下でいなす？　具体的にはどういうことでしょう？

大 いなすっていうのは、これは自分でも上手く説明できないんですが、全身のコーディネーションというのかな。なにしろ足を上手くさばいて、そのさばき方でホールドを保持していくということです。

――要は下半身の力ということですかね？　下半身を鍛えることなんかもしますか？

大　それはしないです。それは悪いホールドのルートを登ることで、自然に鍛えられていくというか、対処の仕方がわかってくるというか…。

＊　＊

——小山田さんのトレーニングはＳＮＳなどでも発信されているようですが、どんなことをされていますか？　そこに吊り輪があってちょっと気になったのですが。

大　吊り輪はこれで力を鍛えるというわけではなく、コンディショニングです。こんな感じで肩をストレッチしたり。

——フィンガーボードはどうです？　ＳＮＳでは相当過激な映像が出ているようですが。

大　これも悪いホールドじゃないとダメです。これなんかがそうなんですが。

——これですか？　これで懸垂をする？

大　懸垂はしません。ぶら下がるだけです。それで、これできる?的な競争がここ（プロジェクト）では今流行ってます。若いクライマーの中にはものすごいのがいますよ。で、やはり悪いホールドになると、ただぶら下がるだけでも指の力だけじゃなくて、体全体の力でこらえるようになります。その力はどこかと聞かれてもやはり正確にはわからないんですけど、それでもそうした「体全体で」ということがカギになる気がするし、それをかなり意識してやっています。

——小山田さんは昔から指が強いことで有名ですよね。そういうトレーニングは結構されたんですか？

大　フィンガーボードは昔からやってます。これはやはりクライミングの基礎な気がする。調子いい時は錘ぶら下げてやったりしますよ。あとこれは、自分の調子見るのにも良い。朝起きてストレッチして、フィンガーボードやって、指の調子を見る、なんてことを、岩場に行ったときはほとんどルーティーンとしてやります。フィジカルの数値が上がってるか下がってるか見るのはこれが一番ですね。だから海外などへもこれは持っていきます。

＊　＊

——また年齢のことで失礼ですが、その数値というのはまだ上がっていってるんですか？

大　う～ん、上がっているかどうかはわからないけど、下がってはいないですね。

——それは小山田さんのレベルということで考えるとすごいことですね。トレーニングに関して他に何か考えていることはありますか？

大　トレーニングというのとはちょっと違うかもしれ

Decided（V14 五段）はムーブをばらした後、最初のトライで完登（© 五十嵐聖子）

ませんが、同じレベルでずっと登り続けるということが大切な気がします。目標を持って登り続けるということです。

——1年間にどのくらいの量の目標を持つんですか？

大　10本くらいは常にあります。でもそれは強烈に難しいレベルのものに限ってで、もっとやさしいのならほとんど無限にあります。

——それは…ちょっと驚きですね。10本というのはすごい。だいたい普通の人なら1年間に2本も目標があれば手いっぱいという気もしますが…。しかしそれでは休養期間というものはないんですか？

大　ないです。これは本当は良くないことなんでしょうけど、でも続けていないと、気持ち的に、僕はダメな気がする。

——ピリオダイゼーションはぜんぜんつけてないということですか？

大　トレーニング期間というのは一応あります。僕の場合はそれは夏で、その間はジムでボルダーとフィジカルトレーニングを多めにやるようにしてます。

——フィジカルトレーニングは誰かに教わって？

大　いや、自分でいろいろやってみた感覚で見つけて、工夫したものです。こういうのは誰かにマニュアル的に教わるより自分で実際にあれこれ試してみて、自分で見つけていく方がいいような気がします。例えばフィンガーボードにしても、ただぶら下がっているだけでも体がすごいいろいろ感じているものです。それをキャッチして、何か変化があるかとか、何が必要かとか、自分で考えることが重要だと思います。そうした体のセンサーを働かせることがまずは大切ですね。

――なるほど。

大　で、今悩んでいるのは、それで負荷をかけたエクササイズをする時、クライミングの前が良いのか後が良いのかということです。一般的には筋肉も神経もフレッシュな時、つまりクライミング前に負荷をかけるのが良いとされていて自分でもずっとそう思っていたんですが、最近僕はちょっと違うように感じています。そういう高負荷のエクササイズも、クライミングの後の方がレベルが上がる気がするんですよね。神経系が完全に起きているから、ということなのかなとも思うんですが…。でもこれについては何とも言えないです。誰かこれ、ちょっと詳しく検証してくれませんかね。

＊　＊

――持久系のトレーニングはどんなことを？

大　あまりやらないですね。以前は長もののボルダーなんかよくやりましたけど…。ただドイツのルートに関しては、ボルダー力さえあればなんとかなるものが多いから、特に問題ないです。あそこは11がしばらく続いていきなり四段、なんてのがあるから、基本はボルダー力です。それにLT値が上がれば乳酸も発生しづらいということもあるかもしれません。

――確かにLT値という面ではボルダリング力は持久系ルートにも重要な気がします。でも強いボルダラーがルートをなかなか登れないということもよく聞く話ですよね？

大　ルートは力のオンオフが大切ですからね。その点では僕はもともとそのオンオフの切り替えが割と自然にできていて、それで長いルート（ボルダー）も登れているような気がします。逆にすぐオフにしてしまってオンの状態を維持できないから、基本ボルダリングは僕は実は苦手です。本当にボルダリング強い連中はオン状態をずっと続けていられる。

――ボルダーが苦手、ですか？　若い人たちを見ていると小山田さんでもそんな言葉が出てきちゃう？

大　ここ（プロジェクト）には若くて強いボルダラーがよく来るんですが、彼らのフィジカルはすごいですよ。それにフィジカルが強いだけじゃなくて、力のオ

自らのジム「プロジェクト」でのトレーニング風景。ここからこの世界に発信されるものは多い（© 世良田郁子）

ンオフと重心のオンオフの使い分けが上手いです。力をオン状態にしたままで重心をオフに切り替えたりするんですよね。

――重心のオンオフ？　それはどういうものでしょう？

大　単純に言えば重心を下げるってことなんですけど、それって実はすごく難しくて、上手く説明できないです。上半身から下半身への重心のシフトって言ったらいいのかな？　彼らは「抜く」って言葉をよく使ってますね。それがすごく上手い。僕はホールドが悪くなるとついつい力入れちゃうんだけど、彼らは重心を抜くことで保持する。なるほど、って感じですよ。

――それを上手く言葉で説明するのは難しそうですね。

大　彼ら自身もおそらくできないでしょう。みな感覚でやっているわけで、でもそれを仲間どうしで共有している。そういう意味では、なにしろみんな、体で感じる感覚というものが鋭いです。そしてそうした感覚の話がすごく面白い。それをちゃんとした言葉にできたらもっと面白いでしょうけど。

＊　　＊

――ここを鍛えたらいい、っていうのはありますか？

大　僕は岩場を目標に活動しているから、やはり保持力ですね。コンペ目的ならコーディネーションとかもあるんでしょうけど、僕はそれはいいかな。

——どこの筋肉が重要とか、何か意識している部分などは？

大　ないですね。だいたい登っている時になんとか筋とかこの部分意識してって、ないじゃないですか。基本僕は課題を作って、それを登れるようにただ頑張るっていうやり方だから、登れた時がフィジカルができた、筋肉の使い方がわかった、っていう考え方です。要は順番ですよね。ここの筋肉鍛えたから登れるといううんじゃなくて、最初にまず課題があって、それを頑張ってやって、ムーブができて、それをいろいろ分析して、できるようになるまでやる。で、結果的に何々筋が使えるようになった、ということじゃないかな。何々筋がないからそれを先に鍛えるということではない気がする。

——アバウトと言えばアバウトですね。

大　ただ言えるのは、何が必要にしろ、何が使えてないにしろ、それを自分の体で感じとって、自分で考えるのが大切ということです。どこを鍛えれば何ができるようになるとか、人から教えられることではないように思う。

——あまり自己流でやると体を痛めませんか？

大　体を痛めたら、痛めた時に気がつけばいいんだと思います。これは自分に合っている合っていないと、自分でやって気がつくこと。何をやるにもそうしたセンサーを働かせることが、一番大切な気がします。

——それは技術についても言えることですか？

大　もちろんそうです。最近はこういう登り方や姿勢ということがよく言われてるようですが、そんなものはそれぞれ人によって合う合わないがある筈です。僕はそういうものは気にしていないし、意識もしていません。ただ、自分の体のセンサーを最大限に働かせて、自分に合った動きというものを探すようにしています。そしてそれは人それぞれに違う。そうした体のセンサーこそが、高めるべきものだと思います。

＊　　＊

——このあたりでちょっと年齢的なことについてお聞きしたいんですが、小山田さんは今年42歳ですか、そろそろそれを意識することもあると思いますが…。

大　代謝は、落ちてる気がします。まず痩せなくなった。で、食べる量を減らす、エネルギーがなくなる、パフォーマンスが落ちる、という悪循環になると思う

小山田の指の強さは世界的にも有名だ（© 世良田郁子）

んですが、それに陥らないように気をつけてます。

あと、筋肉的なことでは、回復のスピードは、落ちてる、かもしれないです。

――かもしれない？

大 それほど明確には感じてないですけど、たぶんということで。最大筋力に関しては、あまり落ちてるようには感じないです。ピークのパフォーマンスはできている気がする。

――つい最近9aを登ったことを考えればそうでしょうね。まあ、あまり歳のことは意識しない方が良いような気もしますが…。サプリメントなどは飲んでいますか？

大 アミノ酸は飲みまくりですよ。プロテインも。僕はもともと肉をあまり食べないから。

――それは何か考えがあって？

大 単に食べられないだけです。野菜はたくさん食べます。

――トレーニングの話からはちょっと逸れてしまいますが、小山田さんがクライミングで大切にしているものって何でしょう？　フィジカル以外で。

大 大きなテーマとしては「初登」にこだわりたいですね。新しい課題を、常に作っていきたいです。

尽きることのない目標を語る小山田（© 世良田郁子）

――それはグレードということですか？

大　グレードは重要だけれど、それが目的ではないです。なにしろ、人が登っていない所、人がやっていない課題ということです。で、そうした新しい課題の多くは結果的にグレードが高くなるだろうから、そのために体を作っていく。ムーブだって自分で考えなきゃならないだろうから、そのためにその下地を作っていく。そういうスタンスです。

――新しいグレードについてはどうです？　Ｖ17とか。

大　今のところそのビジョンは湧かないです。もちろんＶ15を2つつなげればそれなりのグレードにはなるだろうけど、それはちょっと純粋なボルダーとは違うような気がする。本当に、Ｖ16の難しさを超える難しさという意味でＶ17を作りたいけど、それは今のところイメージが湧かない。想像できないです。

――小山田さんにしてそういう感覚ですか。やはり人間の限界を打ち破るというのは大変なことなんですね。

大　でも自分の限界をプッシュできるということはまだあると思います。その限界の向こうは果てしなく遠くに思えるけれども、いつか見えてくることがあるんじゃないでしょうか。

（2018年10月26日、プロジェクトにて）

第1部　コンディショニング編

体作りの基礎知識

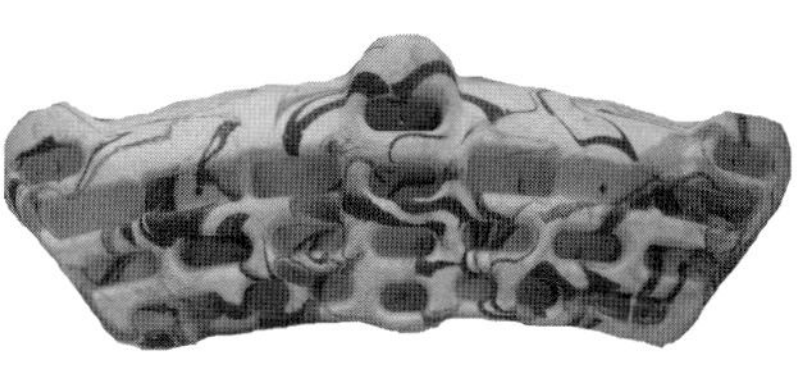

【筋肉のしくみ】

人間の体には約200個の骨があり、それがそれぞれ関節でつながっている。またその各関節をまたいで筋肉（骨格筋）が付着しており、それが収縮することで、我々の様々な体の動きが可能になっている。

この筋肉を作る細胞は筋原線維という細かな線維が束になったもので、筋線維とも呼ばれている。この筋線維はさらにいくつか集まって筋束と呼ばれる束になっており、これがそれぞれ筋（周）膜という膜に覆われている。これらも、筋肉の性質（硬さ、柔らかさなど）や働き、ケアなどに関わるという点で、知っておく必要がある。

■筋肉収縮のしくみ

筋肉の特徴的にして唯一の機能は「収縮する」ということである。

この収縮は、筋原線維内に規則正しく並んだミオシンとアクチンという2種類のタンパク質のフィラメントが、細胞内にある化学物質ＡＴＰ（アデノシン3リン酸）の働きによってスライドすることで行なわれる。

この時に生じる力は、両フィラメントが重なり合った量に、収縮率は連続量に比例する。つまり筋力の強さは筋肉の太さに、収縮スピードは筋肉の長さに比例する。

■主動筋と拮抗筋

筋肉は関節をまたいで表裏に付いており、関節の屈伸運動はこの筋肉が収縮することで行なわれる。その時、収縮する側の筋肉を主動筋、その逆を拮抗筋と呼ぶ。例えば腕を曲げる時は、内側の上腕二頭筋が主動筋で、外側の上腕三頭筋が拮抗筋。伸ばす時は、上腕三頭筋が主動筋、上腕二頭筋が拮抗筋となる（図2）。

しかし関節は運動時、必ずしも一面的な動きをするわけではなく、微妙にねじれたり巻き込んだりするように動くことが多い。また正確な屈伸にはできるだけ余分なブレを制御しつつ動く必要もある。そのような時、共同筋（スタビライザー）と呼ばれる微細な筋肉群がそうした動きを助ける働きをする。これは関節の動きを的確に方向付けるだけでなく、特定の体勢の維持にも関わるもので、運動には意外に重要な役割を果たしている。

このように体の動きには常に表裏および周囲一連の筋肉がもれなく関わっており、この総合的な働きなくして意のままの運動は成り立たない。

図１. 筋肉の構造と収縮のしくみ

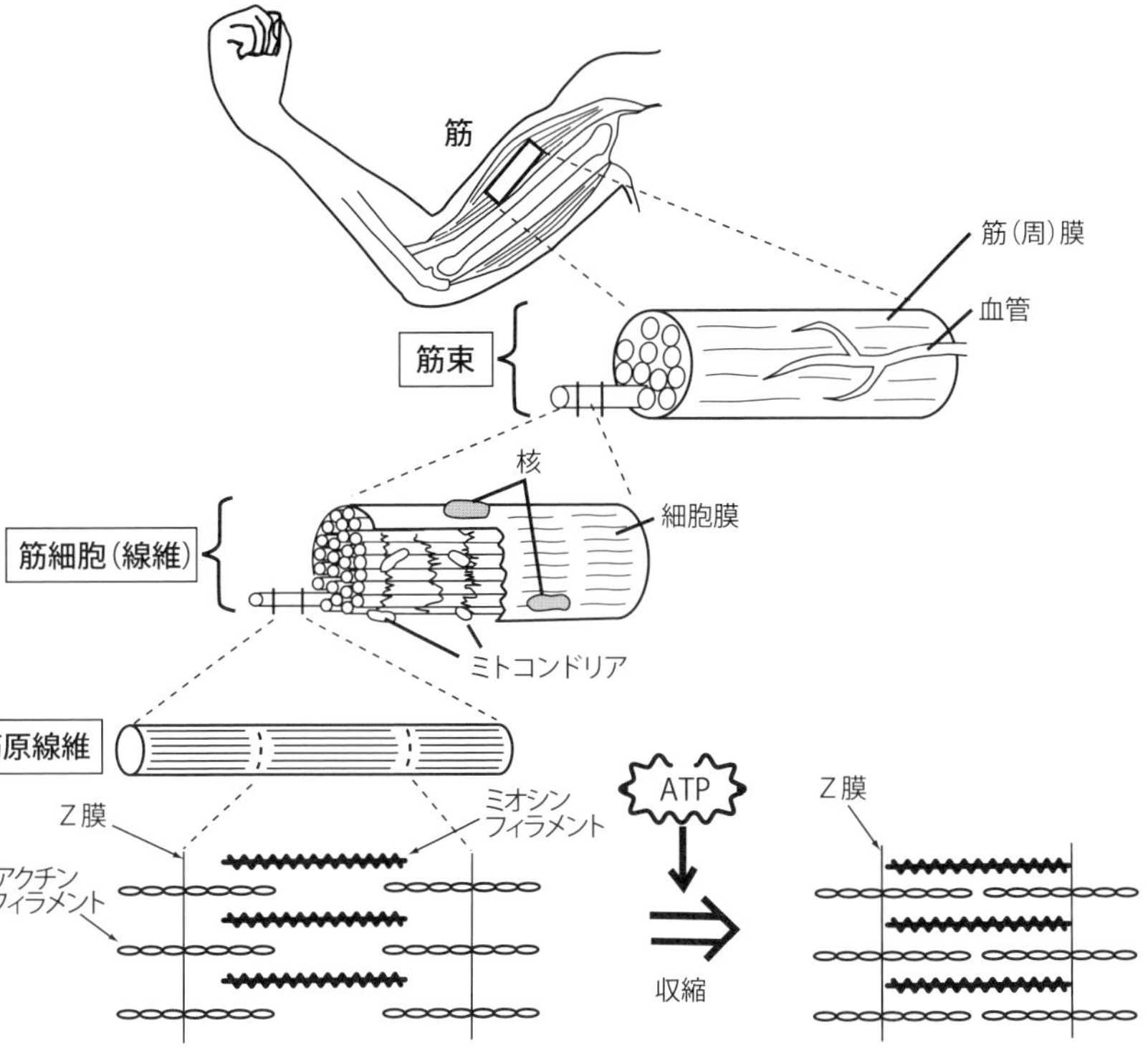

図２. 主動筋と拮抗筋

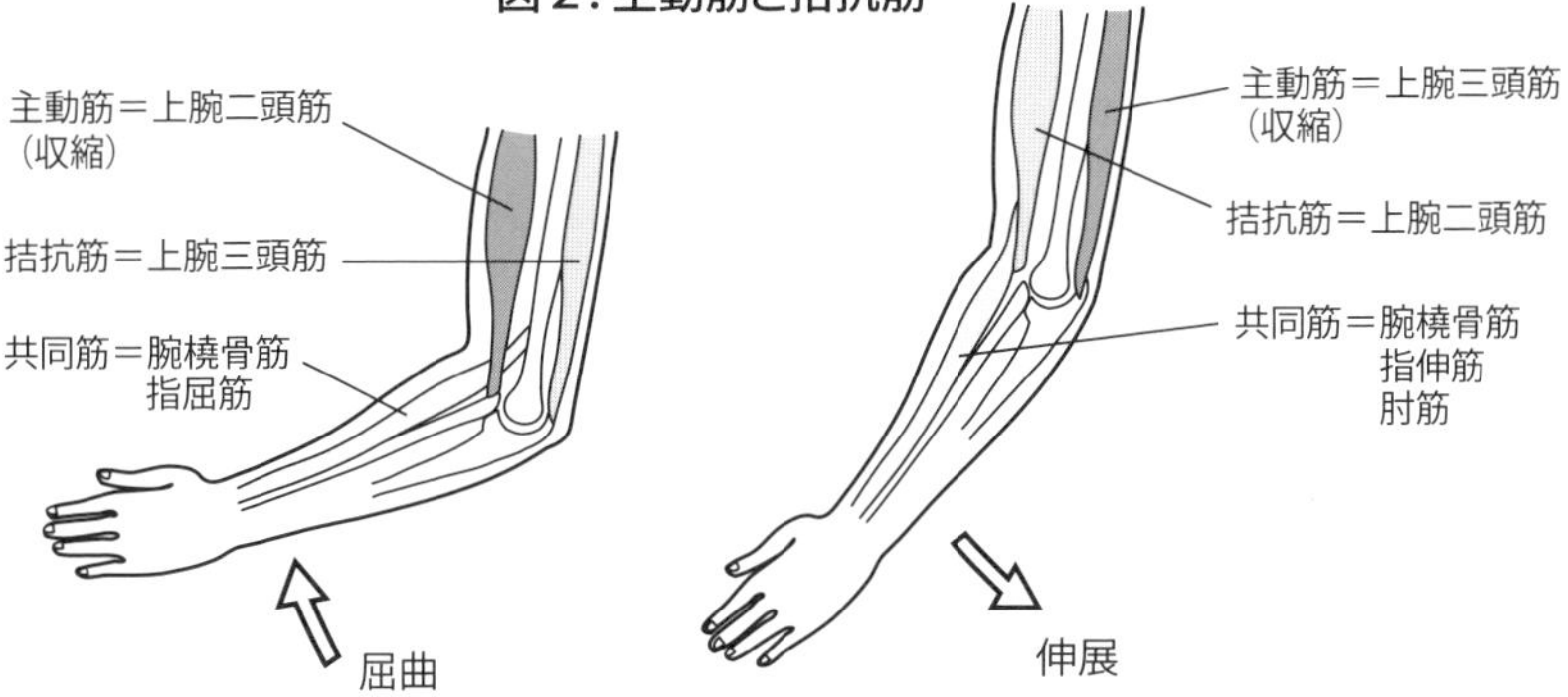

【エネルギー生成のしくみ】

筋肉収縮の駆動力は細胞内にあるATP（アデノシン3リン酸）である。これがADP（アデノシン2リン酸）とPi（無機リン酸）に分解される際のエネルギーで筋肉は収縮する。

このATPは、細胞の中にあるミトコンドリア内でクレブス回路（TCA回路、クエン酸回路とも言う）と呼ばれる回路によって常時作られ、細胞内に蓄積されている。しかしその生産量と蓄積量はきわめて僅かなので、状況に応じてこれを随時補填することになる。そのシステムは以下の3つである。

■有酸素系機構

ジョギングやウォーキングなど、ATP消費量が細胞内のATP生産量より低いレベルの運動での代謝で、パワーは小さいがきわめて長く続けられる。エネルギー源は、酸素と、糖質or脂質orタンパク質である。

ここでの決め手は最大酸素摂取量とミトコンドリアの活動量（ATP生産量）で、持久系のスポーツ選手はこの両者が発達しているとされている。

■解糖系機構（無酸素性）

さらに強い運動になると、血液中または筋肉中の糖質（グリコーゲン）がピルビン酸に分解され、その過程でATPが多量に生産されるようになる。この分解過程を「解糖」と言う。これは本来はクレブス回路に先行したものだが、運動量が大きくなるとこちらの反応の方がさかんになって、より多くのATPが作られるようになる。

強い力を出すが、解糖過程で乳酸を発生させるため、30秒〜1分ほどで運動は限界に達してしまう。そのため乳酸性機構とも呼ばれ、その乳酸の排出が運動継続の一つのカギになる。

■ATP－CP系機構（無酸素性）

さらに瞬発的で強い運動には、筋肉内にあるクレアチンリン酸（CP）が分解され、そのうちのリン酸（P）が、やはり細胞内にあるADPと結合して急遽ATPを再合成し、これを使うようになる。この場合、乳酸は発生しないため、非乳酸性機構とも呼ばれる。

CPは平常時は細胞内のATP製造過程で余剰エネルギーとして蓄えられているが、その量は少なく、使い始めると10秒ほどで枯渇してしまう。ここでなおも運動を継続させるには、筋肉内に貯蔵されている酸素を使ってさらにATPが生産されることになる。

ATP製造の回路図

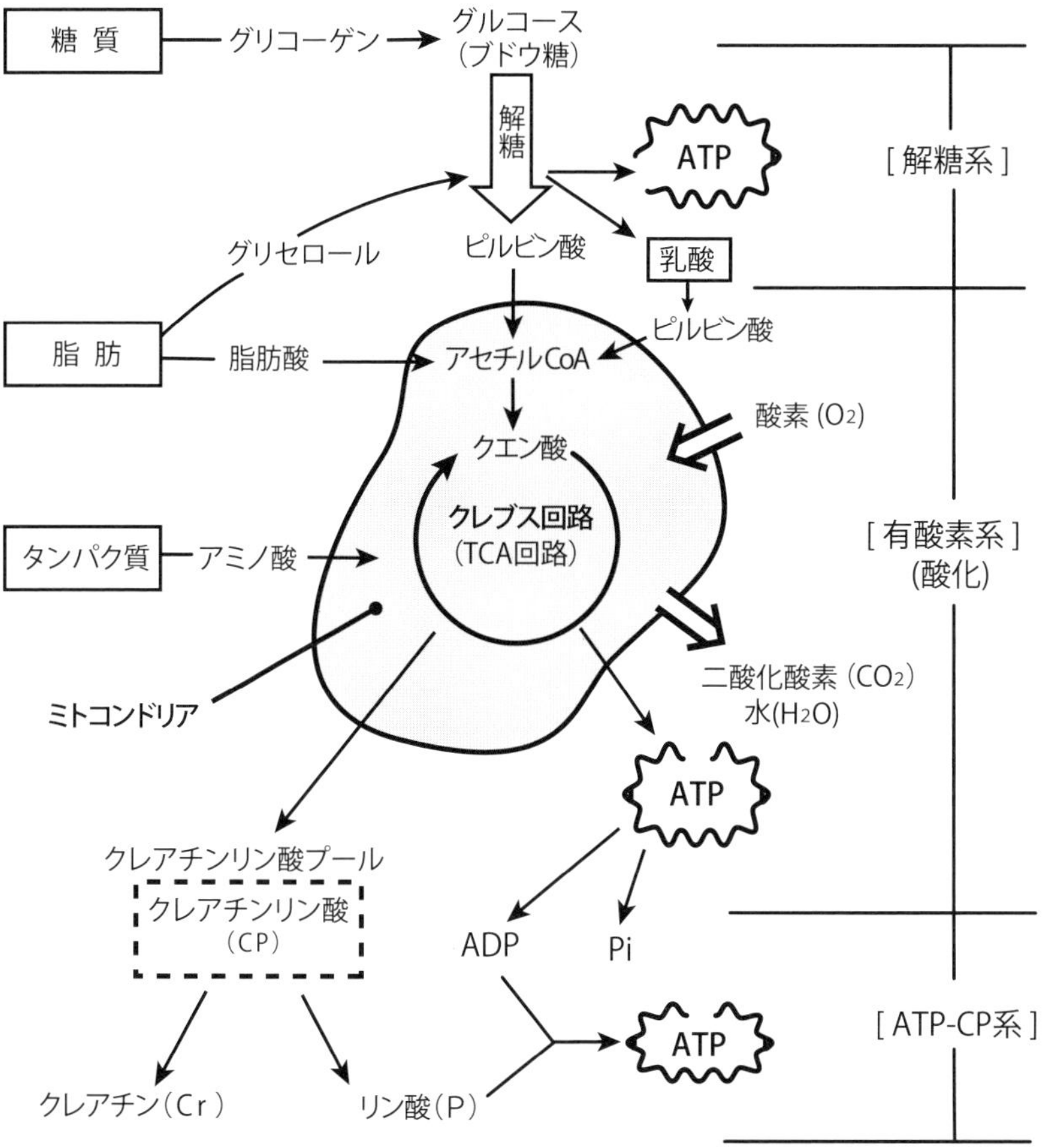
糖 質
グリコーゲン
グルコース
（ブドウ糖）
解糖
ATP
［解糖系］
グリセロール
ピルビン酸
乳酸
ピルビン酸
脂 肪
脂肪酸
アセチルCoA
酸素（O_2）
クエン酸
クレブス回路
（TCA回路）
タンパク質
アミノ酸
［有酸素系］
（酸化）
二酸化酸素（CO_2）
水(H_2O)
ミトコンドリア
ATP
クレアチンリン酸プール
クレアチンリン酸
（CP）
ADP
Pi
ATP
［ATP-CP系］
クレアチン（Cr）
リン酸（P）

【エネルギー代謝と各種運動】

前項エネルギー供給機構の違い同様、それにより発揮される「パワー」も次の3つに分けて考えられている。

■ハイパワー

言うまでもなく瞬発力のこと。この力を要する運動は、短距離走、跳躍、重量挙げなどが代表的だが、野球、サッカーなどでのピンポイント動作も、多くはこれにあたる。

筋収縮のエネルギーはATP－CP系（無酸素性）主体で、発揮時間は10～20秒程度とされる。

この力の量は筋肉の横断面積（太さ）に比例するが、神経細胞から送られる指令を筋線維がどれだけ多く動員できるかという能力＝筋動員率によっても差が出る。トレーニングにはこの面にも目を注ぐ必要がある。

■ミドルパワー

短～中距離走、競泳など、1～3分程度の連続的で激しい運動での筋力。エネルギー供給は解糖系主体である。

この力の決め手は筋肉量と最大酸素摂取量だが、この代謝ではその過程で乳酸を発生させるため、筋肉の乳酸排出能力も問われることになる。その能力＝回復力という点で、有酸素系の働きも当然抜きにはできない。

その場合、注目しておきたいのが、LT（乳酸発生閾値）だ。これは運動強度の変化に伴ってエネルギー供給が酸化系（有酸素性）から解糖系（無酸素性）に切り替わるポイントのことで、要は乳酸が発生し始める筋力強度のことだ。通常この値は最大筋力の70％前後域に現れるが、この率も人によって差があるとされている。

■ローパワー

長距離走や3分以上の長い運動などでの、いわゆる全身持久力のこと。エネルギー代謝は有酸素性である。

この能力の決め手はやはり最大酸素摂取量。同時に筋肉においては血流量（酸素の供給能力）とミトコンドリアのATP生産能力がものをいう。

＊　＊

以上が「パワー」の大まかな区分けだが、実際の運動ではこれらは必ずしもきっちりとは分けられてはいない。例えばサッカーなどの球技では競技中に爆発的パワー局面と緩やかなローパワー局面が不規則に現れる場合が多く、それは「ローパワー／ミドルパワー発揮中に間欠的なハイパワー発揮を伴うもの」と区分けされる。クライミングもたぶんこれに近いものだろう。

表1．各種スポーツのエネルギー供給様式

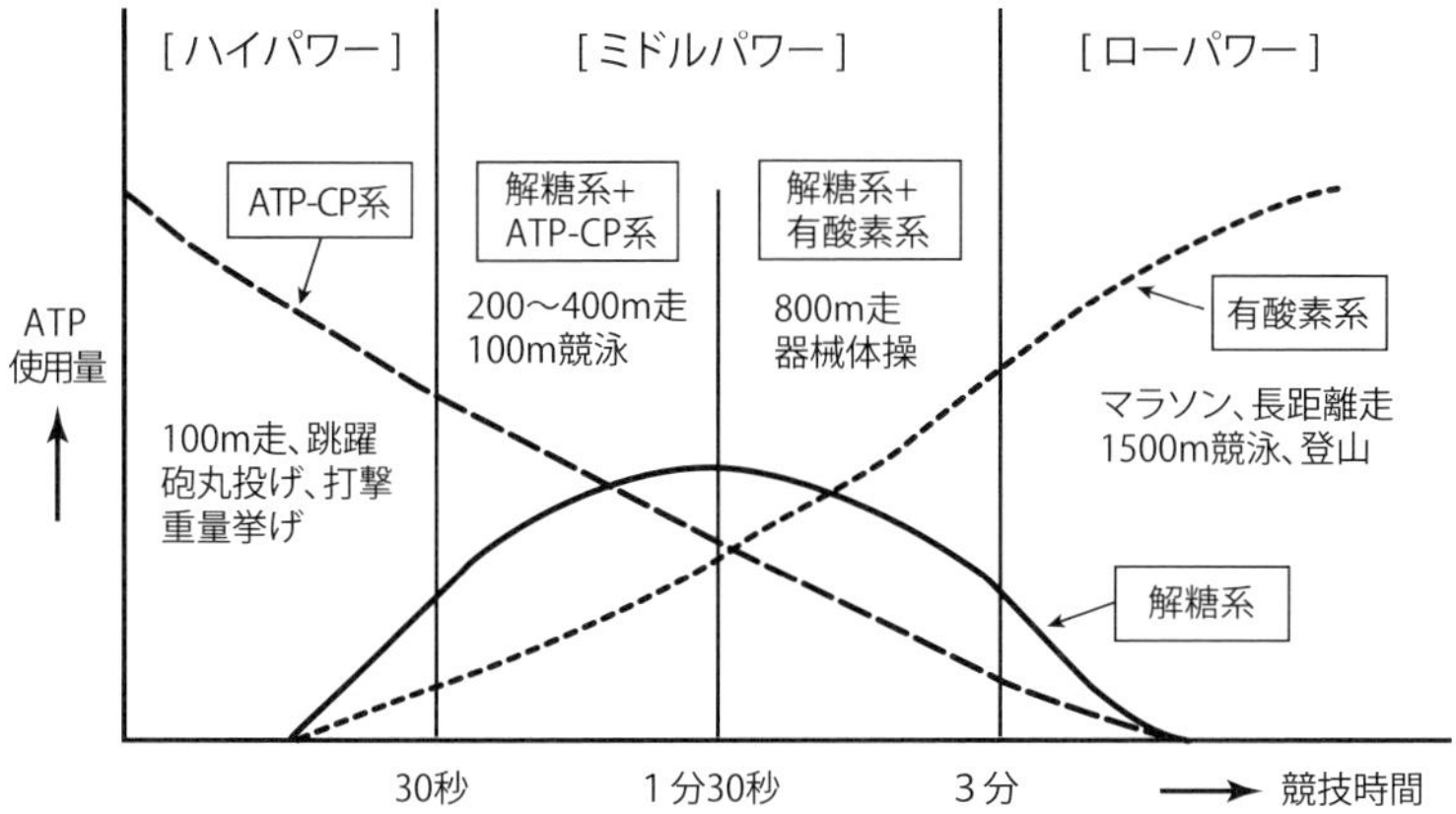

表3．運動選手別速筋と遅筋の割合

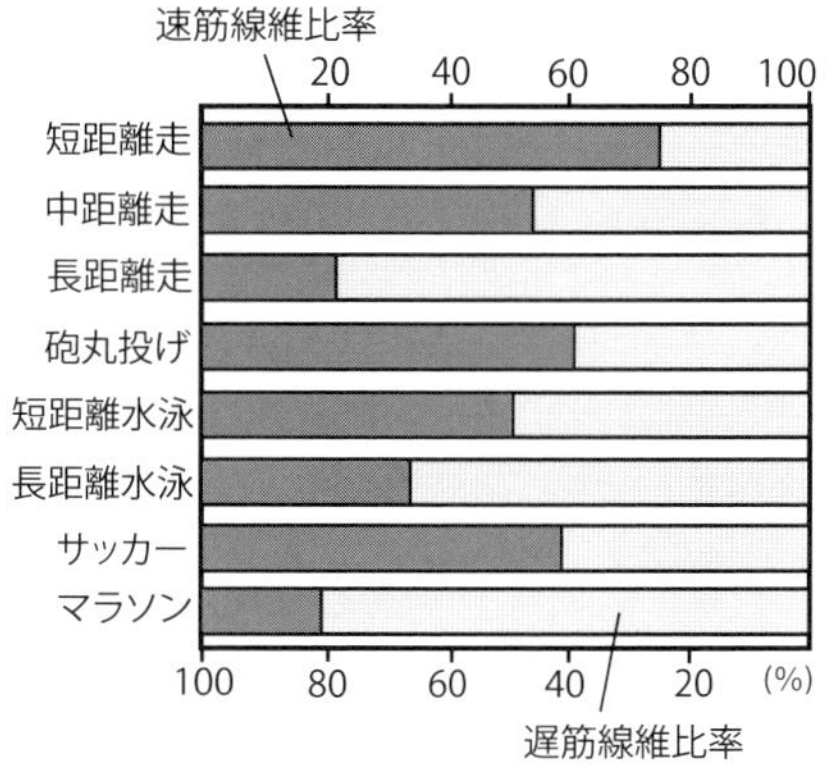

表2．運動強度とＬＴ
（乳酸発生閾値）の関係

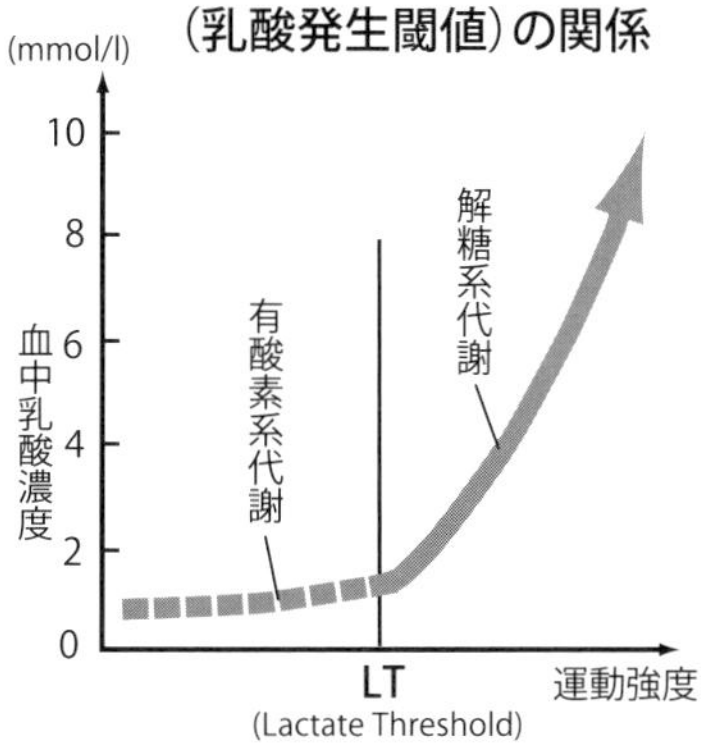

■速筋と遅筋

エネルギー代謝とはやや違うが、人の筋肉には右記のそれぞれの出力形態に適した性質のものがある。よく言われる速筋と遅筋である。

速筋は収縮速度が速く、瞬発的に大きな力を発揮できる筋肉である。細胞内に解糖系エネルギーの元であるグリコーゲンを多く含んでおり、すばやい代謝が可能である。しかしこの貯蔵量は限られるため、長時間の活動はできない。全体に白く、白筋とも呼ばれる。

遅筋は有酸素性代謝能力に優れ、収縮速度は遅いものの、長く運動し続けることができる。毛細血管の密度が高く、ＡＴＰ製造に関わるミトコンドリアと酸素の担体であるミオグロビンを細胞内に多く含んでいる、これらは赤い色素を持つため赤筋とも呼ばれる。

なお、これらは人によって違い、その比率は生得のもので変えられないとも言われてきたが、最近の研究ではトレーニングによって変えられることがわかってきている。

【筋出力の諸形態】

すべてのスポーツで筋力はもちろん必要なものだ。しかし一口に「筋力」と言っても、その出力形態は様々だ。ここではクライミングに関わるものを中心に、それらを見ていきたい。

■等張性収縮と等尺性収縮

一般的な筋収縮運動、例えばダンベルを上げ下げするような動きを「等張性収縮」（アイソトニック・コントラクション）と呼ぶのに対して、バケツをずっとぶら下げているような動き、つまり筋肉を一定の長さに保ったまま力を発する状態を「等尺性収縮」（アイソメトリック・コントラクション）と言う。さらにそのような等尺性の緊張をしながら新たに力を入れて関節を徐々に屈曲させるような運動を「等運動（等速）性収縮」（アイソキネティック・コントラクション）と言う。

クライミングの場合、筋肉の使い方としては、「等張性」よりも「等尺性」または「等運動性」の方が実は多い。そしてそのようなポジショニングの時には、その収縮の主体となる主動筋だけでなく、拮抗筋や共同筋にも同様の強い力がかかることになる。トレーニングやケアにあたっては、それも充分に理解しておく必要がある。

■コンタクト・ストレングス

接触筋力と言われるもので、例えば手で鉄棒やホールドに飛びついた瞬間、いかに瞬間的にその手に力を込められるか、という能力を指す。これは最大筋力とは必ずしも比例するものではなく、収縮が始まってから最大筋力に達するまでにどれくらいの時間がかかるかで計測される。そしてこの差は神経細胞から筋線維に指令を送る神経線維1本ごとの最大筋動員数（筋稼働率）の違いであると言われている。

■持久力

持久力には筋持久力と全身持久力の2つがある。

このうちクライミングで必要とされるのは筋持久力、と、普通は思うだろうが、しかし多くのクライミングでは本来の筋持久力（400m全力疾走、短距離水泳など）にあたるほどのものは実は必要とされない。むしろその本質は「回復力」と括られるべきもので、これをもって巷では「持久力」と呼んでいるように思われる。

そうした回復力には当然「技術」が最も重要ではあるが、筋肉レベルでは

図１．筋収縮の形態

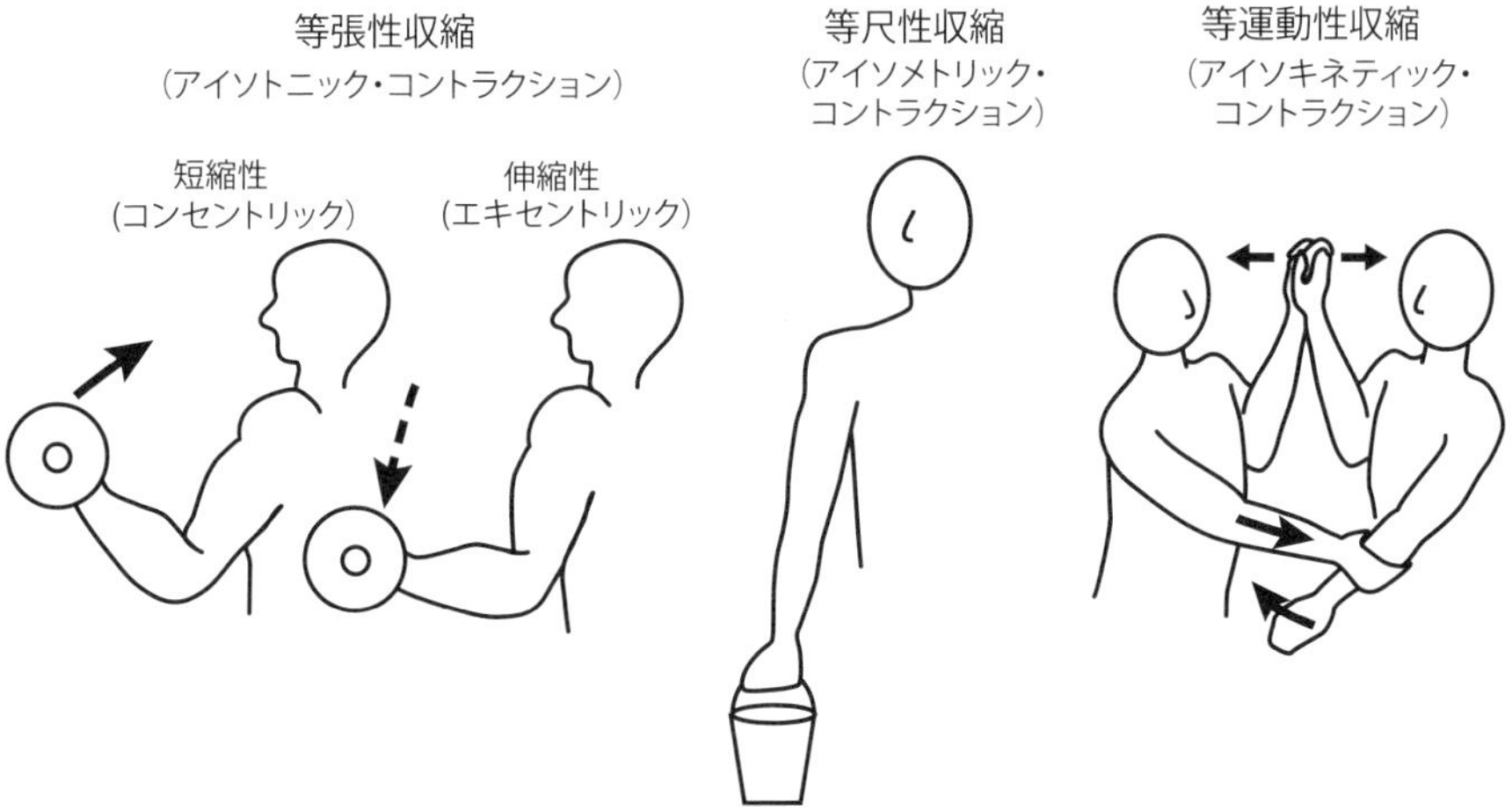

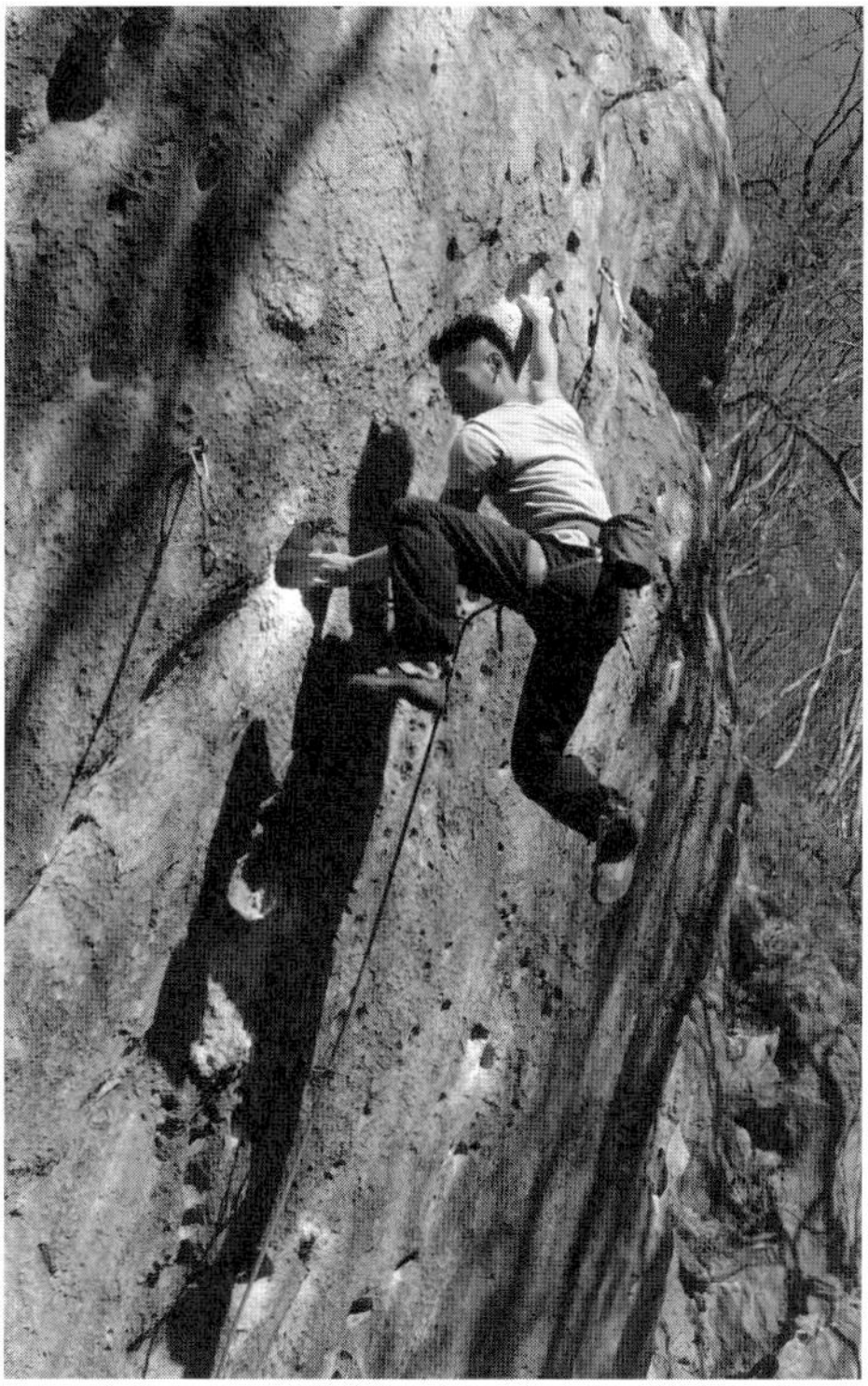

クライミングは筋出力の形態としてはかなり複雑な部類に入る。研究の余地もまだ高い

やはり乳酸排出能力が問われることになる。その詳細は42ページ「パンプとは何か」の項に譲るが、それには結局は血流循環能力（最大酸素摂取量）も、大きな要素ということになる。

　要するに筋持久力といえどもそれを支えるのは全身持久力であり、そのためにはやはり有酸素運動。ジョギングなど、心拍数１２０〜１４０ほどの運動を長時間続けることも、クライミングには充分有効ということだ。

【筋力トレーニングの原則】

筋力アップの条件＝筋細胞の肥大と増殖は、レジスタンス・トレーニング（筋活動に抵抗をかけるトレーニングの総称）によってもたらされる。そしてこれには以下の3つの原則がある。

■過負荷の原則

トレーニングにはあるレベル以上の負荷が必要で、それ以下だと効き目がない。また同じ量の負荷は徐々に体が慣れてくるので、負荷の量は順次増やしていかなければならない（漸進性の原則）。

この負荷の量と回数は、その目的が最大筋力アップか筋持久力アップかによって違ってくる。

原則的には、最大筋力アップには高負荷×低レップ、筋持久力アップには中負荷×高レップがふさわしいとされる。例えば前者は最大筋力の100〜90％の負荷で1レップ1〜5回、後者は最大筋力の70〜60％の負荷で1レップ15〜25回。いずれもこれを3〜5セット行なう。セット間の休憩時間は前者は3〜5分でやや長く、後者は1〜2分と短くする。

■特異性の原則

その能力のためのトレーニングにはその能力を使ったトレーニングしか効き目がない。言い換えると、その動きのためのトレーニングには、その動きを想定して行なわなければならない。それは筋力トレーニングのような運動では筋肉と同時に神経系も刺激されるからで、行なった動きに即してその動きのための力と神経が備わっていく。逆に言うとそれ以外の動きでは効果は少ない。その意味で、複雑な動きの諸スポーツでは、平面的なダンベルの上げ下げなどは、運動効果としてはやはり限界があると言えるだろう。

■超回復の原則

負荷によって筋肉が疲労し、それが回復してくる過程で前のレベルを超え（超回復）、そのタイミングに再び負荷を加えると、超回復が上昇の連鎖につながるというもの。一般的な筋肉の超回復は刺激を受けてから48〜72時間後、とされているが、これはその人の体力レベル、負荷のダメージ、筋肉の部位などによって大きく違ってくるので（重要）、一概には言えない。弱い負荷ならことさら1日以上休む必要はないし、オールアウトした場合は3日以上の休養が必要なこともある。

表2. 筋力出力比と反復可能回数の関係

反復可能回数	＝筋力（%）
1	100
2 〜 3	95
4 〜 5	90
6 〜 7	85
8 〜 9	80
10〜12	75

表1. トレーニングの目的と負荷設定

目　　的	反 復 回 数	＝筋力（%）
最大筋力アップ	1 〜 5	90〜100
筋肥大	6 〜15	70〜85
筋持久力アップ	15〜 25	60〜70

表3. トレーニング間隔と回復の図式

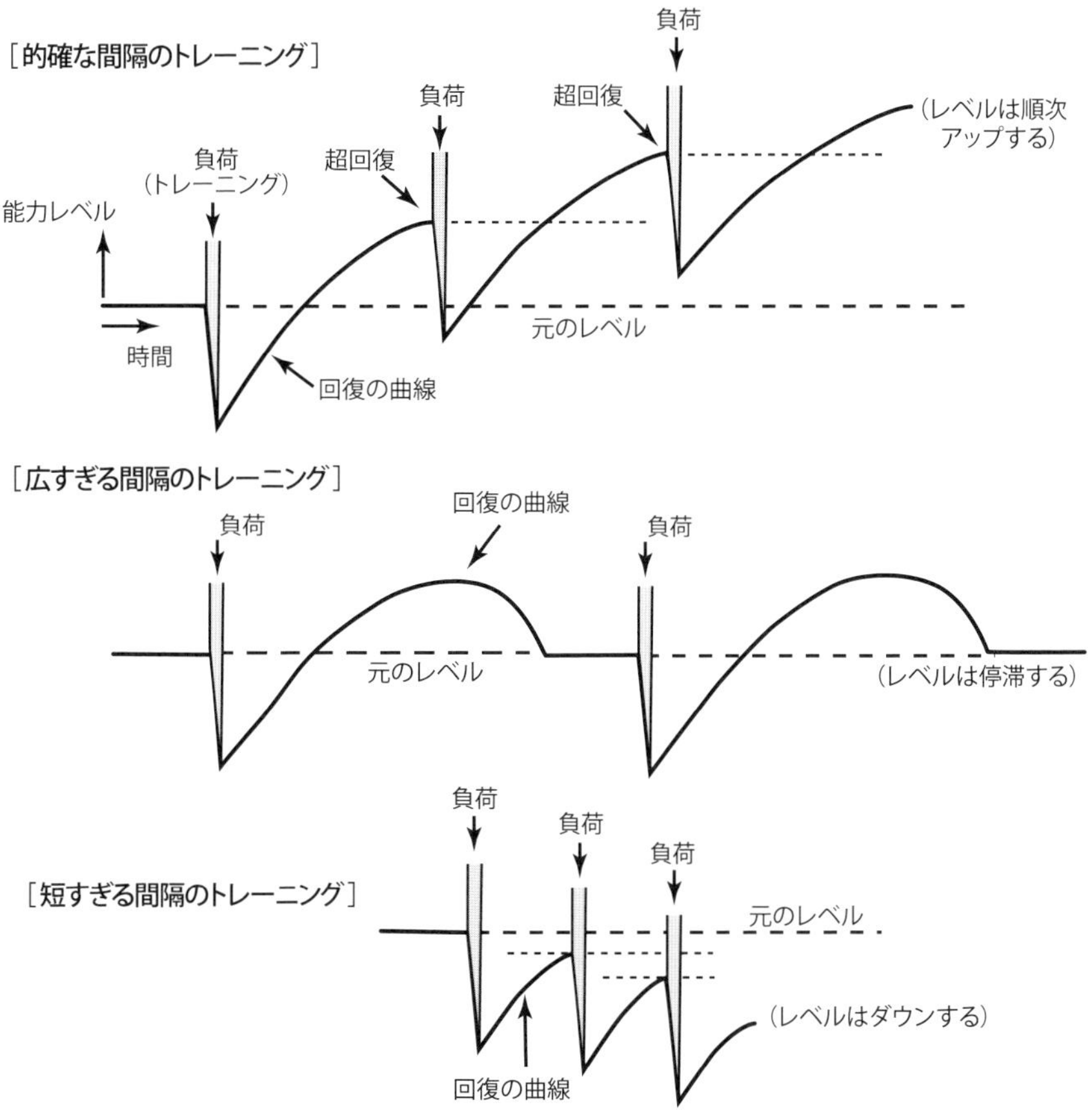

【筋力トレーニングの方法】

■アイソトニック法

ダンベルを上げ下げするような、いわゆる動的トレーニング。収縮時に負荷をかけるコンセントリック・コントラクションと、伸展時に負荷をかけるエキセントリック・コントラクションの2種類がある。より強い負荷を得られるのは後者だが、これは同時に筋線維の微細な損傷による筋肉痛も伴う。運動の諸動作をシミュレーション的に行なうことで協調性の改善も図れる。

■アイソメトリック法

負荷をかけたままある特定の角度で関節を固定する、いわゆる静的トレーニング。これは筋肥大よりも筋動員力（多くの筋線維を動員させようとする神経系の能力）の向上に効果がある。乳酸の蓄積もなく、休養時間をあまり必要としない。ただし効果がその実施角度周辺（前後15度）に偏るため、多くのバリエーションが必要になる。

■アイソキネティック法

前記2方法は筋力発揮が特定のポイントに集中してしまうため（アイソトニックは初動時）、中間動作にも負荷を与えようとする方法。油圧マシーンやゴムチューブなど。ただし運動時の筋出力形態としては実際のそれとかなり異なるので、トレーニングとするには充分な検証が必要である。

■プライオメトリクス

筋肉がエキセントリックな運動をしている時、瞬時にコンセントリックな収縮に切り替えることでより大きな筋力を引き出す方法。連続ジャンプ動作や、段違いの鉄棒に交互に飛びつく動作などがこれにあたる。非常に多くの筋線維を動員するため、神経系に対する高い効果がもたらされる。ただしそれなりの筋力的下地がないと筋や腱を痛めやすく、上級者向きとされる。

■PRT法
（Partner Resistance Training）

トレーナーなど特定のパートナーに押す・引くなどの力を加えてもらい、それに抵抗する方法。徒手抵抗トレーニングとも言う。負荷の強度、方向、動きなどに完全に自由なバリエーションをもたせられるため、きめ細かなコンディショニングが可能になる。ただし専門的知識を持った指導者のもとで行なうことが絶対条件である。故障後のリハビリなどにもよく用いられる。

様々なトレーニング法

〔アイソトニック法〕

コンセントリック

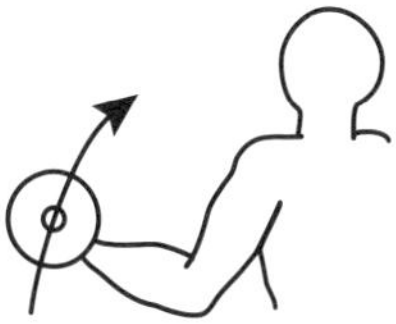

エキセントリック

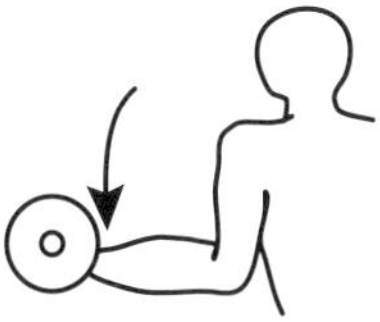

〔アイソメトリック法〕

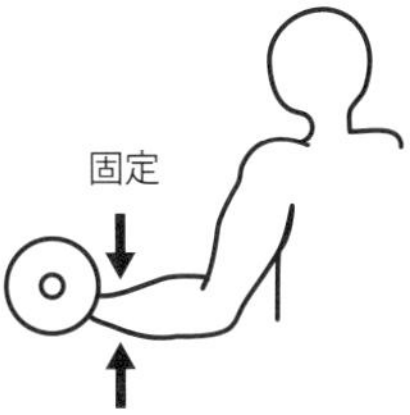

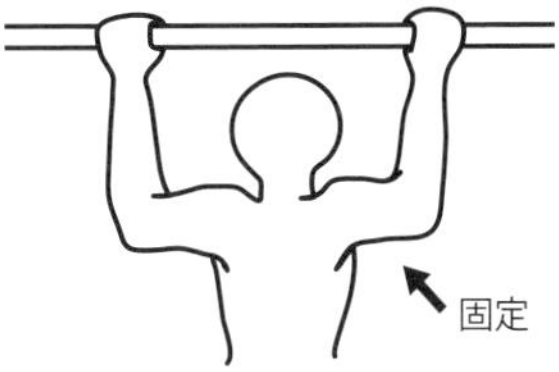

〔アイソキネティック法〕

油圧マシーン

ゴムチューブ

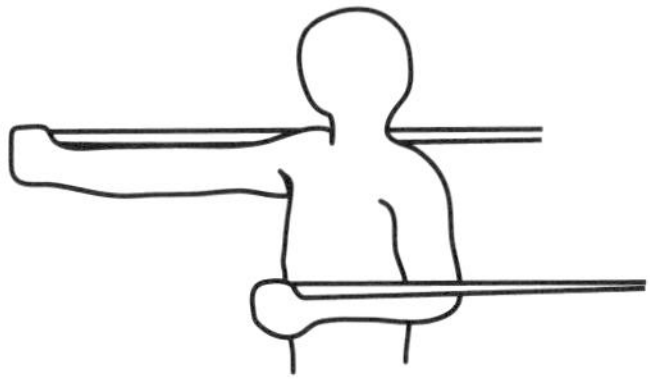

〔PRT法〕

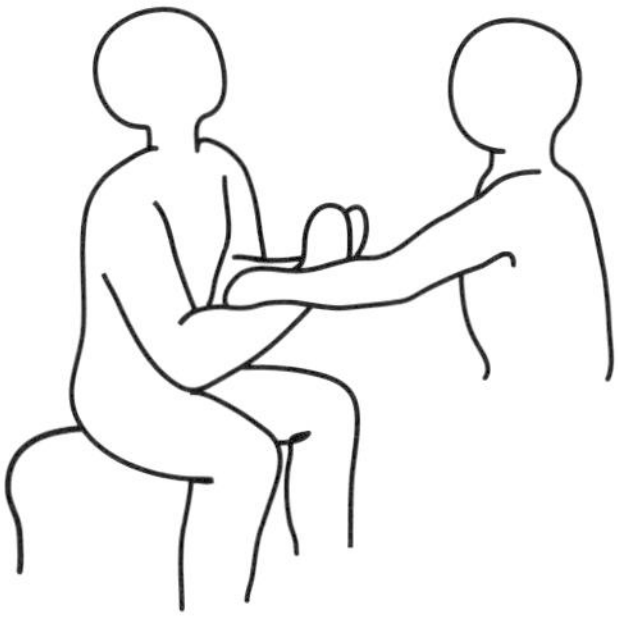

〔プライオメトリクス〕

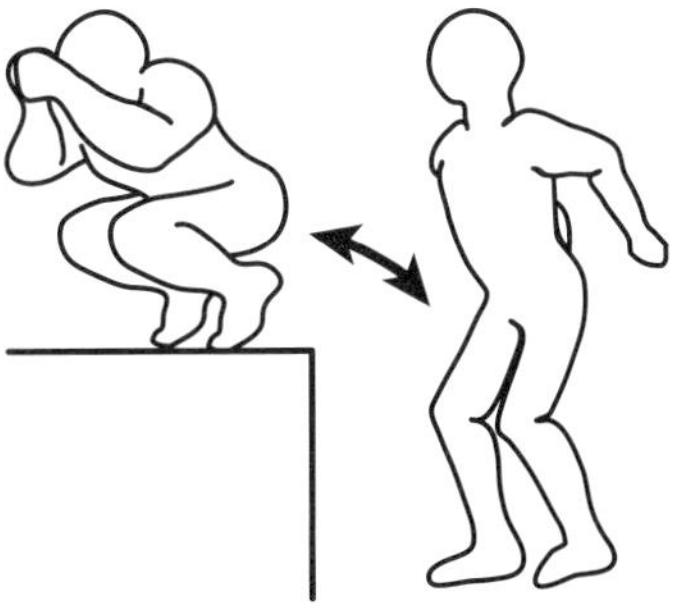

【筋肉疲労とは何か】

様々な運動を遂行するには、単に筋肉があるというだけでなく、それを継続的に使えなくてはならない。そこで問題になるのが筋肉疲労というものだ。以下にその原因を挙げる。

■エネルギー源の枯渇

これまでにも述べた通り、筋肉を動かすためのエネルギーは、筋肉内のATP（アデノシン3リン酸）である。

そのATPは細胞内ミトコンドリアで常時作られ、細胞内に蓄積されている。しかしその生産量と蓄積量はきわめて僅かなので、運動がさらに激しくなると筋肉中の糖質（グリコーゲン）が「解糖」という反応を起こしてATPを生産するようになる。また、さらに瞬発的で強い運動ではやはり筋肉内に蓄えられているクレアチンリン酸が分解・再結合してATPを作り出す。

しかし筋肉内のグリコーゲン、クレアチンリン酸ともに貯蔵量にはやはり限界があり、これらが欠乏すると当然筋肉は充分には働かなくなる。

■疲労物質の蓄積

強度の高い連続的な筋肉運動（ミドルパワー）でのエネルギー代謝は「解糖系」、つまり筋肉内のグリコーゲンをピルビン酸に分解する過程でATPを得るというものだが、これはその分解過程で乳酸を発生させてしまう。そしてこの乳酸が発生すると、筋肉の収縮能力は低下する。ちなみに筋肉中の乳酸濃度が0・003％以上になると筋収縮は止まると言われている。

とはいえ、この乳酸は正確には疲労物質ではない。乳酸は実際には発生後速やかに血流に放出され、筋肉内に蓄積することはない。諸機能の阻害は、乳酸の発生に伴って生じた水素イオンが筋細胞中のpHを低下させる（酸性化させる）ことによって起こるのだという。しかし一般的には乳酸が発生すれば結果、筋肉疲労は起こると考えて良いだろう。

なお、この乳酸は解糖系代謝の最終物質（老廃物）というわけでもない。乳酸は、一部は再びピルビン酸に変換されてから酸化回路に回され、また一部は肝臓で糖に戻される（その比率は運動中と運動後でかなり変わるという）。それゆえ、乳酸もまた筋肉の再エネルギーとなり得るのだが、しかしこれも遅筋に対してのみに関わるものだということも研究で示されている。

この他の筋疲労物質としては、アン

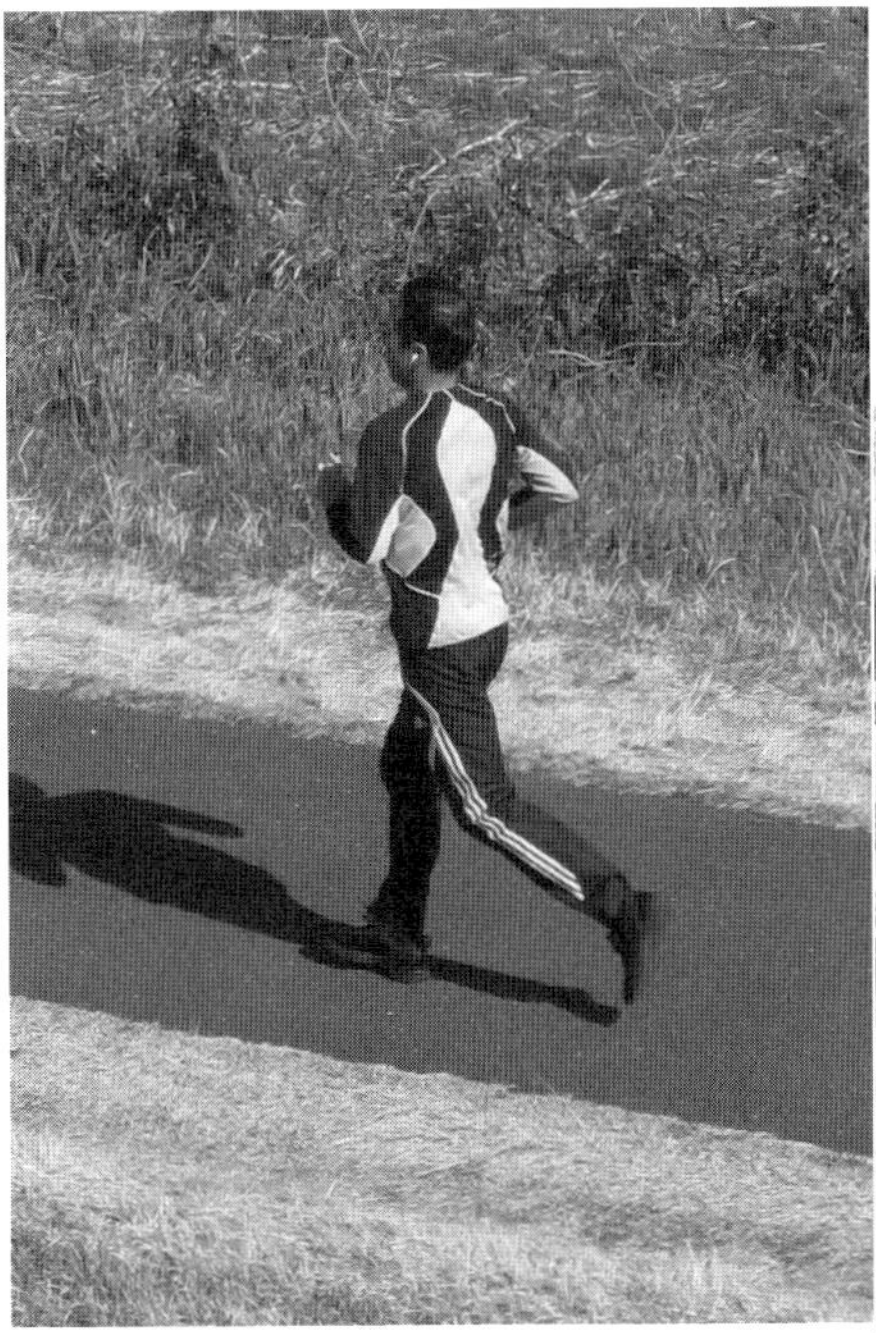

持久的な運動では筋肉疲労をいかに防ぐかがもっぱら問われることになる

長いルートでの持久力系クライミングでも求められる課題は同じだ

モニア（タンパク質の分解で発生）、ケトン体（脂肪の代謝で発生）、リン酸、焦性ブドウ酸、炭酸ガスなども候補に挙げられている。

■内部環境の失調

体温上昇、水分枯渇などによっても筋肉活動は不調をきたす。特に水分の枯渇は致命的で、それゆえ多くのアスリートは競技中、水を「食べる」ように義務的に摂取している。

また持久的な運動ではグリコーゲンの欠乏とともに、血中グルコース（血糖。グリコーゲンとはグルコースの集まったもの）の低下によっても疲労が生じる。それは身体運動を統合する中枢神経系が、筋肉同様にグリコーゲンを必要としているためだ。が、この神経組織にはもともとグリコーゲンの貯蔵量は少なく、そのエネルギーのほとんどを血中グルコースに頼らざるを得ない。そこでこれが低下すると中枢神経系の不調を招き、運動のコントロールが上手くできなくなるのである。

【パンプとは何か】

クライマーにとって「パンプ」は永遠の課題とも言えるものだろう。だがこれは実は発生のメカニズムがよくわかっていない。連続的な強負荷で前腕に乳酸が発生し、それが悪影響を及ぼしていることは間違いないのだが、乳酸の蓄積がイコール「パンプ」というわけではない。それだけではあれだけの筋肉の膨張は説明できない。

　現在最も納得できると思われる説は、故新井裕己氏によって示された「乳酸の発生で血液が酸性に傾くと、血管の透過性が変化して、血液中の液体成分が血管外に移動し、筋細胞周辺が水であふれ、筋膜内の圧力が増加する」というものだろう（『ロック&スノー』25号「ハードコア人体実験室」）。

　いずれにしろパンプへの対策としては、これらの除去がやはり課題になる。

■乳酸の排出①毛細血管の発達

乳酸の速やかな排出は血液の循環によって行なわれるわけだが、それにはまず、毛細血管が充分に発達していることが必要条件になる。

　そうした毛細血管の発達は、毛細血管を充分開いた状態で、血管壁への圧力を高めることによって促される。そのためには最大筋力の30％以下の力で、20～30分、筋肉を使い続けることが必要だ。これが最大筋力の50％以上の負荷だと筋収縮によって毛細血管が押しつぶされ、逆に閉塞してしまう。

　具体的な方法としては、パンプしない程度の軽い強度でのロングボルダーを、10～20分ほど続けるのが良い。また、毛細血管は使わないとすぐ閉塞してしまうので、故障などで長く休んだ後のリハビリとしてもこれは最適だ。

■乳酸の排出②乳酸耐性の向上

乳酸排出のもう一つの切り口として挙げられるのが、細胞レベルでの乳酸除去ということだ。

　ある研究によると、細胞内には乳酸トランスポーター（ＭＴＣ）と呼ばれる輸送担体（排出酵素）があって、これが乳酸を筋肉から除去したり、ミトコンドリアに取り入れる役割を果たしているのだという（八田秀雄著『乳酸と運動生理・生化学』）。そしてこの担体は、乳酸の発生源である筋肉から血液に運び出すＭＴＣ－４と、血液からミトコンドリアに送り込むＭＴＣ－１の2種類があるという（左図）。

　この酵素を増やすには、やはりパンプと回復とを何度も積み重ねていくこと。それが最適にして唯一の方法であるように思われる。

乳酸の発生・排出と乳酸排出酵素（MTC）の働き

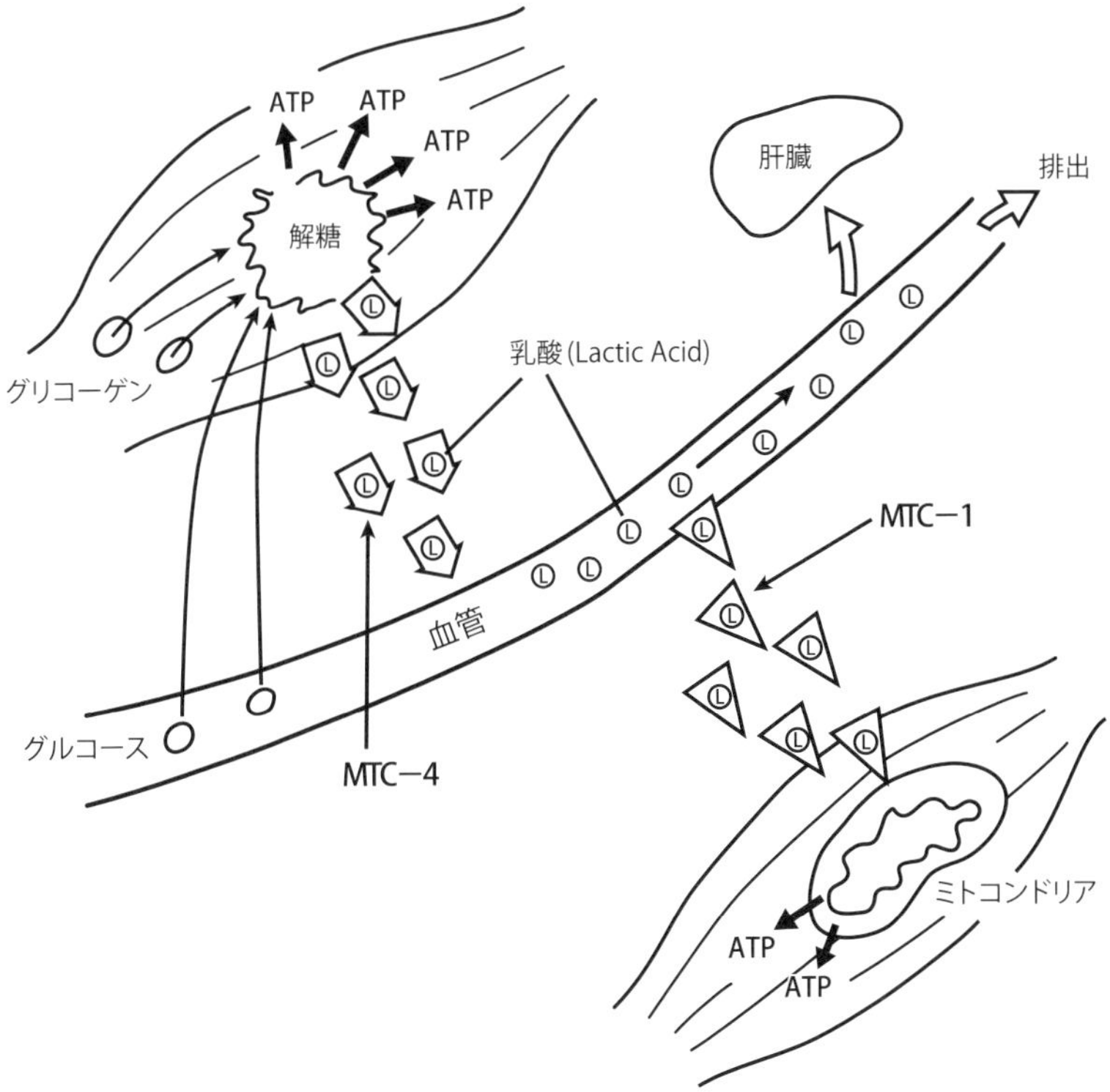

■乳酸発生の予防

乳酸の排出と同時に考えておきたいのが、乳酸発生の予防、つまりハナから乳酸を発生させないということだ。

これにはもちろん技術の向上が最大の決め手ではあるわけだが、同時に筋肉のLT値（乳酸発生閾値）を高めることも一つの解決策と思われる。

そこでこのLT値のアップについて検証してみると、まず第一は最大筋力を上げること。そしてもう一つ、筋稼動率を高めることも有効であるように思える。LT値は通常は最大筋力の70％前後に現れるとされているが、人によってこの値には差があり、その差は神経の筋稼動率の違いによるものと推測されるからだ。

そうした筋稼働率を高めるトレーニングとしては、瞬発的で強負荷のクライミング、つまりボルダリングが最適だ。持久力のトレーニングを普段あまりしていないボルダラーが持久系のルートで意外と強いのも、実はこれが決め手になっているように思える。

【クライミングでの持久力】

クライミングでいわゆる「持久力」と呼ばれるものには実は2種類ある。ストレニュアスと言われるものと、レジスタンスと言われるものだ。この2つは非常に近いものながら、その内容は若干違い、トレーニング方法にもやや違った目線が必要になる。

■ストレニュアス

かつてクライミングルートで「持久力的な」ということを指す場合、よく「ストレニュアスな」と形容された。要するに長いスパンの中でレストをはさみながら前腕のパンプに耐えつつ登っていくというもので、国内で持久系のルートと言った場合、一般的にはこうしたものを指すことが多い。

この手のクライミングでは、再三述べるように、純粋な筋力（筋持久力）よりも、回復力、つまり乳酸の排出能力の方がむしろ問われることになる。

その決め手は、一つには筋肉そのものの乳酸排出能力（前項参照）だが、もう一つ、全身の循環機能（全身持久力）も意外と重要だ。そしてそのトレーニングとしては、パンプさせては回復させるというクライミングを繰り返すことと、最大酸素摂取量を上げるための有酸素運動ということになる。

しかしそれ以上に重要なのはやはりレストそのものの技術だろう。つまるところ、回復力とはレスト力と同義だと言っても過言ではない気がする。

■レジスタンス

これは同じ持久力系のルートの中でも、10手近くをレストどころかチョークアップもできずに連続してこなさなければならないようなものを言う。国内ではめったにないが海外の高難度ルートでは当然ながら多く、こうした出力形態に不慣れなクライマーたちを苦労させている。

この場合課題になるのは、本来10～20秒程度で終わるATP－CP系運動を、さらに長く持続させることだ。その決め手は細胞レベルでのCPおよび酸素蓄積能力だが、ここでも最大酸素摂取量の大きさはやはり外せない。

しかし同時に、LT値（運動強度が高まるにつれて乳酸が発生するポイント）を高めることも必要だろう（前項参照）。要はいかに乳酸を排出するかというだけではなく、いかに乳酸を発生させないかということで、それはこのレジスタンス系クライミングでは特に問われるものと思われる。

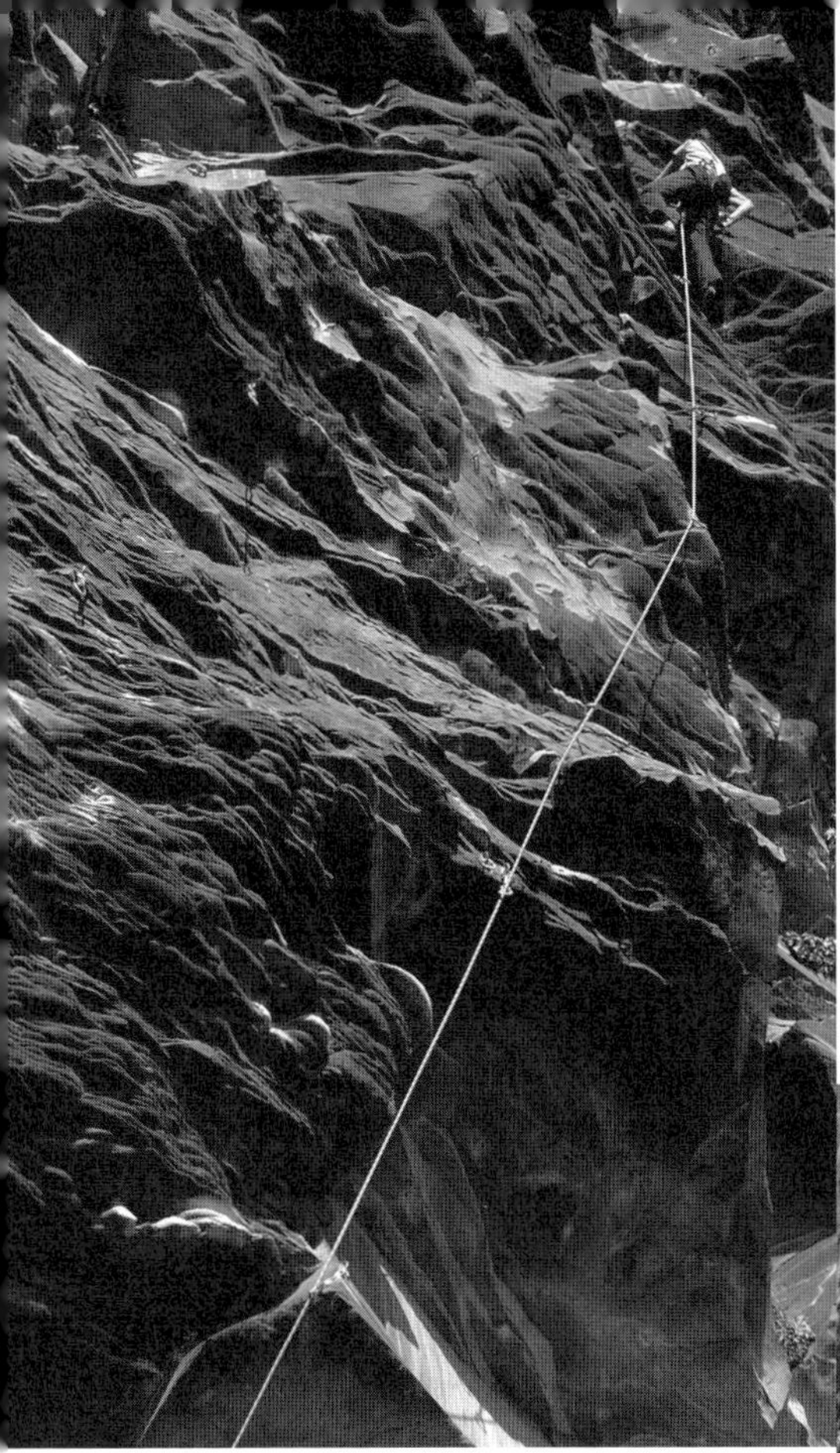

レストしつつのストレニュアス系クライミング

レストのできないレジスタンス系クライミング

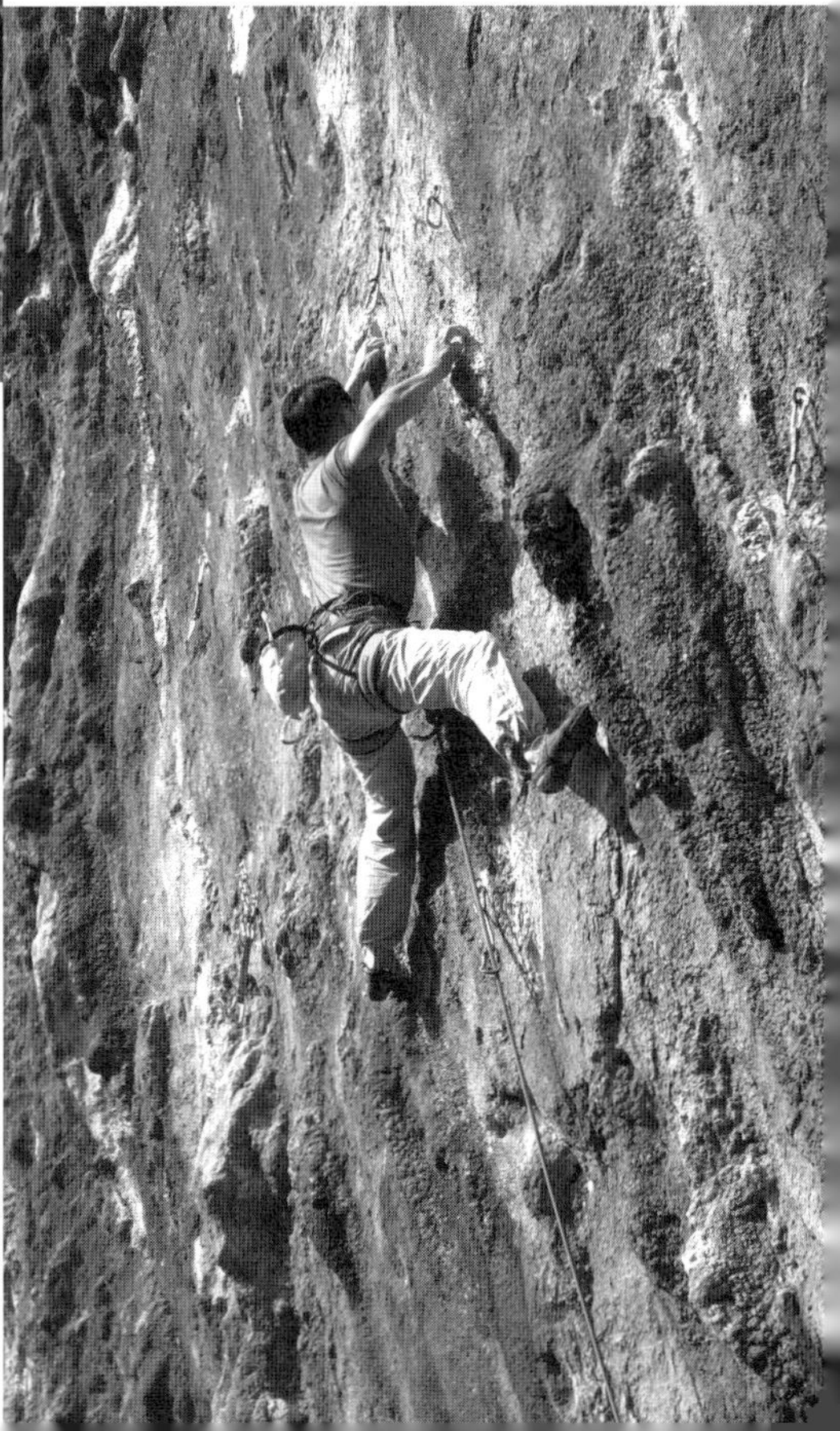

【運動神経とは何か】

体の運動はすべて筋肉の収縮によって行なわれるわけだが、それを制御しているのが、「運動神経」である。

一般的にそう呼ばれているこれは、正確には脳または脊髄内の運動ニューロン（神経細胞）から電気的な活動波として神経線維を通り、筋線維に伝えられる一連の流れを指すものだ。

■筋肉支配と筋稼働率

1本ごとの運動神経線維の末端はそれぞれ細かく分かれていて、数十～数千に及ぶ筋線維を支配している。その1本ごとの支配域を、1運動単位、または1神経筋単位と呼ぶ。この比率は体の部位によって異なり、精妙な動きを要する部位では1本の神経が扱える筋線維は少なくなる（つまり同じ量の筋肉でも神経線維の数が多くなる）。

また、その元の運動ニューロンも、脊髄神経の末端に多数存在している。そしてこれらを脳からの指令でいくつ同時に稼働できるかという率を筋稼働率または筋動員率と呼んでいる。これらがすべて動員できないのは筋肉を過負荷から守る自制力が自然に働くからで、通常この値は全筋力の70～80％とされている。ただしこの率は人によって異なり、ある研究ではクライマーは他のスポーツ選手よりもこの数値が高いというデータも示されている。

■筋協調性

筋肉は運動ニューロンからの電気信号によって収縮する。これはきわめて単純な図式だが、様々な運動の局面ではさらに複雑な動きや巧みな調節が必要になる。そのため体には運動神経の他にも細かい知覚神経が張り巡らされ、体の各部位からの細かい情報を、その都度脳に伝えている。

そしてそうした伝達神経は、目的に沿った運動を行なえるように、順次、修正・調整されている。このような微妙な動きを可能にしているのが神経系と筋肉との協調的な働きであり、この能力を「筋協調性」と呼んでいる。

一般的に運動を上手くこなすための筋協調性要素は次の3つと言われており、優れたスポーツ選手はこれが的確であるとされている。

①タイミング（時間的な調節）
②スペーシング（身体各部位の空間的位置関係の調節）
③グレーディング（発揮される力の強弱の調節）

高いパフォーマンスには筋協調性の３要素すべてが高次元で求められる（Taiyo Ogino, McTwist ©Stoke Skate Retail）

図１. 運動神経の模式図

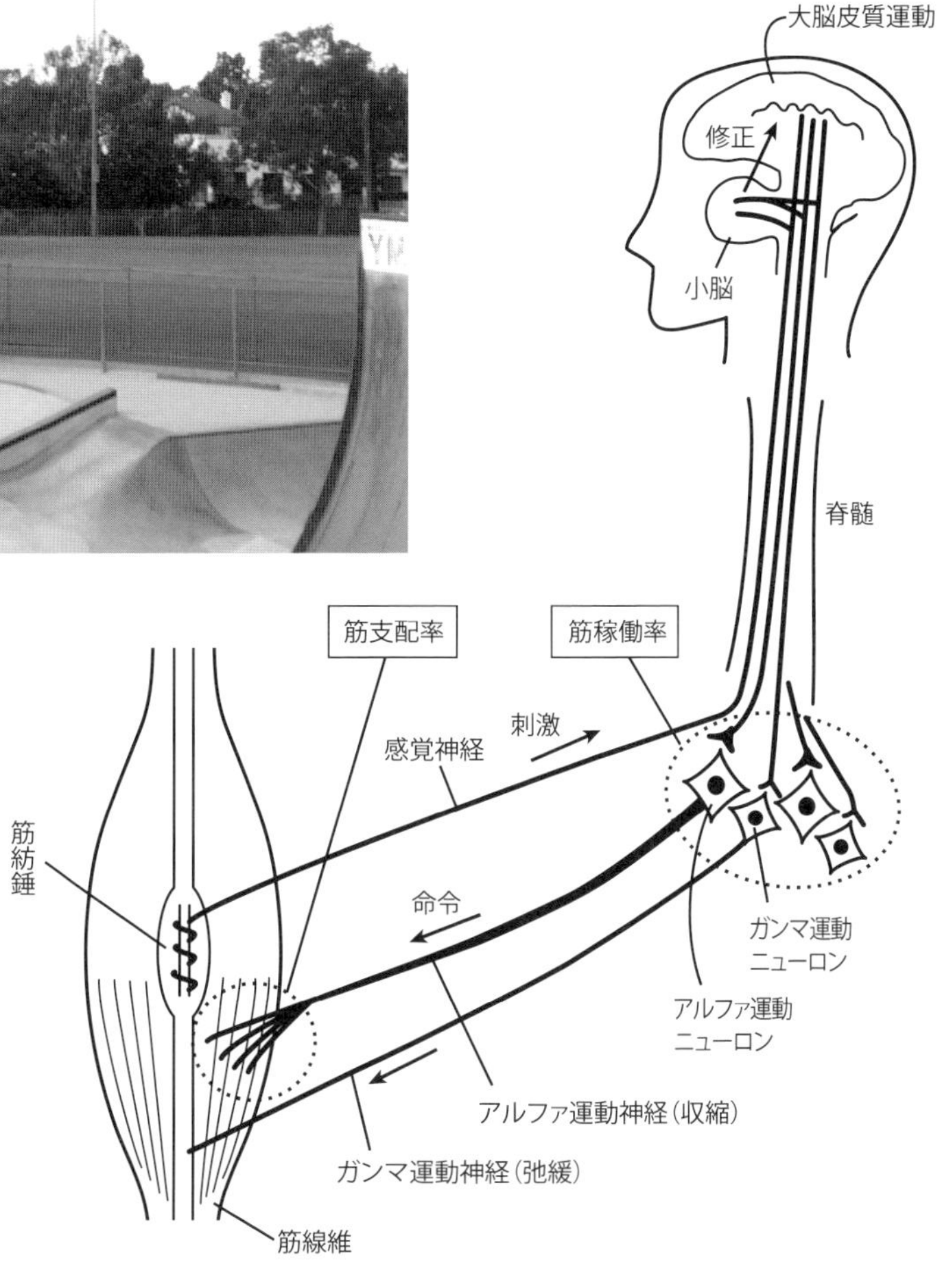

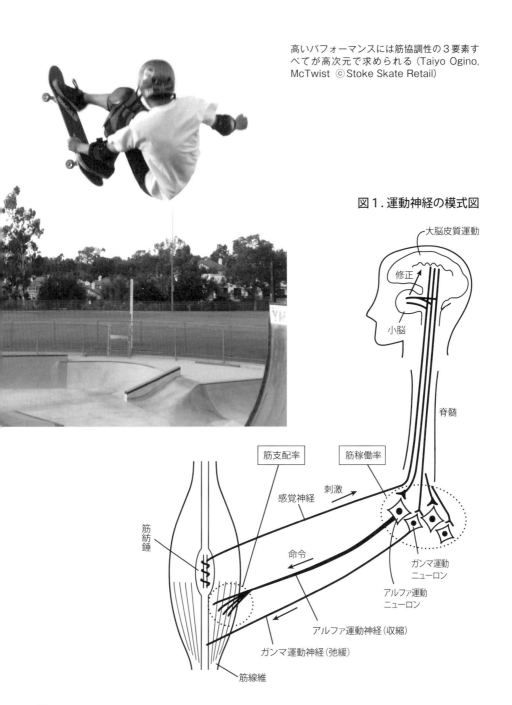

【筋稼動率のアップ】

筋肉を1回の脳からの指示でどれだけ動員できるかを筋稼働率と言い、それは人によって差がある、ということを前項で述べたが、筋肉量が同じならこれが高い方が強い力を発揮できる。そしてそれはトレーニングによって高めることができる。以下それについて。

■トレーニングの方法

一般的に強い負荷に対して使える限りの力をすべて発揮しようとすると、運動中枢の興奮性が高まり筋動員数が増加するとされている。それには強負荷でのアイソメトリック運動やプライオメトリクスが最適と言われている。

ただし限界に近い最大筋力を実際に出すというのは案外難しい。かつ、こうしたトレーニングは負荷が非常に高いので、まず筋肉的な下地が充分にあることが大前提となる。さらに実施の際は充分なウォームアップの後、充分なレストをとりながら各セットを高い集中力で行なう必要がある。最大筋力を出すのも最初からではなく、2〜3セット目からが良い。

なおこの時、特に注意したいのは、こうした神経系の発達や改善は、筋肉が疲労した状態ではできないということ。つまり疲れの溜まっていない、フレッシュな状態の時に、これのみを目的に行なう必要があるということだ。

■キャンパシング

クライミングで筋稼働率アップのためのトレーニングといえば、キャンパシングがまず挙げられる。これは1994年『岩と雪』166号で杉野保氏によって紹介され、クライマーの間で一躍ポピュラーになったものだ。瞬間的な最大筋力発揮が前提のこのエクササイズは神経系を刺激し、筋動員率を飛躍的に高めると言われている。

ただしこれを神経系の改善目的で行なうには、相応の注意が必要になる。その第一は、上に述べたように、筋肉に疲労の残っていない、完全にフレッシュな状態で行なわなければならないということだ。よってこれをクライミング後のワークアウトとして行なうのは、このトレーニングの真の意義には適っていない。また頻度も、これのみを独自に行なったとしても、週3回が限度とされている。さらに下りる時に肘を伸ばさずやや曲げた状態をキープすること、筋肉の充分にできていない初心者は行なってはならないことなども注意事項として挙げられている。

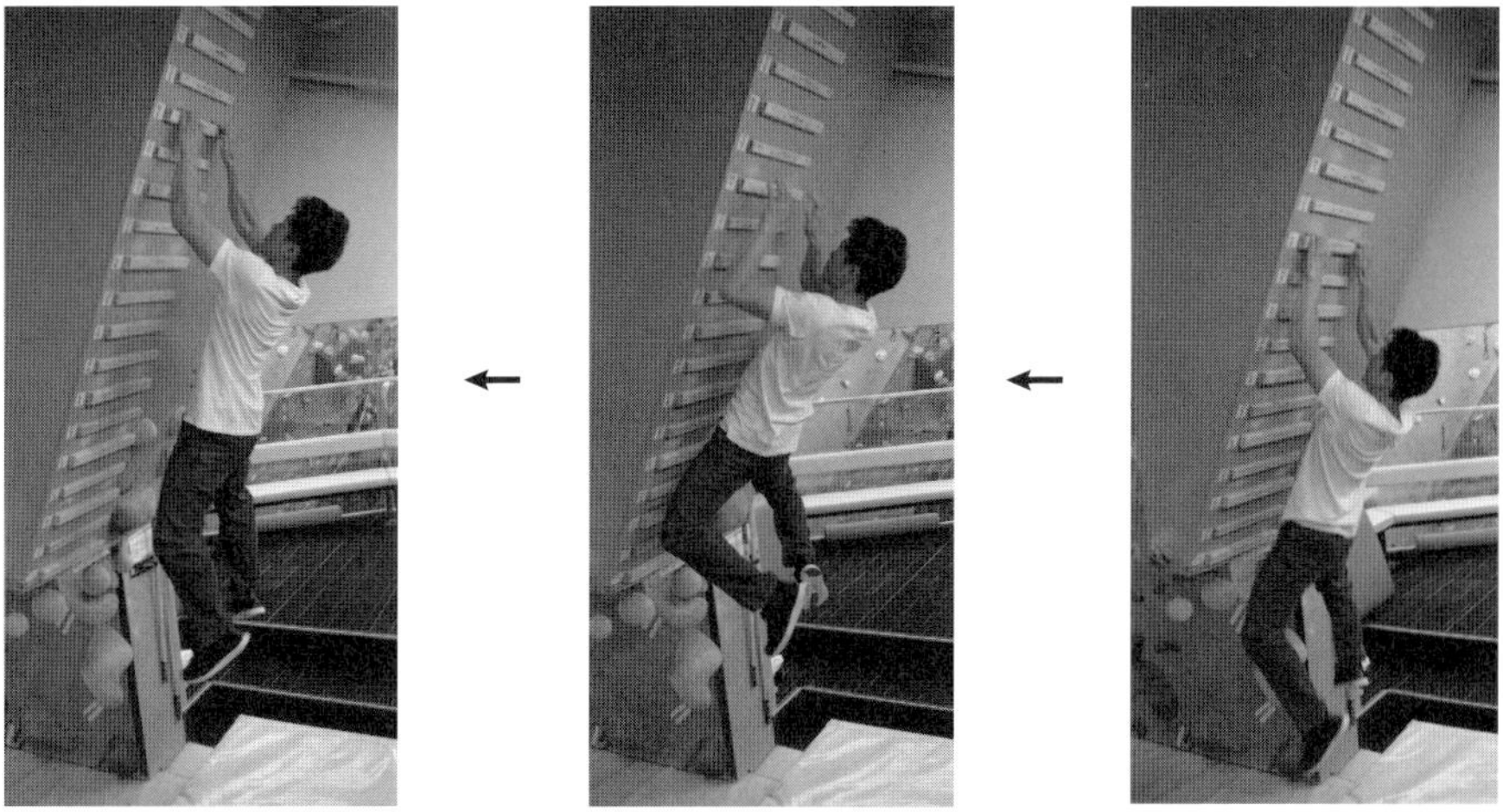

キャンパシングの代表的エクササイズ ① ダブルダイノ

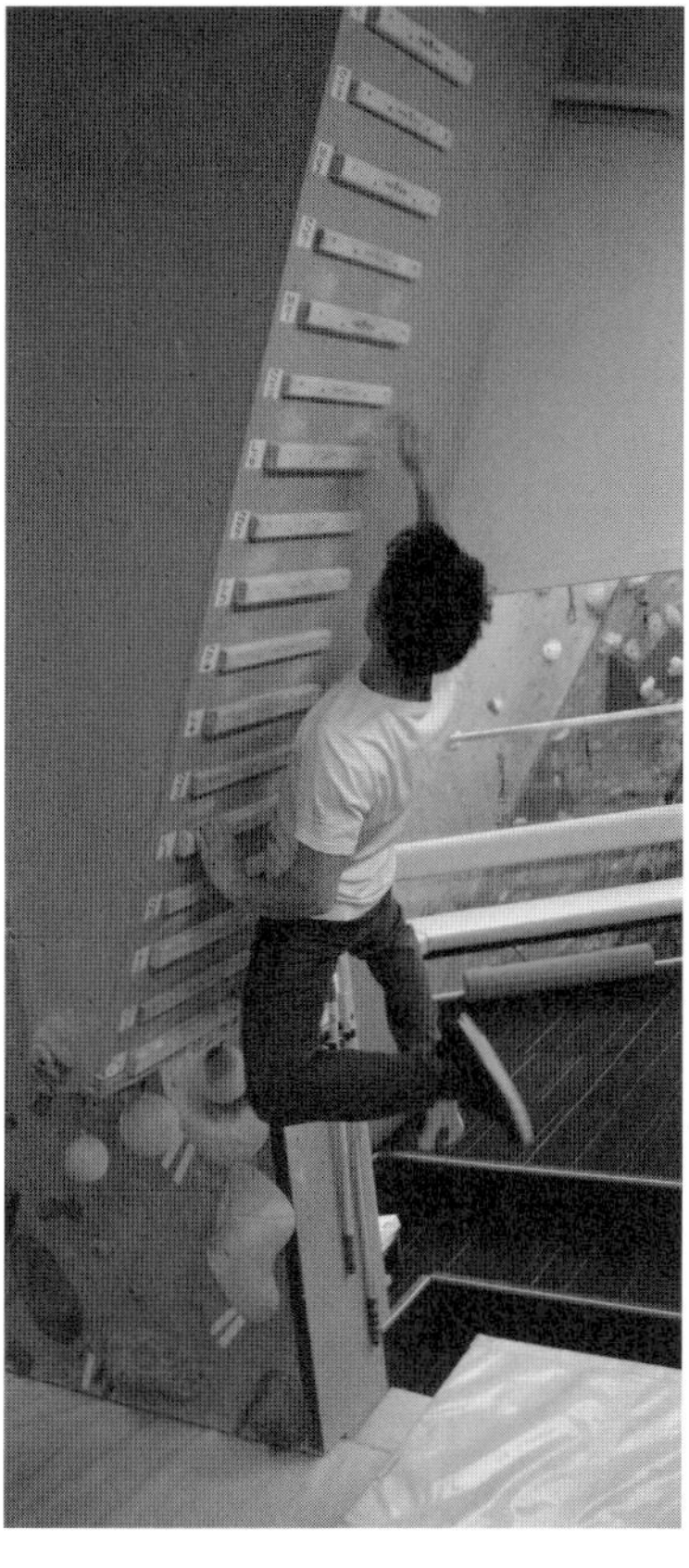

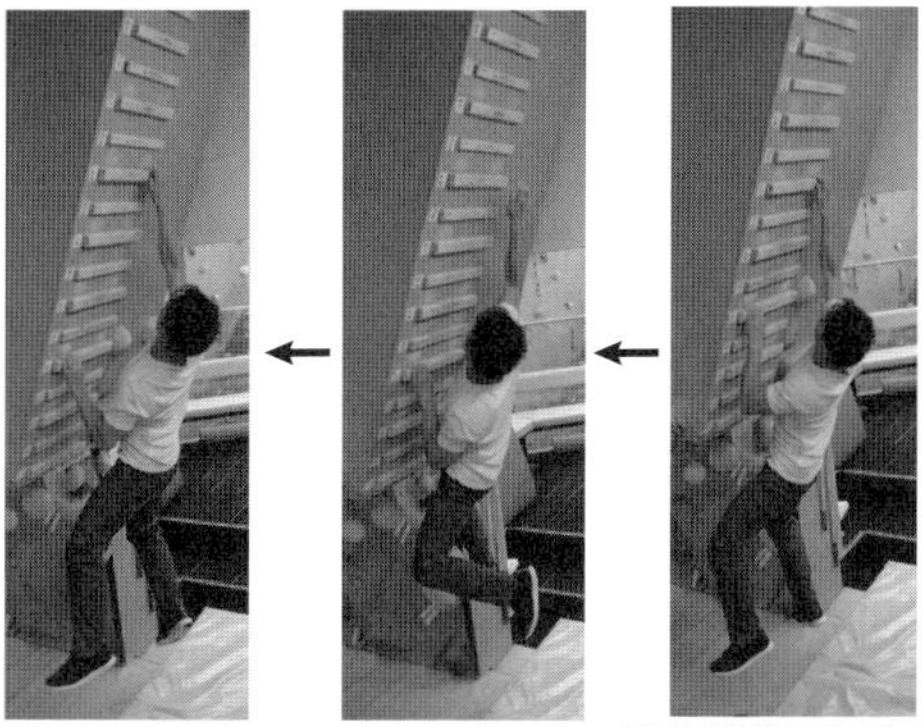

② 片手送りランジ

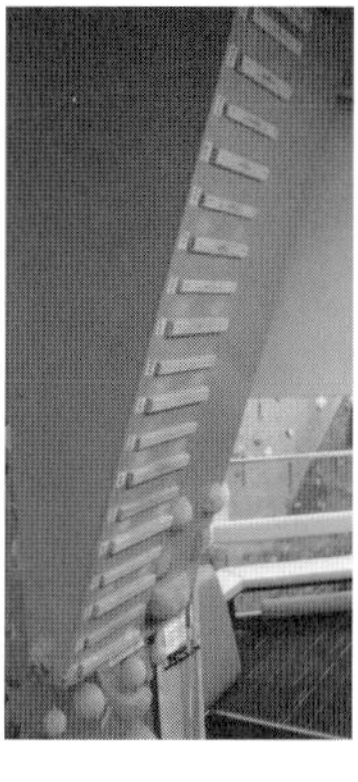

キャンパシングボード例
梁の幅は20～30㎜、間隔は10～15㎝

【筋協調性のアップ】

クライマーにとって一番の願いは、いかに早くステップアップするかということだろう。もちろんその「ステップアップ」ということの捉え方も人さまざまだろうが、筋協調性という観点からの要点を、ここでは見ていきたい。

■ステップアップの法則

クルト・マイネル著『スポーツ運動学』（1960年ドイツ）によると、一般的なスポーツでの上達の過程は以下のようなものと説明されている。

段階A：粗形態の発生
段階B：精形態の発生と定着
段階C：運動の自動化

粗形態とは早い話「かなり無理矢理だがなんとかできた」というもので、スキルの最も初期の段階にあたる。

一方精形態とは、そのような「無理矢理」ではなく、多くの選択肢の中から最も理想的な動きとして自ら選べている状態で、「確実性」の段階である。

そして今、多くのスポーツの現場では、ある一つの技術に対して粗形態の段階をなるべく短くし、極力早く精形態の段階に入ることを重視している。粗形態とは要は欠点が多く含まれた形態ということだから、ここでの期間を長くしてしまうと、それだけ欠点も多く経験する、つまり身に付けてしまう（これが問題）ことになるからだ。

■クライミング的な視点

だが自分の登りを粗形態か精形態かと判断するのは難しい。クライミングにはグレードという絶対的な数字があるため、それのみに目が行くと、内容の吟味が棚上げになってしまいがちだからだ。そして多くは粗形態のまま次の段階に突き進もうとする。

しかし本来ここでやらなければならないのは、負荷を高める（グレードを上げる）ことではなく、負荷（力の発揮）を減らすことだ。粗形態とはつまりは上手いクライマーなら運動量10で登れるところを、30、40と使って登っているということだから、これではそれ以上の段階に進むことはできない。

こうした無駄をなくすには粗形態から精形態に早く移行しなければならない。それにはやはり既に登ったルートでの一歩引いた細かな検証が必要になる。要はどれだけ楽に、また確実に登れるかということだが、この部分では優れた指導者や経験者のアドバイスも大きくものを言うところだろう。

クライミング能力レベルアップの過程

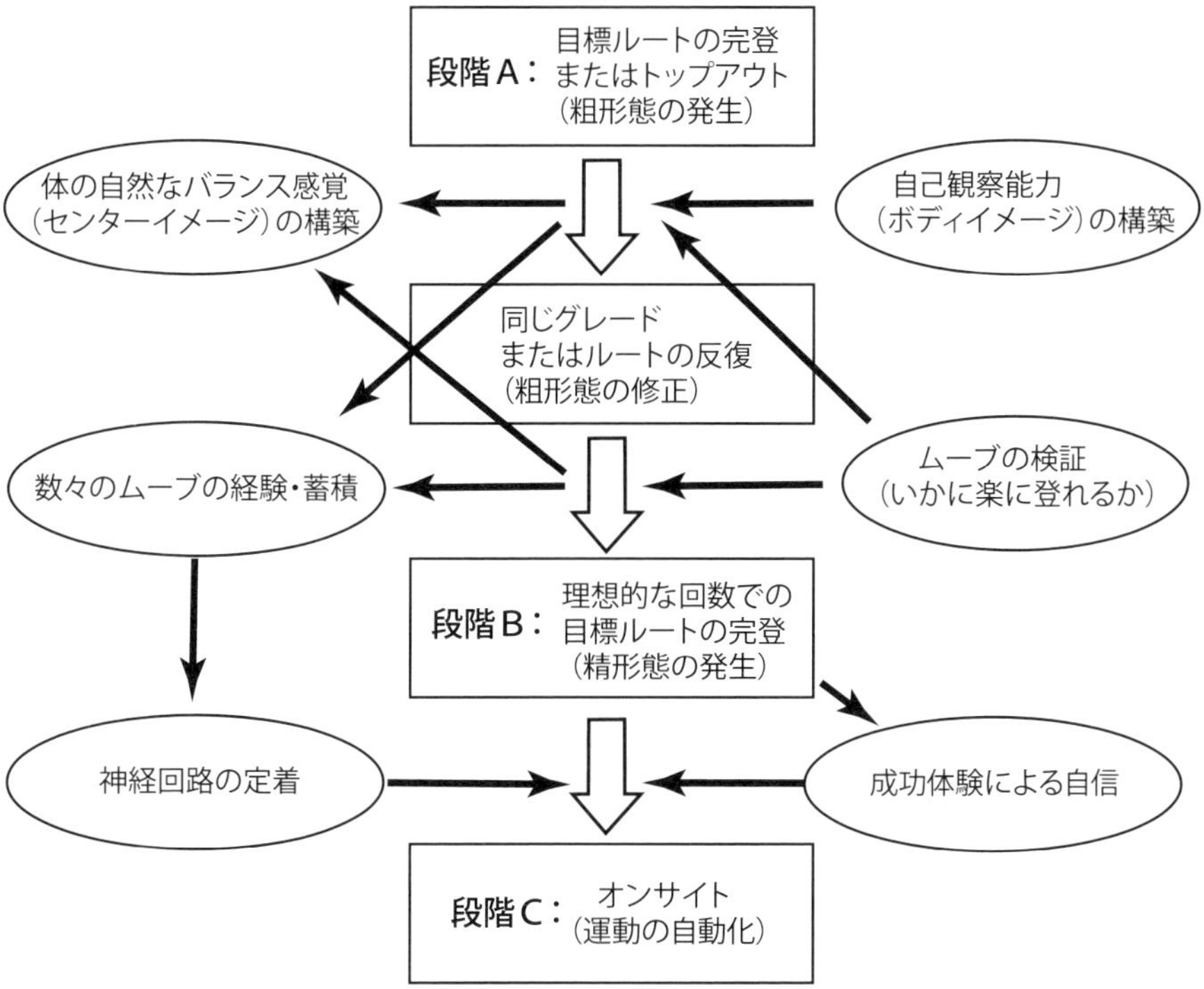

■神経回路の定着

クライミングの場合、単に一つの動きができるだけでなく、様々な場面でそれが応用できなければならない。故新井裕己氏による「トレーニング究極理論」(『ロック&スノー』27号)ではそれを「神経回路の定着」と呼び、クライミングの重要課題としている。

それによると、ある課題で習得した(行なった)ムーブは、実は簡単には他の課題に応用できない。他の課題で応用できるようになるためには、その動きを様々なシチュエーションに変えて経験する必要があるという。

特に神経回路が充分に完成していない初心者はこのプロセスが大切で、それにはなるべく多くのムーブを経験することが必要だとしている。これが足りていないと、ムーブの引き出しだけでなく、応用の幅も当然少なくなる。1本のルートに多くの時間をかけがちな人が他のルートもなかなか短時間で登れないというのも、一つにはこの部分での不足があるからと考えられる。

コラム・運動神経の発達

筋肉の協調性とは、つまり我々がよく言うところの「運動神経」と同義だろう。となると、これは持って生まれた能力で、努力しても無駄、と感じる方も多いに違いない。というのも我々は子供の時から運動神経が良い悪いは先天的なもの、という固定観念に悩まされ続けてきたからだ。

だが、実は運動神経というものは、背の高さや筋肉の質などといったことに比べると、遺伝の影響を受ける率が非常に低いことが研究によって明らかにされている。運動に対する指令が中枢から外に向かって送られるため、こうした神経系も〝既にあるもの〟と考えがちだが、多くの場合、こうした神経は、外からの刺激によって後から作られる。もちろん、筋肉を最初に動かすのはごく単純には既存の神経だが、その神経がより良く発達していくのは、それを刺激する様々な筋肉の動きである。つまり運動を制御する神経は、運動によって作られる。要は運動神経というものはほとんどが後天的に備わるもので、そこに先天的という要素を見いだそうとするならそれはおそらく「環境」という部分に過ぎない、というわけなのだ。

さて、そうした運動神経の発達についてだが、これは筋肉をいかに「正確に」動かしたかどうかということが大きな決め手になる。そもそも運動神経の良し悪しとは、中枢からの指令を正確に、またたくさんの筋肉に伝えられるかどうかということで、その発達のためには、適切な刺激、つまり刺激の「質の良さ」が、何より重要とされる。質の良さとは前述した運動神経の3要素、タイミング、スペーシング、グレーディングのことで、これらが正しく反復されることで、運動神経は正しく発達していく。

これは逆に言えば、適切な刺激（運動）が与えられないと、運動神経は良い方向に発達しないということだ。それゆえ今のスポーツの現場では質の良し悪しを問わぬ量の勝負はあまり良いものとは見なされない。負荷の強度や量を落としてでも質を追求した方がレベルは上がるという見方に、すべては変わってきている。

また、神経系と筋力との関係についても触れておくと、筋肉を鍛えてから神経系を鍛えるよりも、先に神経系を鍛える（動きを学習する）方が良いとされている。それは、動きの協調性を欠いた筋力トレーニングでは神経系が別個に発達するためその後のフォローがたいへんだが、先に正しい運動回路が構築されれば、その動きに従って、必要な筋肉は自然に発達していくからだ。それゆえ、スキル（動き）の練習を伴わない筋力トレーニングも、今のスポーツでは良しとはされない。特に運動経験初期の子供たちに対する指導では、これは特に覚えておくべき事柄だろう。

コンディショニング

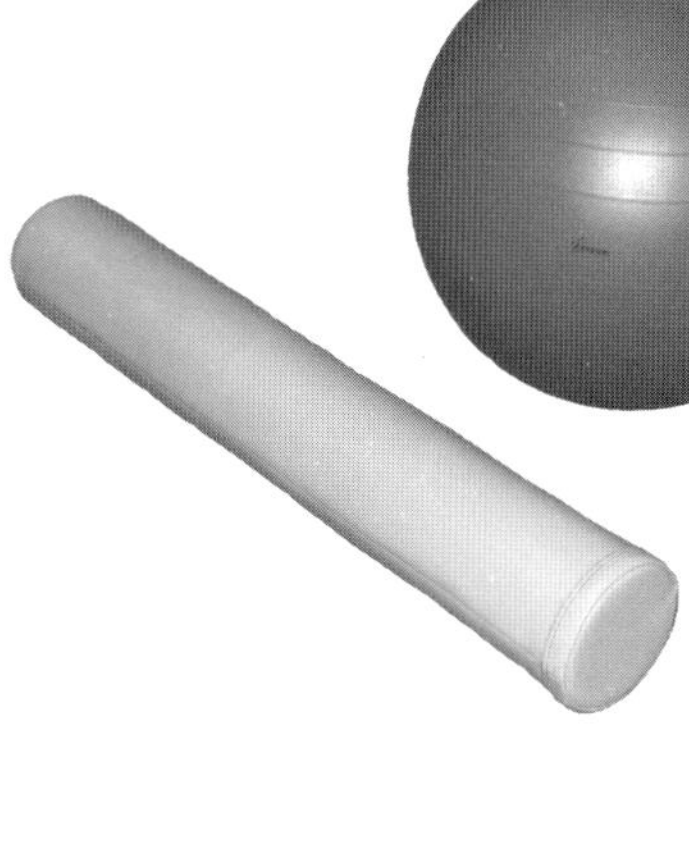

【コンディショニングの重要性】

前章ではクライミングのための肉体能力の向上について述べたが、このスポーツの課題はそればかりではない。むしろ本当に難しいのは、クライミングをいかに続けるか、ということだ。

だいたいクライミングというものは一般人が単なる趣味として取り組むには少々過酷なものだ。体への負荷は局所的に非常に強く、特定の部位にオーバーユースも招きやすい。それを思えば、その人がどんなレベルであっても、「体の強化」以上に「コンディショニング」ということに一層の労力を注ぐべきことは間違いないだろう。

■負荷の設定

クライミングは目的とするルートや形態によって、負荷の量だけでなく質も違う。ボルダリングなら瞬発力、長いルートなら持久力、さらに技術や集中力なども大切な課題と言える。

そうした中でまず大切なのは、その日の自分の体の状態を見極め、その日はどういう意図のクライミングをするのかをはっきりさせることだ。逆にそうした意図を欠いたクライミングは能力向上につながらないだけでなく、体を痛めることにもなりかねない。

ときには一日をトレーニングではなくコンディショニングのみに充てるということも充分あり得る話だろう。

■ウォームアップとクールダウン

スポーツにウォーミングアップとクールダウンは不可欠だ。

しかしこれも、その意図を充分に理解して行なう必要がある。しっかりしたスポーツ経験の少ない人たちが行ないがちな多くのそれは、負荷が少なすぎて本来のウォームアップになっていなかったり、あるいは強すぎて逆に疲れてしまったりというものだ。

ウォームアップの意味は、筋温を徐々に高めていって、ここ数日の休養で眠っていた筋肉と神経系の反応速度を元に戻すということだ。まずは筋肉を収縮させる前に毛細血管に血を行き渡らせるのが最初のエクササイズで、それは相当に軽いもので良い。それから徐々に筋肉への刺激を、その種類や質も含め、増やしていくようにする。

一方クールダウンの意味は、高まった筋温を徐々に冷ましてやるということだ。これはその後の疲労回復に向けて筋肉内に溜まった疲労物質を除去するためで、スポーツではウォーミングアップ以上に重要といわれている。目安としてはウォームアップを逆に辿るのが良いが、負荷はより低く、そして最終的には簡単な有酸素運動程度まで落とすようにする。ここでよく見るように落ちるような強度でクライミングなどしているようでは、とてもクールダウンにはならないと言える。

■レストの意味

アスリートにとって、「レスト」とはどのようなものだろうか？　かつてそれは「悪」以外の何物でもなかった。しかし今は、これこそが「善」あるいは「救世主」と言えるものへと意識は大きく変わってきている。

クライミングに取り組む大勢の人々。このようにクライミングを続けるたにはやるべきことはたくさんある

その理由は、単に疲れを取る、というだけではない。筋力トレーニングの原則の項で述べたように、筋肉は的確な間隔での負荷によって初めて鍛えられるのであり、つまりそれは的確な長さのレストがあって初めて可能になる。言い換えればレストの間にこそ、筋肉は適切に育っているのである。

また、技術的な意味でもレストは重要だ。デイル・ゴダード著『パフォーマンス ロック・クライミング』（1999年、山と溪谷社刊）には、ある連続したムーブ（エングラム）を間違いなく遂行させるには「内的劇場」（イメージ）が大きな役割を果たすという考え方が示されているが、それは落ち着いた精神状態、つまりレストの間にこそ形成される。これは単に精神的なことだけではなく、神経回路の構築という意味でも間違いないことだ。

そうした意味では力、技術ともに育つのはレストの間なのであり、実際のトレーニングはそのための下ごしらえと考えても良いくらいかもしれない。

【ピリオダイゼーション】

多くのスポーツで負荷は目的別にそれぞれ違うし、トレーニング方法も相反するものが多い。そこで、その目的に沿ってトレーニングに時間的な区分けをすることがよく行なわれている。これをピリオダイゼーションと言う。そしてそれは、その時間枠によってもいくつかの考え方がある。

■1日単位のプログラム

1日の負荷設定はピラミッド方式を基準とする。これは小負荷から徐々に負荷を上げていって、最大負荷になったところを頂点または頂稜として、再び徐々に負荷を減らして、最小負荷で終わる、というものだ（表1）。

このカーブは目的が同じならできるだけ一定の方が良いが、目的が違えばある程度変わる。持久力系目的なら緩やかが良いし、瞬発系目的なら多少急でも良い。トレーニング時間が制限されるようならこれを元に目標そのものを変えるという手もあるだろう。

なお、ジムでの過ごし方として、まずルートをやって、疲れたらその後ボルダリング、というのをよく見るが、これは本当は勧められない。筋力トレーニングはパワー系が先、次に持久系というのが一応の原則だ。

■週単位のプログラム

パワー系か持久力系か、など、何を強化するかは、できれば日によって変えた方が良い。これらは基本的にトレーニング方法・効果が相反しているという意味からも極力考慮すべきことだ。その場合の注意点としては以下のことが挙げられる。

・強いパワー系は神経系の調整も考え、体がフレッシュな状態で行なう。

・筋持久力系は多少疲れた状態でも行なえるが、神経系を損なわないために比較的低い難度で、フォームを崩さないように（重要）行なう。

・筋持久力系は2日続けても良いが、同じ日数の休養日が必要。

・数日連続して登る場合はピークを1日し、それを中央に置いたピラミッド方式で負荷を設定する。

■年単位のプログラム

一般クライマーでここまで意識するのは難しいが、モチベーション維持とボディケアの意味でも長いスパンでのピリオダイゼーションは必要だ。

表1. 1日単位のピリオダイゼーション例

〔ピラミッド方式〕

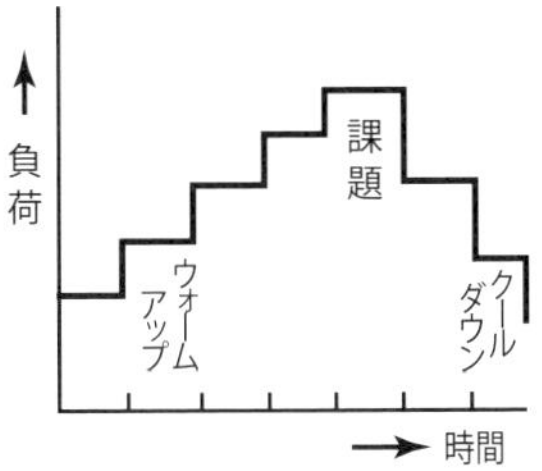

表2. 週単位のピリオダイゼーション例

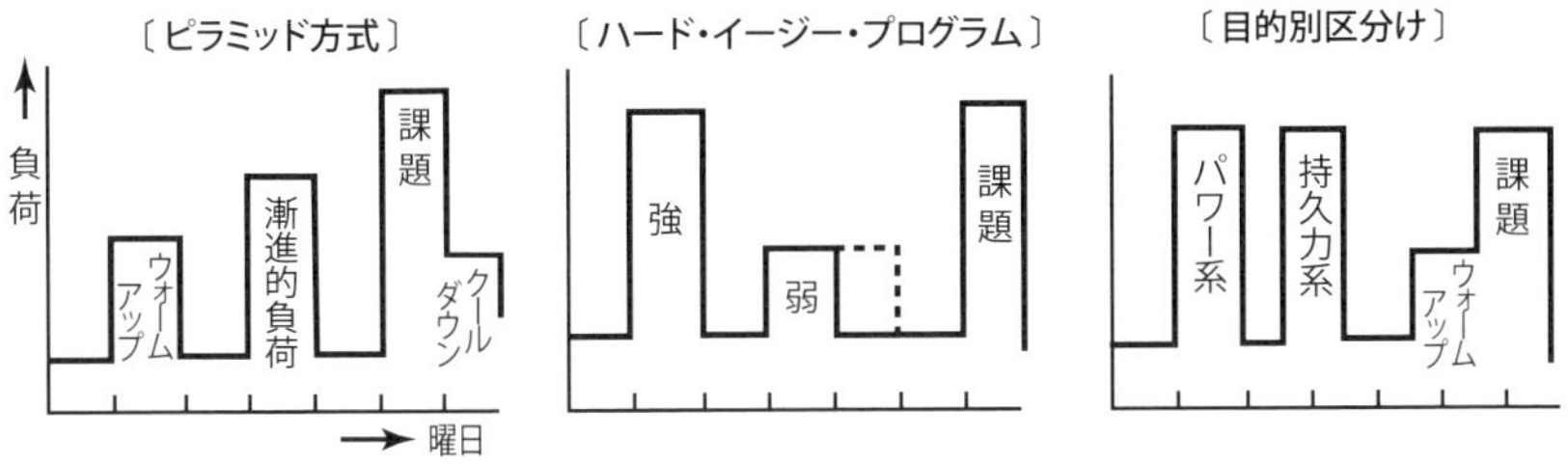

表3. 年単位のピリオダイゼーション例

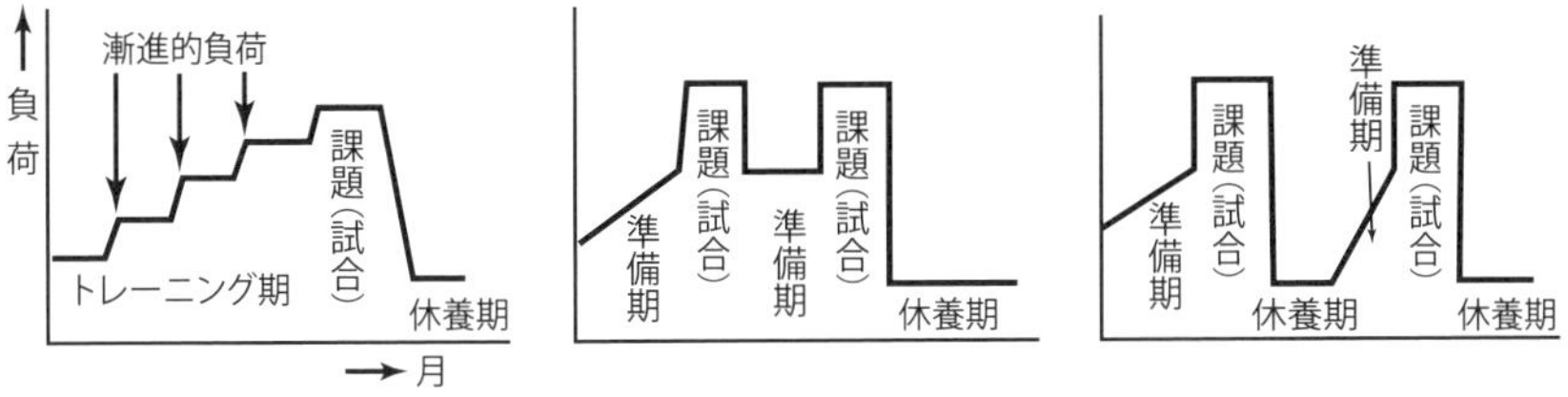

その場合典型的なのは、トレーニング期、課題解決期、回復期の3分割だ。

トレーニング期というのは単に筋力アップだけでなく、広い意味での技術力、肉体能力アップに努める時期のことだ。具体的にはボルダリング力強化、持久力強化、または各種技術強化などの課題設定をすると取り組みやすい。

課題解決期とは、目標ルートにトライするメインシーズンのこと。これはしかし、集中力という意味であまり期間を長くしない方が良い。とはいえ年間にこれを1回しか作ってはいけないというわけではない。1年間をいくつかのサイクルに分け、集中力を発揮させる時期を独立させれば良い。

回復期というのは休養期にしても良いのだが、課題解決で傷んでしまった体の各パーツをリフレッシュさせるという意味でも積極的に何かしらのプログラムを組んだ方が良い。いつもと違ったジャンルのクライミングにトライしてみるなどというのもモチベーションという意味で充分有効だろう。

【疲労からの回復】

厳しいトレーニングをした後は、早く帰って休みたい。しかし、その後の疲労回復のことを考えると、ここでやっておくべきことはたくさんある。

■ストレッチ

ストレッチは実は運動前よりも後のものの方が断然重要と言われている。それはストレッチの意味＝使って収縮した筋肉を元の長さに戻してやること、を考えれば当然のことだ。特にクライミングの場合、肩甲骨周辺と股関節周辺が固まりやすいので重要だ。

ただしこの場合のストレッチは強く行なってはならない。特に前腕は要注意。前腕はクライミングの場合、筋肉への負荷が強すぎ、そこで生じた筋線維の微細な損傷を無理に伸ばすと余計傷めてしまう可能性があるからだ。

■マッサージ

筋肉疲労をほぐすのにマッサージももちろん効果的だ。ただしこれも強く揉んだり指圧を加えたりしないこと。反射によって筋肉を逆に硬直させたり血行を妨げたりしてしまう。

一般的なやり方は左図の通り。①から③の順で、いずれも遠位から近位に向かって行なう。

またこうした外圧だけでなく、末梢（指）を動かすこともマッサージ的な効果があり、その後の回復は早い。

■アイシング

運動後にアイシングをする人は多い。が、これについては近年見方が揺らいでいる。アイシングは炎症を抑える働きは確かにあるが、筋肉疲労への効果は実は不明だからだ（欧米のプロスポーツチームなどでは近年は温める方が多いという報告もある）。

とはいえ筋肉酷使で筋温が高まりすぎた場合は冷却も必要だ。ただしその場合は水で少し冷やす程度で良い。

■積極的休養

運動翌日は疲れて何もしたくない。ぐったりと寝転がっていたいところだが、本当の疲労回復は、軽い運動などで血行を促進した方が早くできる。これを積極的休養といい、今では休養中はじっとせず、種類の違う運動を軽く行なうことが望ましいとされている。

そうしたものとしてはジョギングやサイクリングなどが代表的だが、ここでクライミングをするなら、相当に低い負荷（完全なガバを握る程度のルート）で行なうべきだろう。または前に

トレーニングとしてではなく、積極的休養としてジョギングやサイクリングを行なう人は多い

マッサージのやり方

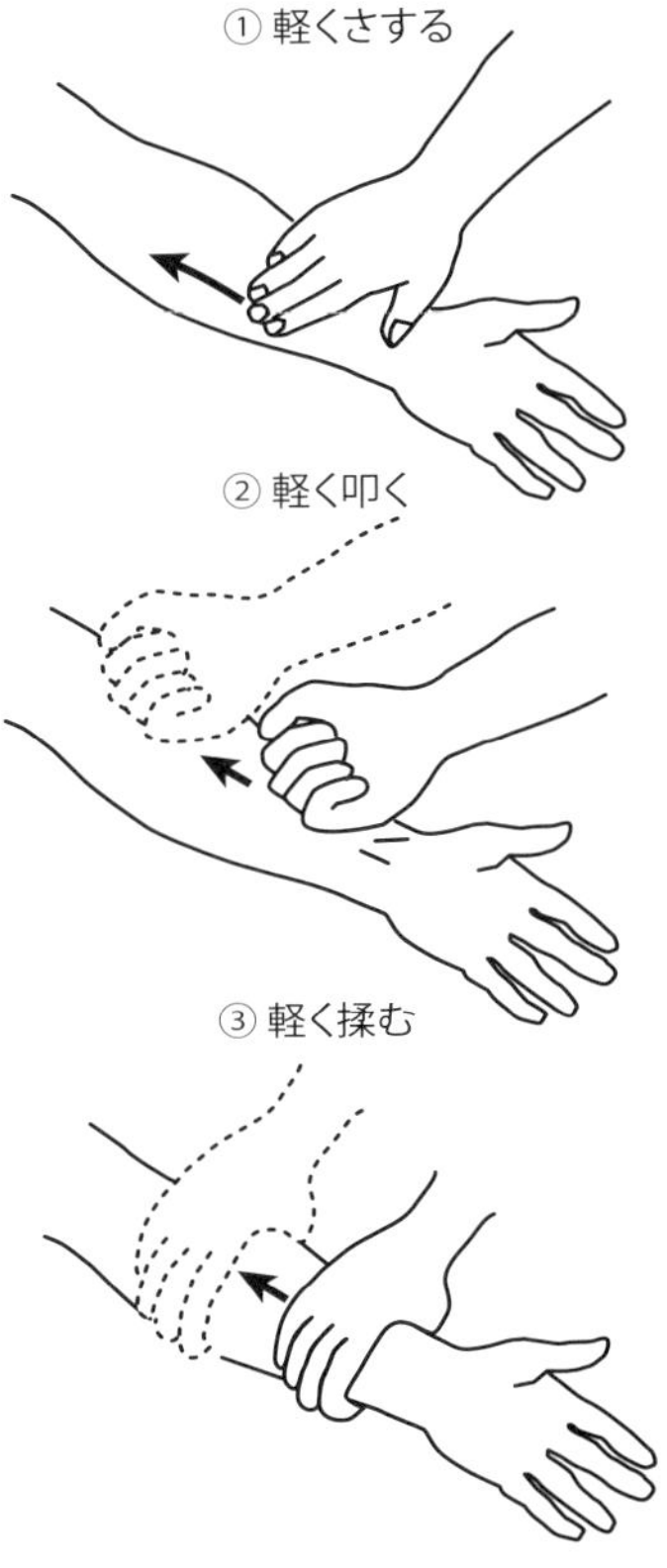

示した毛細血管トレーニングなども効果的で勧められる。

■筋肉痛の予防

運動後の筋肉痛（遅発性筋痛と呼ばれる）も頭を悩ませる問題の一つだ。しかしその原因となると実はよくわかっていない。一般的には強い負荷で筋線維が微細な傷を負ったものとされ、これは、短縮性収縮よりも主に伸張性収縮（エキセントリック運動）でより多く起こるとされている。

だがその処方となると、これも今のところ確実なものはあまりない。唯一有効なのは軽い運動で血行を促進することで、炎症時の疼痛物質を早く取り除く助けになる。逆にアイシングに関しては、そもそもこうした炎症が筋肥大への刺激になっているため、それを阻止してしまうという指摘もある。

なお、これらの予防措置としては、同じ運動による事前負荷（軽度なもので1日前）、事前の筋温アップなどである程度の効果が認められている。

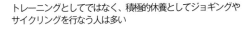

【ストレッチング】

筋肉は同じ姿勢をとり続けたり激しく使ってばかりいると、恒常的な緊張状態に陥っていくという性質を持っている。これを収縮残遺と言い、この状態が長く続くと筋肉自体の弾力が次第に失われ、硬いままの状態になってしまう。硬い筋肉は大きな力を発揮できないし、当然ながら損傷も受けやすい。そこで、こうした筋肉は定期的に伸ばし、筋肉の持っている本来の長さに戻してやる必要がある。それがストレッチの意味だ。

また、ストレッチは運動前に行なうことも多く、それは血流循環を良くし、神経系も活性化して筋肉の伸長～短縮をスムーズにするという効果がある（強いものは逆効果）。ただしそうした運動前のストレッチにはいくつか注意点もあり、それを以下に見ていきたい。

・ストレッチの前に体を温める

一般にストレッチをしてからウォームアップということが多いが、これは逆だ。筋肉が温まり血行が良くなってからでないと筋肉は充分に伸びない。

・呼吸の仕方

伸ばす時は息をゆっくり吐きながら行なう。伸展の頂点でゆっくり息を吸い、そのまま落ち着いて深呼吸を繰り返す。さらに伸ばしたい部位を意識すること、しかしできるだけ力を抜くように心がけることも大切だ。

・充分な時間、筋肉を伸ばす

伸展で筋肉にストレッチ効果が得られるのはだいたい20秒以上からとされている。ストレッチはなにしろ気持ちを落ち着かせ、ゆっくりと行なうようにしたい。

・伸展収縮を反復する

筋肉は伸ばし、いったん戻した後、再び伸ばすとストレッチ効果が高い。一連の動作は3セットは行ないたい。またストレッチ効果は長続きしない。できるだけ毎日行なう必要がある。

・強度

筋肉は伸ばす時の負荷が強すぎると拒絶反応を起こし、前より伸展能力を落としてしまう。これをオーバーストレッチと言い、特に避けたいことだ。

また最近指摘されていることとして注意したいのは、必要以上に強い、また時間的に長いストレッチは筋肉の反応低下を招くということだ。つまり瞬発力を低下させる。特に瞬発的な運動（ボルダリングなど）の前は、これは覚えておいた方が良い。

様々なストレッチの方法

〔スタティック・ストレッチ（静的）〕

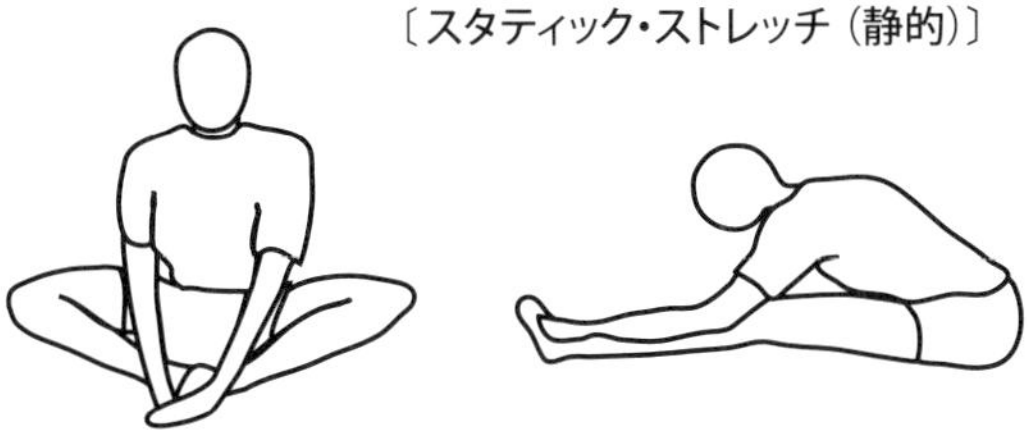

ゆっくりとした呼吸で
20〜60秒間キープ。
いったん戻し、
2〜3セット行なう

ただし一時的な反射力低下
を招くため、運動前はあまり
強く行なわない方が良い

〔コントラクト・リラックス（静的）〕

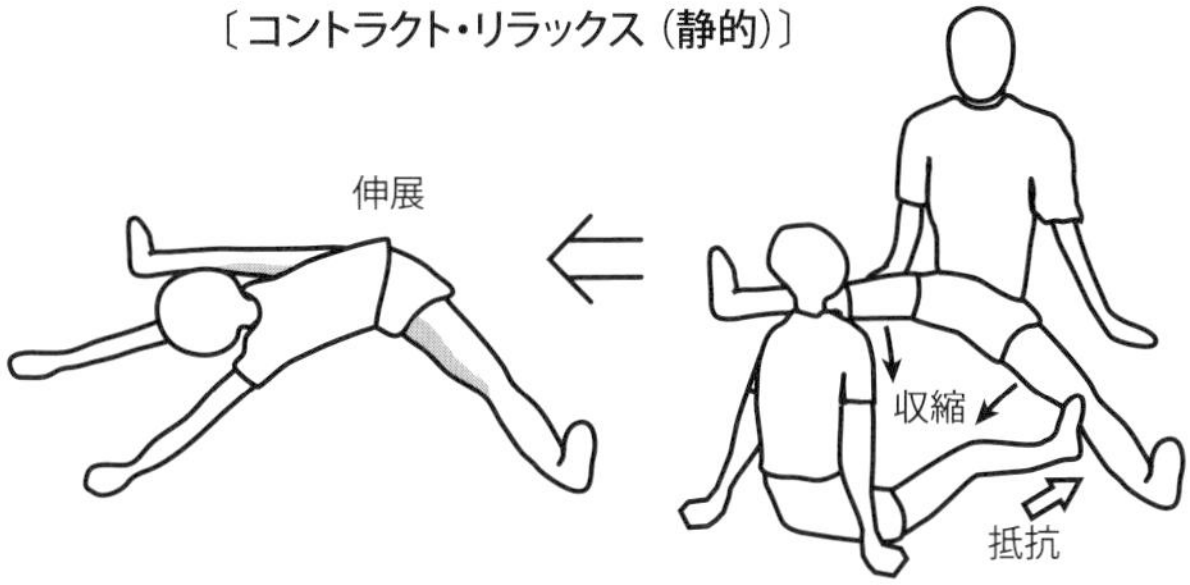

伸展させたい側の
筋肉に抵抗を一度入れ、
その後に伸展させる

筋肉は一度収縮させると
より弛緩しやすいという
性質による

〔バリスティック・ストレッチ（動的）〕

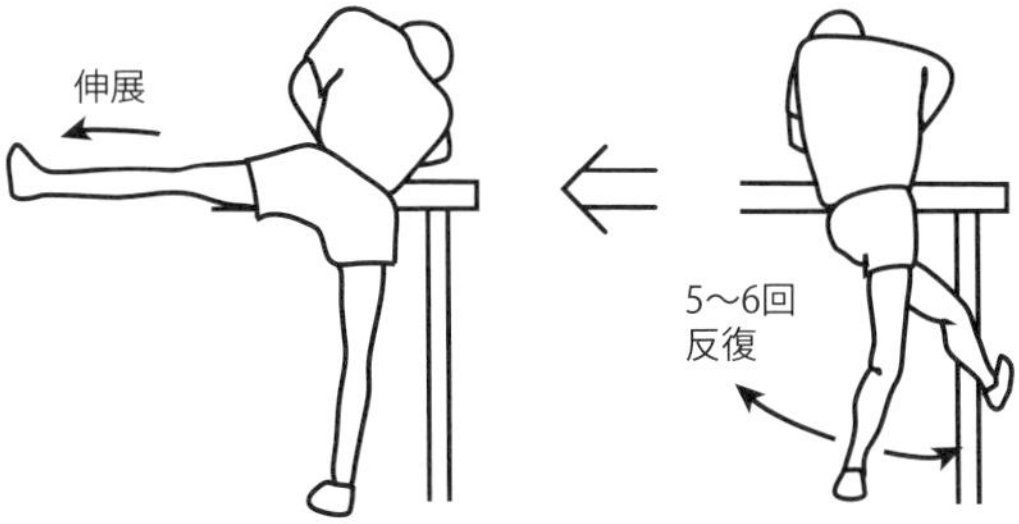

伸展の頂点で筋を充分に伸ばす

その運動で使う関節可動域を
最大限動かす（伸ばす）ことで
ウォーミングアップに最適とされる。
ただし事前のスタティック・ストレッチ
実施を前提とすること

〔ダイナミック・ストレッチ（動的）〕

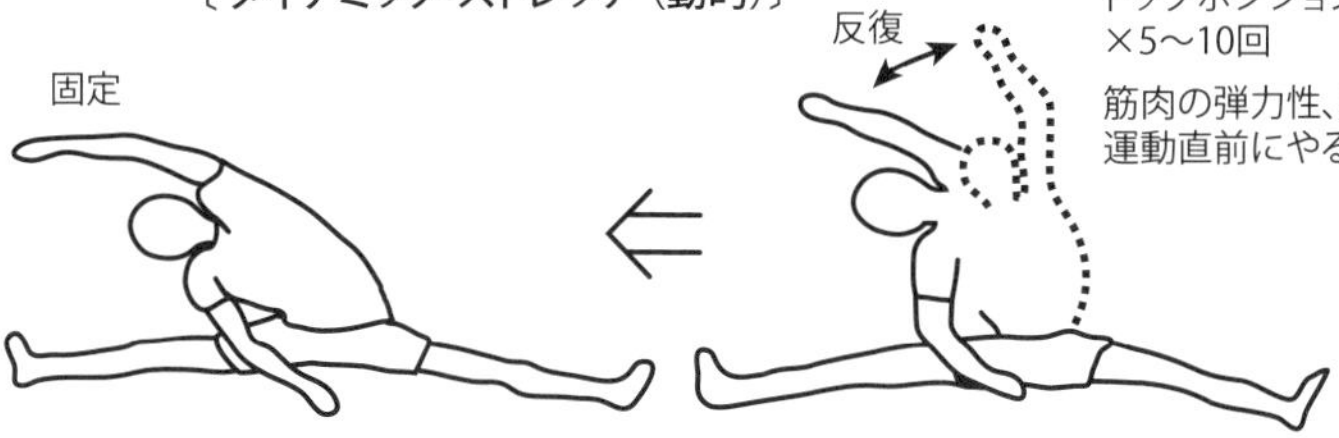

トップポジションで1〜3秒間キープ
×5〜10回

筋肉の弾力性、動的可動性を高める。
運動直前にやると効果的

【筋肉への様々なアプローチ】

スポーツを実践・継続するにあたって、今日、筋肉に対しては、トレーニングやストレッチ以外にも様々な働きかけが行なわれている。その方法をいくつか見ていきたい。

■マッサージ

マッサージにはまず筋肉疲労を除去する効果がある（58ページ参照）。

しかしこれ以外にもマッサージは運動前にウォーミングアップと重ねて行なうものもあり、それらは筋肉をほぐし血流を良くすることで筋収縮をスムーズにさせるという意味がある。神経系を刺激し、収縮スピードも早める。

そうした神経への刺激として、通常の摩擦や揉捏、圧迫以外にも、氷などを筋肉に沿わせて刺激するクイック・アイスマッサージ（図1）というものもある。また体の各部位または全体を震わせる、いわゆる「揺る」も、同様に効果が高いと言われている。

■筋膜リリース

体の筋肉は、いくつかの単位ごとに筋膜という膜に包まれている。これには筋線維、筋束、筋全体の各層ごとのものがあり、それらが各組織をまとめて収縮の力を集約すると同時に、組織間の摩擦を防いでいる。

しかし度重なる筋収縮などでこの筋膜が癒着や引き攣りなどを起こすことがあり、そうなると筋肉は充分に働かなくなる。あるいは痛みを生じることもある（ぎっくり腰などの多くがそれで、これを筋膜性疼痛症候群という）。

そこでこの拘縮、癒着を取り除き、筋肉の動きを回復させるのが、筋膜リリースと呼ばれるものだ。通常の筋肉マッサージとどこが違うかと言われれば明確な違いは指摘できないが、いずれもトリガーポイント（図2）と呼ばれる圧痛点を見つけ、そこにアプローチするという点が特徴である。

方法としては徒手によるものの他、テニスボールやローラーでトリガーポイントを刺激するのが一般的だ。最初は痛いが、筋肉が本来の柔軟性を回復してくれば痛みはさほど感じなくなる。運動の前後の他に、日常的に行なう人も近年増えている。

なお、医学的な意味での本来の筋膜リリースとは、筋膜が引き攣った箇所をエコーで見つけ、そこ（筋膜直下）にピンポイントで生理食塩水などを注射する方法（ハイドロリリース）で、様々な部位の治療に使われている。

図２. 体の主なトリガーポイント

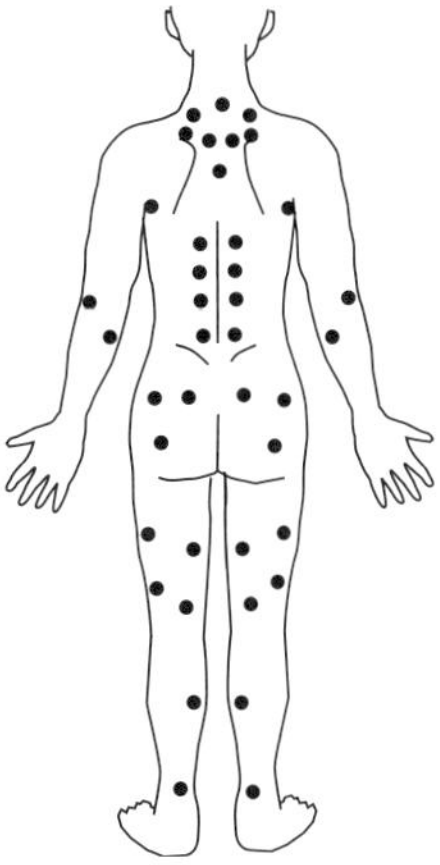

図１. クイック・アイスマッサージの例

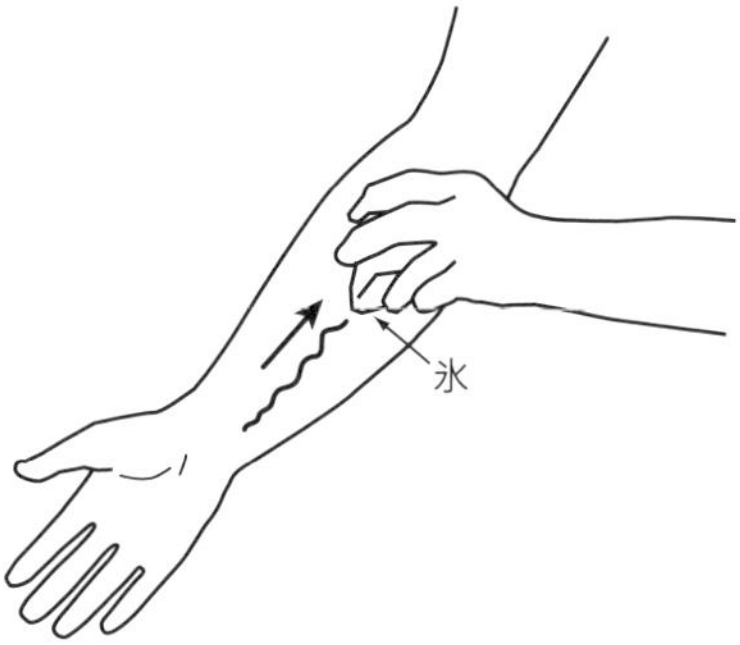

図３. 筋膜リリースの例

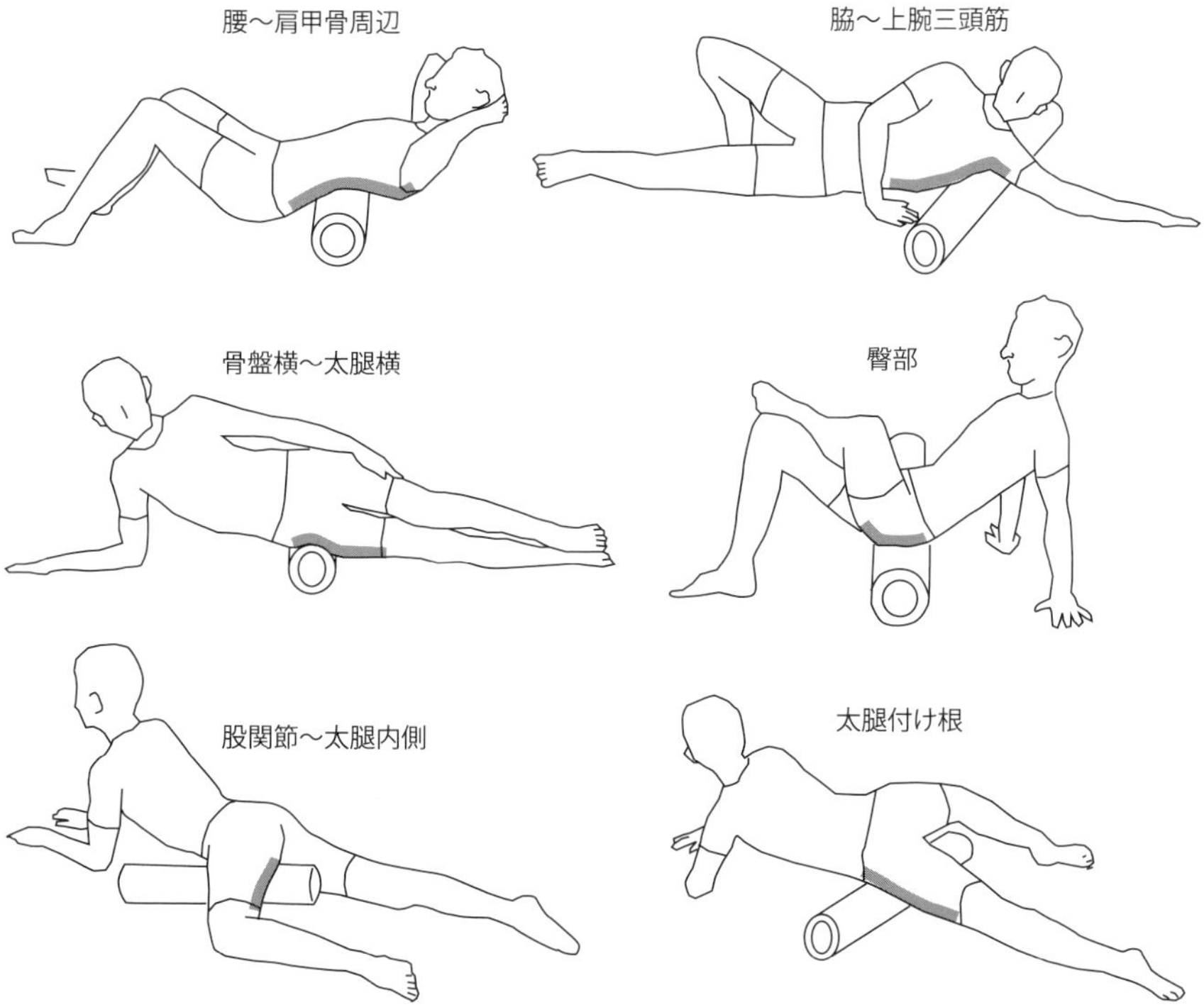

【栄養摂取】

スポーツに取り組む以上、食事（栄養摂取）もそのパフォーマンス向上に大きなウェイトを占める。しかもこれは、何を摂るかだけでなく、いつ摂るかということも大切な課題だ。以下、それを時間別に見ていきたい。

■運動前の栄養摂取

まず筋肉運動の原動力として必要なのは、グリコーゲン。つまり糖質（炭水化物）だが、これは朝食だけで摂るには消化するのに時間がかかるし、量も多くは摂れない。極力前日までに蓄えておくのが賢明だ。当日の朝食ではGI値の低いもの（表1）が持続力という意味で一つの条件になる。

またこの時タンパク質も充分摂りたい。タンパク質は体温を高めて筋肉の直接のスターターとなるし、酸化回路に直接働きかけてグリコーゲンの消費を抑えるという働きもある。刻一刻と損傷される筋肉を迅速に修復させるという意味からも重要だ。

■運動中の栄養摂取

運動中はやはり炭水化物でグリコーゲンの補給を図る必要がある。が、ここで注意したいのは、血糖値を急激に上げないようにしなければならないということだ。血糖値が急激に上がるとインスリンが分泌され、今度は血糖値を急激に、しかも前より大幅に下げてしまうからだ（表2）。しかもそのサイクルは約30分とかなり短い。その点ではチョコレートなどの単糖類は、一時的な爆発には良いが、持続的な運動にはふさわしくない。こうした場合はGI値の低いものがやはり基本だ。

しかし筋肉にとってこうしたエネルギー以上に必要なのは、実は水である。水分が不足すると筋肉は正常な活動を維持できない。運動をする日は1日計2ℓの摂取が一応の目安と言える。

なお、ただの水は汗などで失ったミネラルが不足するから良くないとも言われているが、それはさほど気にする必要はない。むしろ通常のスポーツドリンクは糖分が濃く、血糖値を必要以上に上げてしまうので、そちらの方が問題だ。市販のものは半分くらいに薄めて摂るのが良く、それは多くのアスリートが実践していることでもある。

またこの時クエン酸も同時に摂取すると筋肉内へのグリコーゲン再補充が効率よく行なわれる。これは乳酸でpHが下がるのを防ぐ働きもある。同じくBCAAアミノ酸などもATP生成の

表1. 食物のGI値（グリセミック指数）

（カロリーは100gあたり）

穀物・乳製品	GI値	cal	野菜・肉類	GI値	cal	菓子・果物類	GI値	cal
餅	**85**	**235**	**じゃがいも**	**90**	**76**	**砂糖**	**110**	**384**
白米	**84**	**168**	さつまいも	55	132	**はちみつ**	**88**	**294**
玄米	56	165	玉ねぎ、トマト、なす	30〜25	37〜19	**こしあん**	**80**	**155**
食パン	**91**	**264**	大豆（水煮）	30	180	**チョコレート、ケーキ**	**108〜82**	**557〜235**
全粒粉パン	50		牛ロース	46	318	**アイスクリーム、ポテトチップス**	**80〜60**	**197〜554**
うどん	**85**	**348**	牛ひれ	45	185	プリン	52	126
そば	54	344	豚ロース	45	263	ゼリー	46	45
パスタ（スパゲッティ）	65	378	豚もも	45	183	バナナ、ぶどう、もも	50〜41	37〜86
中華そば	61	281	鶏ささみ	45	105	りんご、みかん、グレープフルーツ	37〜31	40〜60
コーンフレーク	**75**	**381**	鶏胸肉、もも	45	180	アーモンド、ピーナツ	30	560
ヨーグルト（プレーン）	25	62	ロースハム	46	196	レーズン	57	301
牛乳	25	67	あじ、さば、まぐろ	40		豆腐	42	56
鶏卵	30	151	ひじき、昆布、わかめ	12〜19		納豆	33	200

はGI値が高いもの

表2. GI値別食物摂取後の血糖値の変化

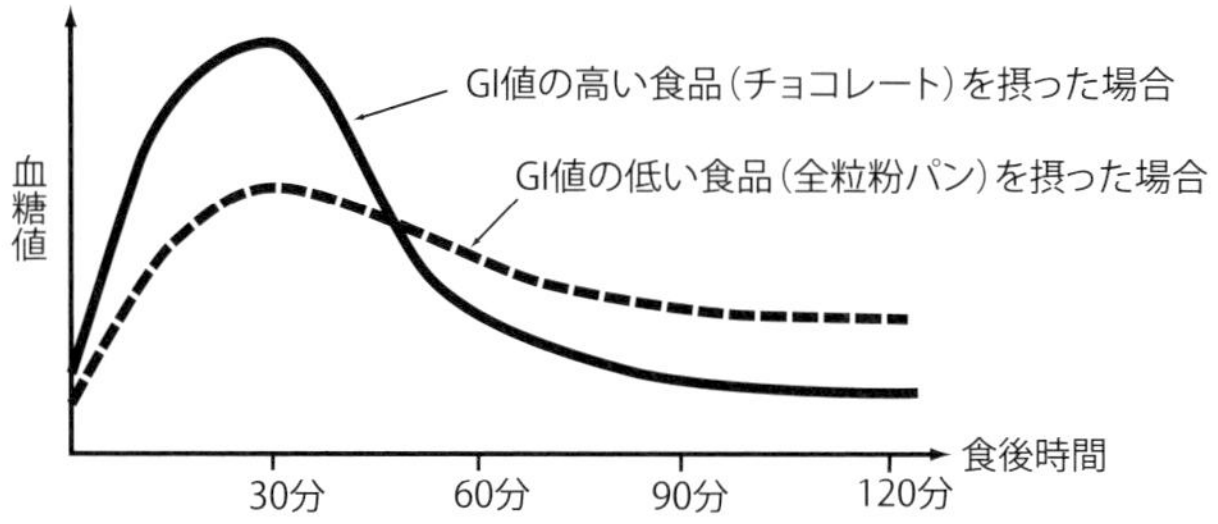

酸化回路に直接入り込むため、エネルギーの早期補填と解糖による乳酸の発生を抑える。さらにアルギニンも諸栄養素の代謝を促進する働きがある（ただしこれは量に注意）。

■運動後の栄養摂取

運動後は疲労回復と傷ついた筋線維を修復させる意味から、やはりタンパク質（アミノ酸）が必要になる。これらは就寝直前に摂ると吸収されやすいから、ジムに行った日の夕食は、肉や魚を多めに摂ると良いだろう。

また、翌日またはそれ以後も運動を行なうのであれば、炭水化物を運動直後に摂るのも勧められる。これは筋肉（細胞）は負荷がかけられた後に最も多くグリコーゲンを貯蔵しようとするためで、その意味ではおにぎりや饅頭などをクライミング直後に食べるのは非常に効果が高い。故新井裕己氏もこれを推奨していたし、実際にそうしているトップクライマーも多い。

【サプリメント】

人の健康に欠かせない栄養素を食物だけから摂取しようと思ったら、今はほとんど不可能ということが、多くの研究者によって指摘されている。特に運動によって栄養素が不足しがちなスポーツ選手にとっては、今やサプリメントは手放せないものと言っても過言ではないだろう。

ただしその前に言っておきたいのは、これらはあくまで「栄養補助食品」であるということだ。これさえ摂っていれば他に何を食べなくても良いという性質のものではないし、医学的にも効果が確立されているものは少ない。さらにこうしたものに頼りすぎると、体が自然の食物から必要な栄養やビタミンなどを吸収する機能を失ってしまうという問題も指摘されている。

確かにスポーツには有効だが、あくまで普段の食生活をベースに、それを補填する意味で使うようにすべきことは忘れないでいただきたい。また、アンチドーピングの視点からも、摂取は慎重に行なうべきである。

■アミノ酸類

かつては筋肉増強のためにプロテインを摂ることが非常にポピュラーだった。しかし運動直後のプロテイン摂取は吸収に意外と時間がかかり、かつ大量の水分が必要とされることから、筋肉の水分を奪い、腎臓に負担をかけるとも近年では指摘されている。

それに代わって主流なのは言うまでもなくBCAAアミノ酸（バリン、ロイシン、イソロイシンの分岐鎖アミノ酸）だ。これらは筋肉の修復に必須のもので、運動前30分、運動中、運動後30分以内にそれぞれ5～10gずつ、計1日10～30g程度摂取することが推奨されている。またこれらの配合比は、バリン：ロイシン：イソロイシン＝1：2：1が理想ともされている。

その他のものでは、まずグルタミンが筋肉修復や免疫系の維持に効果がある。またアルギニンも糖質と同時に摂取すると代謝を促進させる。

ただし、こうしたアミノ酸類は基本的に分解の過程でアンモニアを産出するため、その排出のために多量の水分を必要として、やはり筋肉と腎臓に負担をかけてしまう。吸収もさほど早くないので、運動中の過剰摂取は控えた方が良いだろう。なおトリプトファンが入っているものは脳疲労物質であるセロトニンを生成するため運動中は避けること。ハイパワー系にはクレアチ

表1. 各種アミノ酸とその働き

		役割
必須アミノ酸	リジン	組織の生成、修復 糖質・脂質の代謝
	バリン	筋肉の生成
	ロイシン	筋肉の生成
	イソロイシン	筋肉の生成
	ヒスチジン	神経機能の補助
	スレオニン	成長促進
	トリプトファン	脳内ホルモン・ 成長ホルモンの分泌
	メチオニン	エネルギー代謝
	フェニルアラニン	神経伝達
非必須アミノ酸	アルギニン	成長ホルモンの分泌 脂肪の代謝
	グルタミン酸	DNA、タンパク質の 形成
	アスパラギン酸	老廃物の処理
	グリシン	抗菌・抗酸化作用
	システイン	糖質の代謝
	セリン	皮膚の保護
	プロリン	脂肪の代謝
	アラニン	脂肪の代謝
	チロシン	アドレナリン・ ドーパミンなどの生成

表2. ビタミン、ミネラルの役割とそれらを含む食品

		役割	多く含む食品
ビタミン類	ビタミンA	皮膚、粘膜の維持	レバー、ウナギ、人参
	ビタミンB1	糖質の分解 乳酸の除去	肉類、ゴマ、玄米
	ビタミンB2	脂肪の代謝 細胞の再生	レバー、ウナギ、卵
	ビタミンB6	タンパク質の代謝 神経伝達	にんにく、鶏肉、魚
	ビタミンB12	神経線維の保護 赤血球の生成	レバー、魚介類 海藻類
	ビタミンC	免疫力の増大 コラーゲン生成	アセロラ、芽キャベツ ブロッコリー
	ビタミンD	カルシウムの代謝 リンの代謝	干しシイタケ、魚
	ビタミンE	疲労回復 細胞の抗酸化	ナッツ類、コーン油 かぼちゃ
	ビタミンK	血液の凝固 骨形成の促進	葉野菜、海藻類、豆類
ミネラル類	カルシウム	骨の生成 筋肉の収縮	干し魚、ゴマ、豆腐 チーズ、牛乳
	マグネシウム	筋肉の弛緩 神経系の調整	海藻類、ゴマ、玄米 アーモンド
	カリウム	神経伝達の調整 ナトリウムの調整	バナナ、ピスタチオ 干し魚
	ナトリウム	神経伝達の調整 カルシウムの代謝	塩、甲殻類、乾燥肉
	鉄	赤血球の生成	レバー、海藻類、貝類 きのこ類

ンを摂る人も多いが、これはよほど上手くコントロールしないと体重増加につながりやすい。

■ビタミン・ミネラル類

現代人の食生活ではビタミンは特に不足するので、サプリメントで摂取する人は多い。エネルギー代謝のためにはB群、疲労回復にはC、A、Eなどがあるが、バランスと吸収の補助関係を考えると、マルチビタミンをベースにするのが最良だ。なお、ビタミンB12は末梢神経の改善に良く、これは医療現場でも推奨されている。

ミネラルもやはり普通の食生活では不足しがちなもので、このサプリメントもかなりポピュラーになっている。特に重要なのは筋肉稼動に必要なカルシウムとマグネシウム（2：1比がベスト）、鉄、リンなどで、これもその吸収を考えると的確な比率で摂るようにしたい。なお、カルシウムと鉄は吸収を阻害しあうので、摂取のタイミングはずらす必要がある。

【若年層への注意点】

近年、10代のクライマーは珍しくない。どころか、コンペなどではこの年代が最もコアな層とも言える。しかしまた、こうした若齢層のクライミングには問題もいくつか指摘されている。

■成長期に伴う問題

10代後半までの若年層が成人と違うのは、体が基本的に「成長期」であるということだ。「成長期」というのは要は骨が伸びる時期ということで、それに伴う様々な問題が起こり得る。

その一つが、成長のスパート（男子14～16歳、女子13～15歳）では体が一時的に硬くなるというものだ。これは骨の成長の方が筋肉や腱の成長よりも早いために起こることで、関節をまたぐ筋や腱が一時的により引っ張られてしまうのである。この時期は無理なストレッチはやらない方が良い。骨も基本的に軟らかいため、意外な負荷で様々な骨折を引き起こす（図1）。

また、体が変わる時期は当然ながらパフォーマンスも一時低下する。これはクラムジー（Clumsy）と言われ、成人に移行する過程でごく普通に現れることだ。これもその時期に無理な減量、筋肉増強などはしない方が良い。

■成長骨の存在と骨端症

この時期は「骨が伸びる」時期ということだが、そこで知っておきたいのが、「成長骨」という存在だ。

そもそも成長期の骨は、両端に「発育板」と呼ばれる軟骨部分があり、これが成長していくことで伸びてくる。そしてここと完成された骨との境には「骨端線」というものがある（図2）。この骨端線が骨の成長とともに端に端にと進んでいくわけだが、その間に骨や関節に大きな負荷をかけると、この部分が容易に傷ついてしまう。もともとこの部分は軟骨に近い硬さしかないため、捻挫や強い筋肉の引っ張りで腱の付着部が剝離したり、ひどいものでは骨端線から骨がずれてしまったりする。それが骨端症（離断性骨軟骨炎）と呼ばれるものだ。

これは野球であればリトルリーグ肘、陸上競技などではオスグッド病（膝）として知られているが、クライミングでは指の第二（近位）関節でのそれが顕著で、近年非常に多く報告されている。今や「ユースクライマー指」と呼んでもいいほどのものだ。指の関節に痛みを感じたら専門医に診てもらうことを徹底させる必要がある。

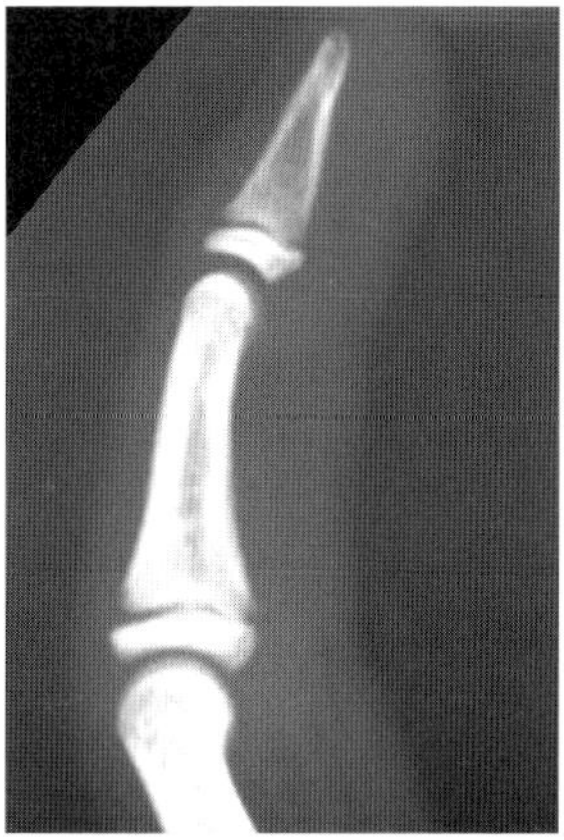

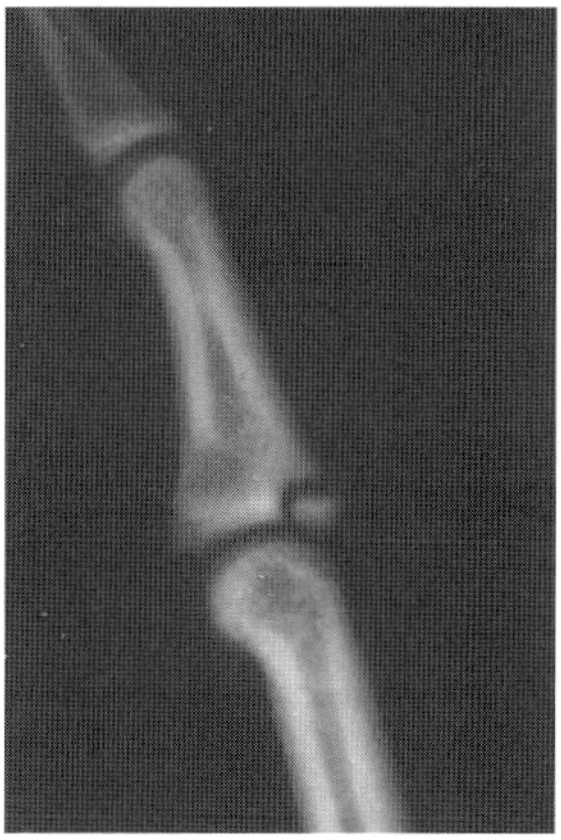

上：通常の骨端線の様子（軟骨はX線写真に写らないので、黒線となって見えている）
下：10代のクライマーに現れた骨端症

図1. 若年層特有の骨折

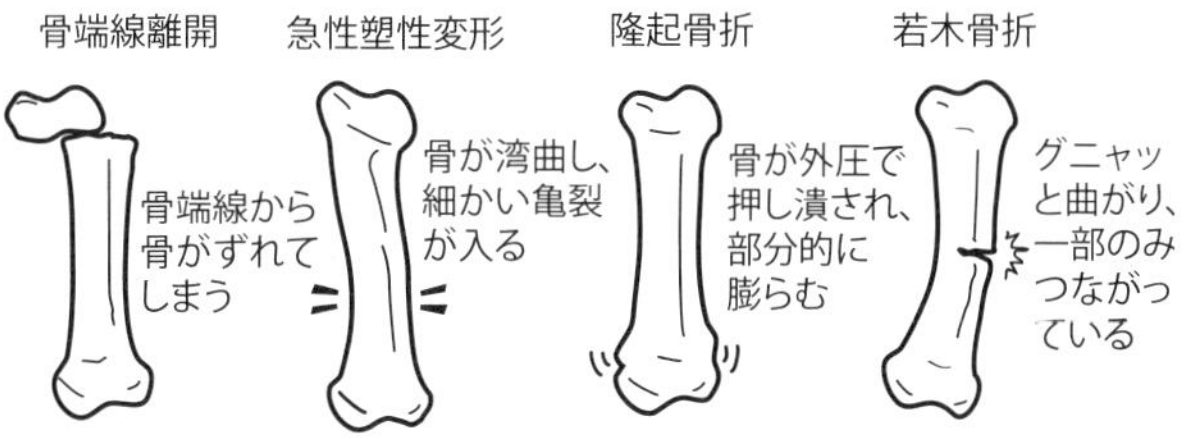

図2. 成長期の骨の作り

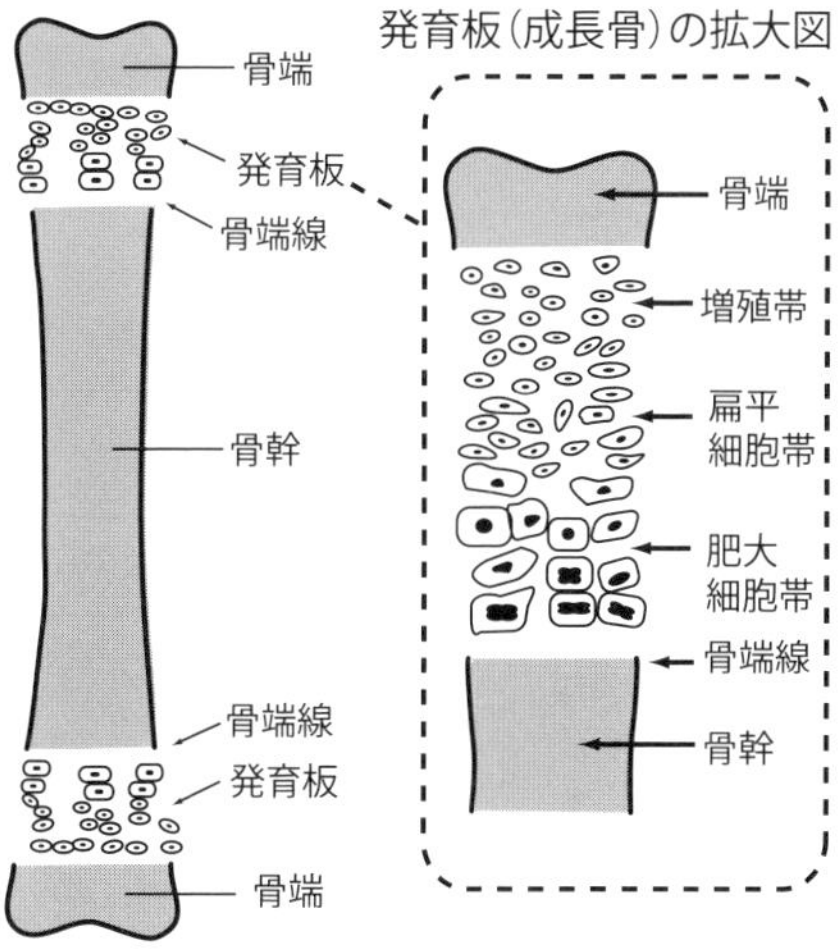

■若年層への注意点

・ウォーミングアップ、ストレッチを充分にさせる。特にストレッチはこの時期の〝骨より硬い〟筋肉を弛めるという意味で重要だ。
・1日2時間、週3日までを限度とし、2日連続では登らせない。
・同じ課題に固執させない。
・アーケ（145ページ参照）の強い、繰り返しの負荷は特に避ける。
・スローパー、ピンチグリップなどもアーケの負荷が強い。これも要注意。
・指、肘に強い、また繰り返しの負荷がかかるような課題をさせない。
・極力いろいろな運動をさせる。ルートも体全体の動きが求められるようなものの方が望ましい。
・無理な減量は絶対にさせない。
・中指、薬指の近位関節に痛みを生じたら専門医を必ず受診する。

【女性への注意点】

世に女性クライマーは多い。などとわざわざ書くと違和感を覚えるかもしれない。だが70〜80年代のフリークライミング揺籃期、実は女性クライマーというのはそれほど多い存在ではなかった。それはやはりクライミングが、本来は登山の一部としての危険で荒々しい行為だったということが理由の一つにあるだろう。しかしスポーツとしての環境が整備されるにつれ、そうした感覚は過去のものとなった。今やレベルも、男性と比較するのがナンセンスなくらいに高くなっている。

とはいえ、やはりそこには女性ならではの問題も少なからず存在する。それをいくつか見ていきたい。

■男性との比較

一般的に、女性の筋力は男性の60〜65%、最大酸素摂取量は体重あたり75%だと言われている。また、身長は相対的に低く、体脂肪率が高い。

というとクライミングには当然不利に思えるが、逆に柔軟性は男性より圧倒的に高く、何より体重が少ない。そうなるとこのスポーツにおける能力差はかなり相殺（あるいは逆転）されることになる。結果的に女性として不利ということはほぼないというのが、クライミングというスポーツの一つの特徴とも言える。

ただし、それでも女性がやはり不利だと思われるのは、一つには子供の頃から、または日常的な運動体験が、男性に比べて平均的に少ないということだろう（左ページ表）。特に腕力を多く使うような運動（つまりクライミング）ではこの部分の問題は大きく、特に初心者レベルを中心に多くの故障や障害をもたらしている。

こうした故障・障害を予防するには、やはり急激かつ局所的な負荷を極力避けるに限る。基本的にジムでのクライミングはこうした負荷が実際に感じる以上に強いものだが、特にそこで「登れない」ルートに何度もトライするのは良くない。自分の筋力に見合った適切な負荷のルートで、まずは自然な動きと、体全体の力（特に体幹）を養うようにするべきだろう。

■女性アスリートの健康問題

クライミングや体操のような系統のスポーツで、女性アスリートにおいて近年非常に問題になっているのは、なんといっても摂食障害である。

これは競技者レベルにおいては特に

クライミングは女性にとってもたいへん取り組みやすいものだ

表1．年代別運動実施率
（週1日以上）

	男性	女性
10代	55.1%	44.2%
20代	40.8%	27.8%
30代	37.2%	27.7%
40代	34.2%	29.0%
50代	36.3%	42.4%
60代	52.8%	55.6%
70代	68.1%	63.3%
全年代平均	44.0%	41.0%

（順天堂大学調査）

表2．過去1年間に1日以上行なった運動
（10代男女）

	男子		女子	
1	サッカー	48.3	おにごっこ	30.3
2	バスケットボール	34.7	バドミントン	28.5
3	野球	29.4	なわとび	27.0
4	ジョギング・ランニング	28.0	ぶらんこ	25.9
5	おにごっこ	27.1	ドッジボール	23.3
6	キャッチボール	26.7	バレーボール	22.5
7	ドッジボール	26.6	ジョギング・ランニング	21.8
8	水泳	24.4	水泳	21.8
9	筋力トレーニング	24.2	バスケットボール	21.3
10	卓球	24.0	ウォーキング	19.9

（順天堂大学調査）

表3．全国体力テスト結果
（2018年）

	小学5年		中学2年	
	男子	女子	男子	女子
握力（kg）	16.54	16.15	28.84	23.87
20mシャトルラン（回数）	52.15	41.88	86.06	59.87
立ち幅跳び（cm）	152.24	145.94	195.62	170.26
ボール投げ（m）	22.15	13.77	20.55	12.98

深刻で、体重を減らそうと無理な食事制限を行なった結果、栄養障害、無月経、骨粗鬆症といった極端な症状を多発させてしまっている。悪化するとアスリート性無食症という精神的疾患にまで至る。

　いずれもその時だけでなく、長い人生というスパンで見ても、これはたいへん憂慮すべき事案である。特に若年時の骨粗鬆症（この年齢でも容易に生じる）は、20歳までの骨量が一生の骨量で最も高値となるため、この時期にその骨量が少ないと、40〜50歳代という早期にさらに深刻な症状に陥る危険性がある。またそうでなくてもこの状態は容易に疲労骨折に結びつく。

　クライミングでは、パワー・ウェイト・レシオが勝負の決め手としていかに重要とはいえ、無理な体重コントロールは絶対に避けたいところだ。目先の成果を追うあまり一生に関わる健康を損ねることのないよう、特に若年層に対しては周囲も充分注意してやりたいものだ。

【高齢者への注意点】

近年のクライミング界では若年齢化と同じく高齢化も著しい。しかし高齢を理由にクライミングをやめるという人は稀だろう。クライミングはいくつになっても楽しいものだし、課題も無限にある。とはいえ、この年齢になると当然故障や怪我も多い。ここではそうした高齢者がいかにクライミングを続けていくかについて触れてみたい。

■老化の実態

「老化」の最も気になる変化といえば筋肉や骨量の減少だが、これは当然、身体活動性の低下（ロコモティブ・シンドローム）に結びつく。それをまずは正しく理解する必要がある。

まず筋量については、平均的なピークは20歳そこそこであり、筋力はそこから年1％ずつ低下してくる（特に下肢）。最大酸素摂取量もほぼ年1％ずつ低下する（表1）。

また骨量についてはやはり20歳をピークに減少し始める。特に女性では閉経を機に急減する。関節では軟骨の生成が20代でほぼ止まり、滑液の生産も激減するため、運動時の負荷がより強く感じられるようになる。同じく問題なのは肩の腱板や腹腰などの深層筋、いわゆるインナーマッスル群の弱体化で、これにより関節関連の故障が起きやすくなる。さらに激しい運動ではフリーラジカル（活性酸素）も発生・蓄積し、これは細胞の老化やがん化を促進するとされている。

■レベルの維持について

この年代のクライマーにとっては、今から肉体能力を上げることより、それを維持することの方が問題だろう。それに関しては、R・ウィネット著『エイジレス・アスリート』（1992年ベースボール・マガジン社刊）に興味深いデータが示されている。

それによると、継続的なトレーニングによるレベルの維持については、強度が一つの決め手であって、頻度と時間を減らしてもさほど変わらないという（表2）。ただしこのデータはあくまで最大酸素摂取量のみに関するものなので筋力に関してはかなり違う可能性もあるとも思われるが、ある程度の参考にはなるだろう。

■注意力その他の問題

この年代では、肉体能力の衰えとともに注意力や集中力、反射能力なども衰える。特にビレイなどではこの能力の衰退は致命的だ。さらにこれらが落ちると、危険察知能力も当然ながら落ちる。ある程度の年齢になったら誰もがこの事実を認識し、オートロックビレイ器を使うなど、安全にはより慎重に対処するべきだろう。

表1. 諸機能の年齢的変化

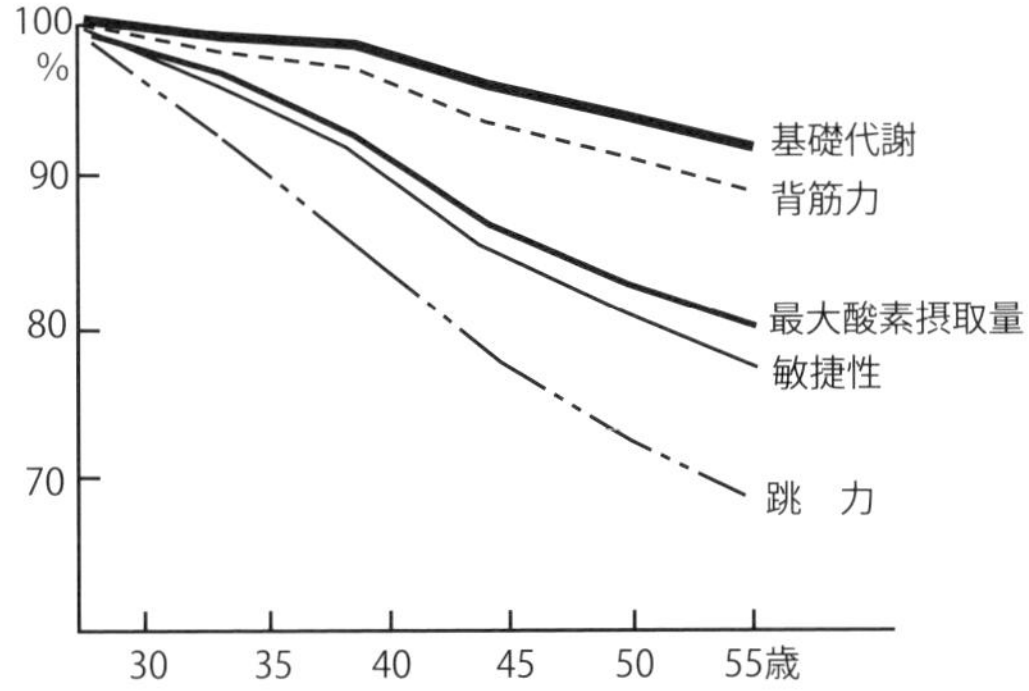

表2. トレーニング量の差による最大酸素摂取量の変化

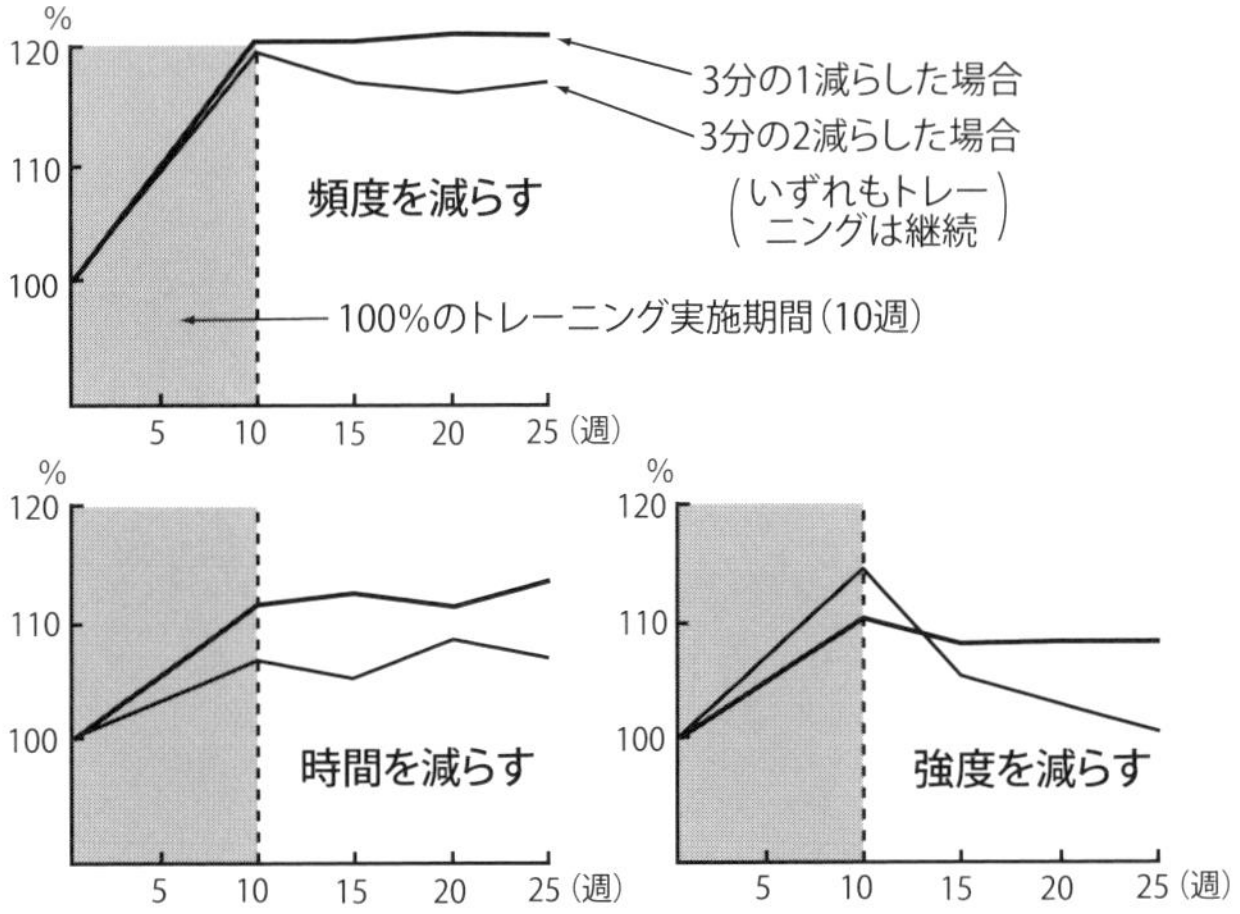

■実際のクライミングでの注意点

・ピリオダイゼーションに留意し、1日のクライミングはピラミッド方式を厳守する。かつ、そのカーブは極力緩くする。
・クライミング前後は充分な予備運動とストレッチを必ず行なう。
・無理なドロップニー（膝）や力任せの引き付け（肘）、遠いガストン（肩）、片手でホールドにぶら下がる（肩）など、各関節に悪い動きはしない。
・同じ課題に固執しない。
・疲れを溜めた状態でクライミングをしない。各トライ間のインターバルは充分にとる。
・休養は積極的休養を原則に充分とる。
・週に1日は本気トライではなく、コンディショニングのためのクライミング（または運動）をすべきである。
・軽い有酸素運動も極力行なう。

【初心者への注意点】

本書で何度も触れているように、クライミングは生涯スポーツとしての良さを持ちながらも、肉体的負荷の非常に高いスポーツである。さらに高い所やアウトドアという環境ゆえの外的な危険性も高い。そこにこれから入門しようとすれば、それなりの注意点は当然必要になる。このうち外的な危険については技術書などに譲るとして、ここではボディケアに関わる危険性を、初心者に向けての注意点という観点から挙げてみたい。

まず経験者と比べた場合の初心者の特徴、特に憂慮すべき点は以下である。

・圧倒的に力がない。
・関節やその他の組織が圧倒的に弱い。
・その割に「力」に頼りがちである。
・危険察知能力および知識が低い。

■力に頼る弊害

初心者本人の悩みといえば、まずたいていが「自分は力が足りない」ということだろう。特に近年のジムからクライミングを始めたクラスでは、まずほとんどの人がそう考えてしまうに違いない。そこで筋肉増強に走ってみたり、闇雲に高難度ルートにトライしてみたりするのだが、これはいろいろな意味で間違っている。

まず筋肉増強についていえば、一つには単なる筋力トレーニングは、運動の「特異性の原則」に則していない。そもそもクライミングというきわめて複雑な運動で本当に必要な力というものは、画一的な筋トレではそう簡単には養えない。特に初心者はクライミングの実体験が少ないがゆえに見当違いのことをしやすく、そうなると神経系の構築も棚上げになってしまう。

またもう一つは、筋肉増強に頼ると実際の動き（ムーブ）も力に頼ったものになってしまう。つまり「特異性の原則」がむしろ逆に働いてしまうことになる。クライミング技術よりも先に筋肉（懸垂力など）を鍛えることは、その点でも実にマイナスなのである。

■体が未熟なことによる弊害

しかし初心者というのは当然ながら「伸びしろ」が大きいため、最初の2～3カ月で急速に上達する。それは基本動作に即して筋肉もそれなりに付くからなのだが、その後プラトーになると、筋力に頼れば解決できると勘違いしやすくなる。よって初期の故障は、筋力の初期増強が行なわれた後に、闇雲にトレーニングする時期（1年目く

クライミングは初心者にも非常に取り組みやすい。とはいえ、気をつけるべきことはたくさんある

らい）に集中して生じることになる。

こうした故障の多くは、クライミングに必要な、関節、靭帯、腱などの強さが、筋肉に追いついていっていないことによる。例えばクライミングを始めて比較的すぐの人はこの時期に指関節の痛みを訴えることがよくある。これは関節軟骨がそれまで経験したことのない高負荷によって浮腫を生じているためで、特に関節組織を損傷していなくても起こり得ることだし、関節炎に結びつくこともある。

何にせよこうした組織の強化には、どんなスポーツでも最低2年はかかる。とにかく無理はせず、徐々にゆっくり負荷を高めていくしかない。まずはそれを理解する必要がある。

特に上級者がやるようなメニュー（キャンパシングや、立て続けの短インターバル・クライミングなど）は、こうした諸組織への負荷が非常に高い。キャンパシングなど、ものによっては筋力さえあればマネすることはできるが、関節、靭帯、腱が強化されていないこの時期に行なうと、これらの損傷を高率にきたしてしまう。

特に若年の初心者は、初期の頃のトレーニングメニューには充分に気をくばる必要がある。力をつけることよりも、上手く、効率的に登る技術を獲得することに努めるべきであり、その中で徐々に必要な力がつき、関節、靭帯、腱も少しずつ強化されていくと理解するべきであろう。

【指導者への注意点】

昨今、クライミング界で指導者といわれる人たちは多い。それは今のクライミングの広がり方を思えばたいへんありがたいことではあるのだが、それでもクライミングの場合、他のスポーツに比べて歴史が浅いだけに、その方法論がまだ未確立であることも確かである。ここではそうした「指導」について少し考えてみたい。

■指導者に必要な知識

まず何をおいても、指導者には豊富な知識があることが絶対条件である。特にクライミングは危険を伴うスポーツである故、ロープワークを中心とした安全管理技術がしっかりしていることは大前提だ。しかしそれと同時に、スポーツ指導者として、技術的な知見はもちろんのこと、スポーツ生理学や医学的知見を基にしたボディケアの知識、社会的・心理学的・法律的知識なども豊富に持っている必要がある。

さらにこうした専門分野での知識だけでなく、スポーツ全般に対する見識ということについても、ここでぜひ言及しておきたい。特にスポーツにおけるインテグリティーやフェアネスといった考え方は、競技には関わらない多くの人たちにとっても重要なものであろう。昨今のチッピング問題やアクセス問題などの諸問題は、ある意味こういった意識の欠如から発生しているとも捉えられるのである。

■指導者のありかた

指導する側が指導される側よりレベル的に必ずしも上である必要はない。しかしどのようにすれば上達できるか、どのように気をつければ故障を防げるかなどの知識は高次元で必要だ。また逆にそういった意味からも、指導者は自身がそれらに心を砕いた時期、つまり現役のプレイヤーだった経験が豊富にあることは一つの条件だろう。

そしてそうした経験に基づき、指導者は自身が持っている様々な知識について、しっかりした見識で、的確に伝える必要がある。特に若年者、高齢者、女性などにおいては極力個別の特徴を認識する必要があり、一律同じような指導をすることは指導者として適切とは言い難い。例えば上級者がこうしているからといった中途半端な知識で、体のできていない人に健康を害するようなトレーニングやクライミングを指導することは、すべての面から見ても絶対に避けるべきである。

■若年層への指導

近年、社会全体で、小児〜若年層のスポーツにおける注意点がいくつか指摘されている。その一つが、特に競技において保護者が一生懸命になりすぎたがゆえの弊害というものだ。保護者は子供の健康な成長を第一に考えるべきであり、過剰な期待が無意識のうちに子供に精神的な負担を強いていることをよく知るべきである。

また体の成長という点でも、一つの種目に集中するのは問題がある。この時期は様々な種目を体験し、総合的な体力、運動能力を育てることが、結局はその種目にとってもプラスとなるものだ。さらには万が一の怪我や障害でそのスポーツを中断せざるを得なくなった場合の他の選択肢（他のスポーツ、趣味、勉強！）を作っておくことも、ぜひ心しておきたい事柄と言える。

今や指導者にも、きわめて多彩かつ深い知識が求められている

現在の公認指導者資格

公益財団法人日本スポーツ協会公認スポーツ指導者

スポーツ種目ごとにスポーツリーダーから国際選手コーチまでクラス分けされた資格がある。クライミングに関しては、山岳指導員とスポーツクライミング指導員に分かれている。主に部活動、競技の分野で活動している。

https://www.japan-sports.or.jp/coach/tabid63.html

公益社団法人日本山岳ガイド協会フリークライミング・インストラクター

インドア、スポーツ（アウトドア含む）、フリー全般（トラッド、マルチ含む）の各カテゴリーがある。プロの指導者として安全管理技術中心に厳しい基準を設けている。

http://www.jfmga.com/shikakusyurui.html

【体に悪い動き】

■トレーニングルートの選択

トレーニングにジムは実に最適だ。環境は良いし、課題にシステマティックに取り組むこともできる。しかし、そこで効率よくトレーニングを遂行し、また逆に体を痛めたりしないためには、使う側が自分の登るルートを自分で選ぶという視点もときに必要だ。

というのも、これら施設に設定されたルートの中にはセッターの意図と自分の課題が食い違っていることがあるし、その負荷や内容が対象としているレベルに適していないものも実のところ少なくないからだ。例を挙げれば、1カ所だけ悪いムーブでグレードを上げているものや、体の自然な動きを阻害させることで難しさを出しているルートなど。これらは高レベルの者にとっては良い課題になるかもしれないが、一般レベルの人が取り組むにはふさわしいものとは言い難い。また、単にホールドが遠いだけのルート、腕の引き付けだけで登っていくルートなども、力をつけるには良くても技術トレーニングとしては得るところは少ないだろう。

さらに問題なのは、体を痛めるようなムーブが含まれるルートで、そういうルートで意地を張ったトライを重ねてもろくなことはない。

今のほとんどのジムのルートは専門スタッフ（セッター）が設定したもので、それがそのジムの、いわば〝顔〟にもなっている。そして今の多くのルートは実に完成度が高い。しかし、それでもボディケアということを考えた場合、以下のようなルートは極力避けた方が良いだろう。

- **極端に悪いホールド（1本指ポケット、極小エッジなど）があるルート**
- **極端なハイステップや深いドロップニーなどを強いられるルート**
- **体の同じ部位（指、肩など）に同じようなストレスがずっと続くルート**
- **遠目（特に横方向）のガストン、スローパーホールドを取りに行くムーブ**
- **肩を開ききった状態（特にガストン）で体勢を維持するようなムーブ**
- **ガストン系のホールドで強く引き付けるムーブ**
- **横へのランジ**
- **遠いアンダーからの引き付け**

指に悪いホールド

遠めのガストン

腕の強い引き付け

横に遠いホールド

もっともこれらも、それがその人にとっての課題で、そうとわかってやっている分には問題はない。コンペのため、あるいは5・12、13というグレードになれば、こういう要素がないルートという方が無理な話だろう。

しかし、それでも所詮これらはトレーニングのためのものだ。それで体を壊してしまっては元も子もない。特に5・12アンダークラスではそれだけの体ができていない人も多く、ルートの良し悪しを判断してそれを選べるほど意識も高くはない。それらを考えれば、こうしたルートセットには今後、トレーニングやボディケアのための知識とセンスが望まれることは間違いない。ジムは既にそういう時代に来ているような気がする。

なお、体の様々なトラブルは、右に挙げたようなムーブの特別な悪さだけでなく、比較的やさしいルートでも疲労が蓄積した状態だと突然一線を越えて受傷してしまうことがある。一日の終わり近くでは特に要注意である。

コラム・ドーピングについて

競技スポーツの世界では「ドーピング」という言葉をよく聞く。オリンピックや国際的なスポーツ大会で選手が反ドーピング規定にひっかかり、資格や競技成績を剝奪されたというニュースは誰もが耳にしたことがあるだろう。

ドーピングとは、言うまでもなく、薬の力を借りて、競技力、パフォーマンスを上げようとする行為である。

これがなぜ悪いかというと、まずスポーツのフェアプレー精神に反するということがある。スポーツの価値を損ない、そのスポーツを冒瀆する、反社会的行為であると言える。

また一方、競技者の健康を害するという点も見逃せない。1886年の自転車競技で薬物使用による最初の死亡事故が発生し、1960年のローマオリンピックでも自転車競技の選手が死亡している。いずれも興奮剤（覚醒剤）使用によるものだが、その後、こうした薬物使用は、筋肉増強剤（ステロイド）や血液交換などといった、さらに非人道的な方向へと進んでしまっている。

そのため1966年からオリンピックを含む国際大会において正式にドーピング検査が実施されるようになり、現在に至っている。今やこうした検査は競技会だけでなく選手の日常においても実施され、あるレベル以上の競技者は常に抜き打ち検査を受ける準備と義務さえ課せられている。

ドーピングというと競技に参加しない者には関係ないと思う人もいるかもしれないが、スポーツのフェアプレー精神ということを考えるにあたって、万人がこの基本的な考え方を理解していることは重要だ。それにそもそも「フリークライミング」とは、「山に対してフェアに取り組む」ということを基本理念にして作り上げられてきたスポーツである。競技だけでなく、クライマーは常に「フェア」ということを自問しつつこのスポーツに取り組むべきだろう。

現在、禁止物質に関しては、世界アンチ・ドーピング機構（WADA）が一覧を公表している。が、これは非常にわかりづらい。また、国内の違反事例の多くは、うっかり摂取によるものでもある。禁止物質が含まれた市販の風邪薬の服用や個人輸入したサプリメントの摂取などだが、これらには「禁止物質は含まれていない」との表示があるのに引っかかってしまったという例も少なくない。しかしこれらも当然「違反」とされる。

実際に競技に出る者でこうしたことの相談をしたい人には、スポーツファーマシストという制度がある。これは日本アンチ・ドーピング機構（JADA）公認の薬剤師で、全国に8000人が登録されている。詳しくはJADAホームページを参照のこと。

http://www.playtruejapan.org

ボディケアの基礎知識

【故障の実態】

近年、クライマーの事故・故障は目に見えて増えてきている。その理由はクライマー人口が増えたこともあるだろうが、環境が整えられて、皆が高レベル（高負荷）に、より挑みやすくなったことも、かなりに大きいと思われる。

■故障の実態

左の表は、2015年に日本クライミング医科学研究会が、全国72カ所のジム、クラブにてアンケート調査した結果である。これは、それまでの競技会出場者のみに対するものではなく、幅広い年齢層における非競技志向のクライマーを対象としたもので、総数1635人（男性1237人で76%、女性398人で24%）に及ぶ。年齢は6歳から83歳と幅広く、平均は35歳。またクライミング歴は平均5年で、クライミング環境はインドアが56%と過半数、最高グレードはボルダー2級前後、リード5・12a前後が多かった。

この調査によると、外傷・障害の経験ありと回答した者が64%で、発生場所はインドアが70%（アウトドアは12%）という、かなり特徴的な結果となった。また、これらに対して医療機関を受診した者は47%という数字も示されている。なお、その中でオーバーユースによると自覚している者は11%と意外と低かった。

■故障の理由

筋肉の炎症や腱鞘炎などの原因は、多くはオーバーユースによるものだ。これらは本来は相応のレベルのスポーツ選手か老練な職人などにのみ見られるものだった。が、近年はクライミングを始めて間もない初心者、特に女性で多く報告されるようになっている。

これは、一つにはそもそもの運動経験の少ない人が、いきなり局所的負荷が高いスポーツ＝クライミングに取り組むためだと思われる。特にジムのクライミングはレベルの高低にかかわらずフィジカル的要素が非常に高く、こうした傾向を顕著にしている。さらに初心者は技術の不足分を力でカバーしようとする傾向にあるので、それが障害の多発に拍車をかけている。

これらを防ぐには、やはりコントロールを利かせた取り組み方や、力よりも技術、あるいは量より質といった視点が何より重要になるだろう。そしてそれは、本人だけでなく、指導者や周りの人たちの意識も、大いにものをいうところと思われる。

表2. 発生場所

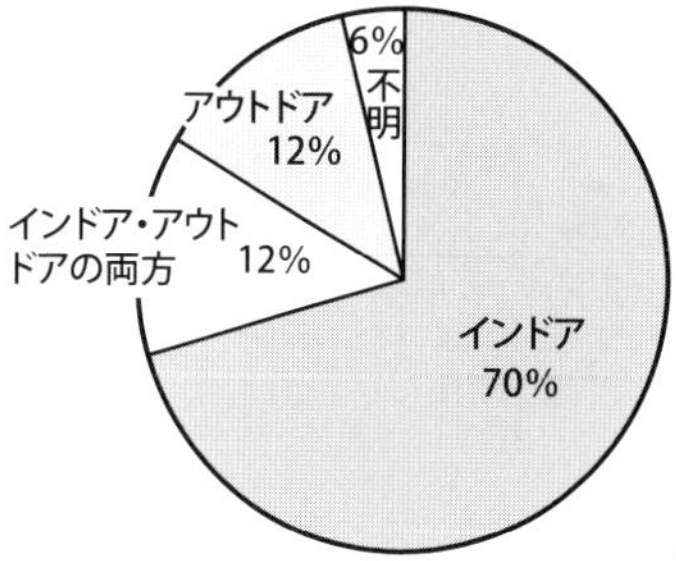

表1. 障害の種類

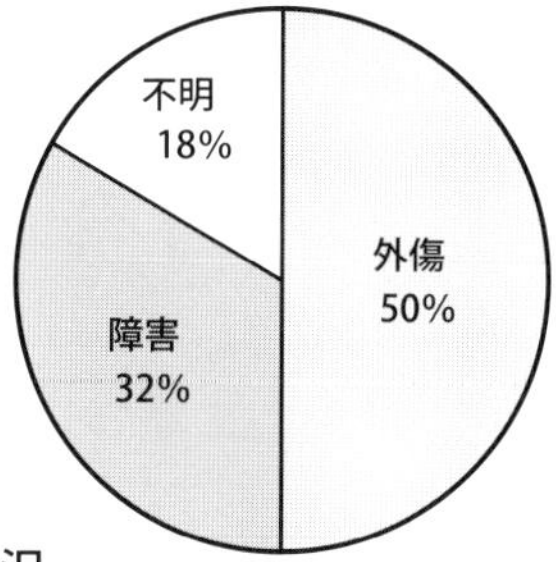

表3. 発生状況

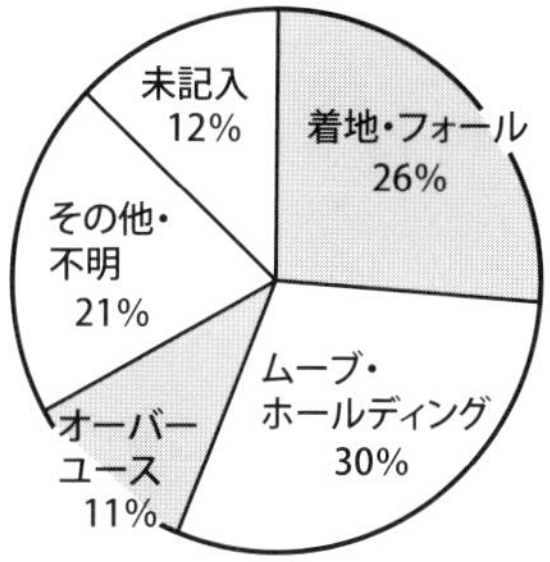

表4. 障害の部位 （数字は%）

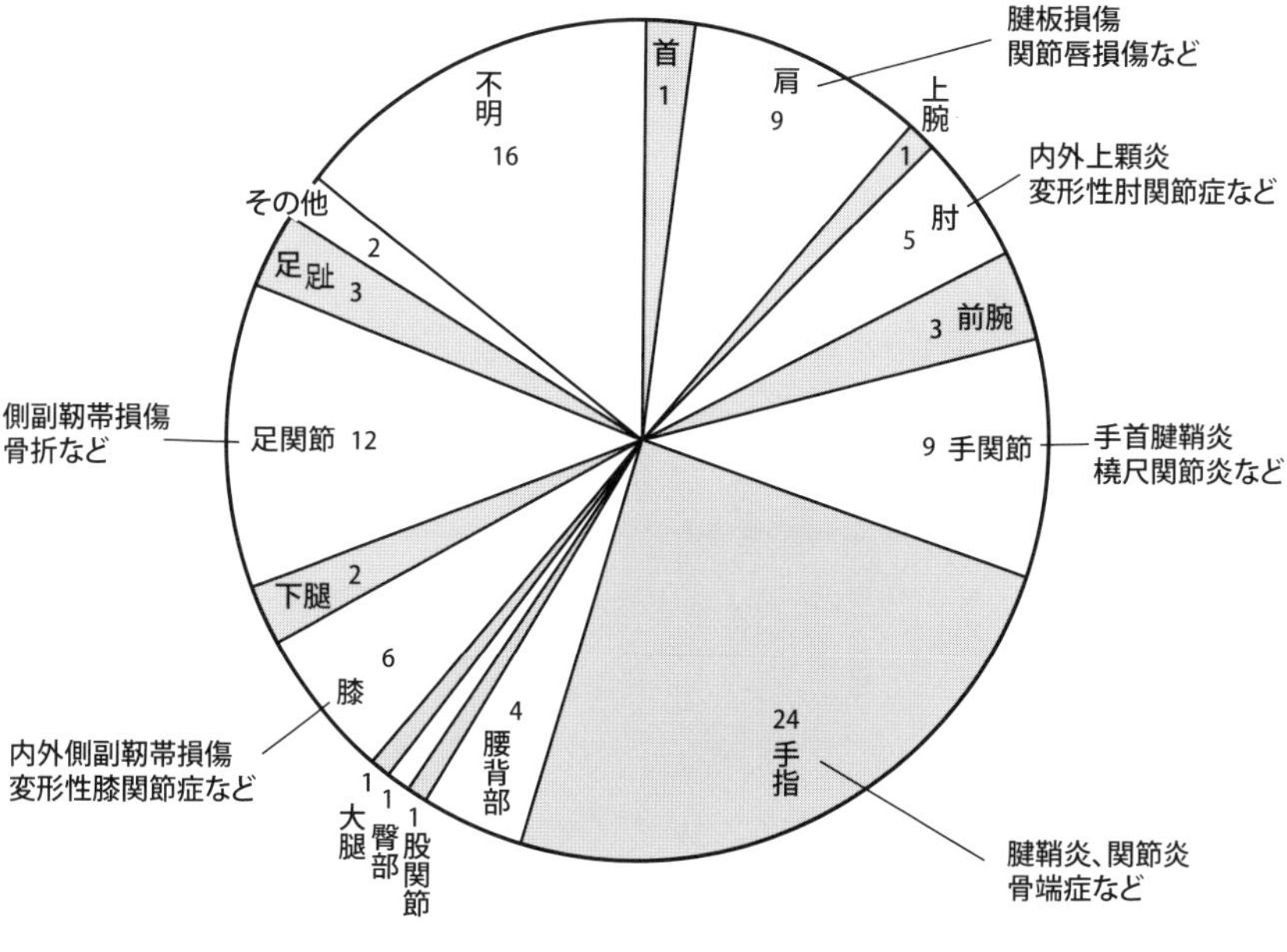

【炎症とは何か】

スポーツ傷害の現場で、「炎症を起こしている」という言葉をよく聞く。だが「炎症を起こす」とはいったいどういうことを指すのだろう？　その後の対処に役立てる意味でも、まずその基本的な概念を見ていきたい。

■炎症のプロセス

治療現場での「炎症」の定義とは、細菌などによるものを除けば、筋肉や靭帯などといった組織が破壊され、それを修復する過程で様々な修復因子が患部に出てきて、周囲に様々な反応を引き起こすことを言う。

プロセスとしては、まず組織が破壊されると、そこの破壊物質を取り除くための白血球、リンパ球、マクロファージなどが血管を通って遊走してくる。そしてこれらがこの場所で様々な化学物質を放出して組織の修復にあたる。その物質の一部が痛みを引き起こす作用を持っているわけだが（これらはサイトカインと総称される）、それは自覚症状を呼び起こすことによって生体保護を図る防御反応なのである。

そして組織がとりあえずの第一次的修復を終えるとだいたい炎症は治まるが、この時点では組織はまだ不完全な状態で壊れやすくなっているから注意が必要である（90ページ参照）。

なお、通常の炎症は1～3日程度で治まるが、ときに1週間以上続くこともある。これは慢性炎症と呼ばれ、よりいっそう細やかな対応が必要になる。この場合は患部の安静と、周囲の軽度のストレッチ、温めるなどして血行促進を図るのが一応の定石だ（急性の場合はアイシング）。

■炎症の実態

このように炎症ではこれらの物質が患部に出てくることによって、発赤、腫張、圧痛などの症状が現れる。ときに発熱や機能障害を伴うこともある。

ただしここで注意しておきたいのは、ある種の炎症では、それを起こした部位と痛む部位が、必ずしも同じではない場合があるということだ。例えば股関節に炎症があるのに膝や腿が痛んだり、肩の腱板を傷めているのに上腕や肘が痛んだりすることがある。

これは「放散痛」といって、痛みが筋肉や腱、神経などに沿って拡散するもので、これによって症状の正確な把握が妨げられてしまう場合が多い。故障の際は素人判断は絶対に行なわず、専門医に診てもらうことを原則としていただきたい。

炎症の推移

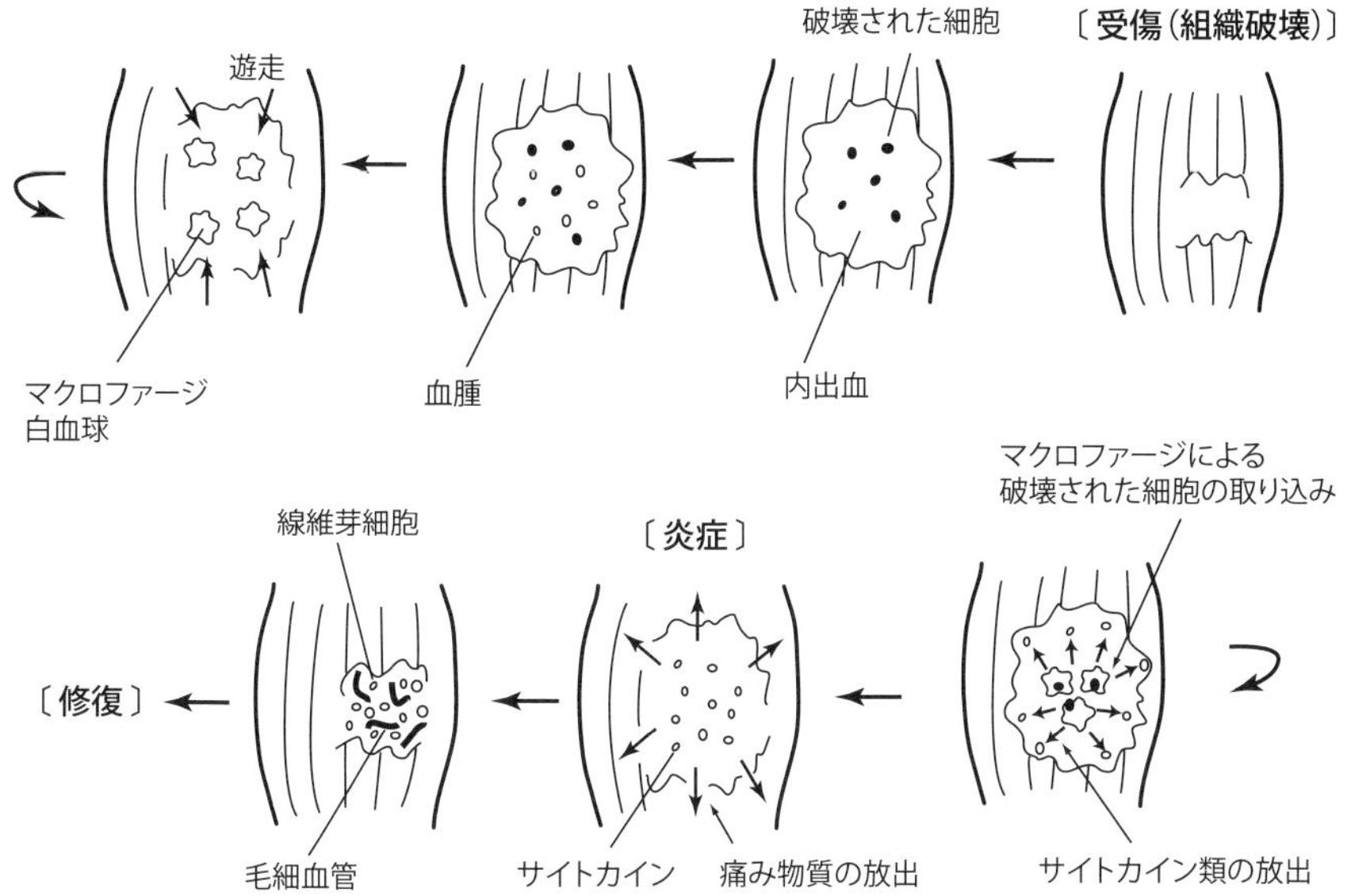

■初期対応

急性炎症への対応はアイシングが原則になる。

そもそも炎症を起こしている時には内出血によって周りの健康な細胞までが圧迫されて酸欠状態に陥っているのだが（二次的低酸素障害）、その時にその細胞を冷やしてやると細胞の新陳代謝が落ち、低酸素状態でも死滅する（二次的外傷性損傷）のを防ぐことができる。これによって損傷の範囲を最小限に抑え、全体の修復を早めることができる。これがアイシングの意味だ（96ページ参照）。同時に感覚を麻痺させることで痛みを和らげ、筋肉の過緊張を防ぐという意味もある。

具体的には氷をビニール袋などに入れ、患部およびその周囲のできるだけ広くにあてがう。それを15～20分ほど行ない、いったん解除した後、再度行なう。これを数回繰り返す。これはできるだけ受傷直後に行ないたいが、それができなかった時でも家に帰ってからも極力やるようにしたい。

【関節のしくみ】

体の各骨は関節によってつながっており、それをまたいで付着した筋肉が収縮することで、様々な関節の屈伸運動が可能になっている。ということは既に述べた通りだが、そうして筋肉がこの関節を曲げる時、当然ここには大きな力がかかる。それゆえこの周囲にはその関節を包み守る強い組織の他、内部にもさまざまな補助装置が付いている（図1）。骨格運動の要となるこの関節のケアのために、そのしくみをまずは把握しておきたい。

■関節の構造

関節の形には数種類あるが（図2）、多くは片方が球形状、もう片方がすり鉢状になっている。球形の方を関節頭（骨頭）、すり鉢の方を関節窩《か》という。

そしてこの両骨の接合面には軟骨が付いていて、クッションとスライドの働きを補助している。この軟骨は硝子軟骨と呼ばれるもので、その表面の摩擦係数は0・001。アイススケート靴の刃と氷との摩擦の50分の1という低さで、これが関節の非常にスムーズな動きを可能にしている。関節によってはここにさらに半月板、関節唇などの補助装置が付き安定性を高めているが（図3）、こちらの方は線維軟骨でできている。

そしてこれらが「関節包」という袋によって包まれ、独立した部屋を形成している。この関節包は外側に靭帯などの線維組織、内側に滑膜の二重構造になっている。このうち滑膜からは滑液（関節液）が産出されて、軟骨や半月板などを栄養するとともに、潤滑液としてスライドの補助をしている。

■靭帯

関節の両骨は、筋肉だけでなく、靭帯という非常に強い線維組織によってもつなぎ止められている。この靭帯は両骨をつなぎ止めると同時に、関節の運動方向を規定し、脱臼などから関節を守る役割も果たしている。しかもこれらは関節包の一部となっていることが多く、より強固になっている。

なおこの靭帯は線維組織なので弾性はあるにはあるが、その柔軟性は筋肉に比べるときわめて小さい。そのため強い外圧などで関節が規定外の曲がり方をすると、この靭帯が伸びたり損傷したりしてしまう。これが「捻挫」で、スポーツ障害ではたいへん多いものの一つである（90ページ参照）。またこの時、靭帯に引っ張られてその付着部の骨が剥離骨折することも多い。

図1．関節の構造

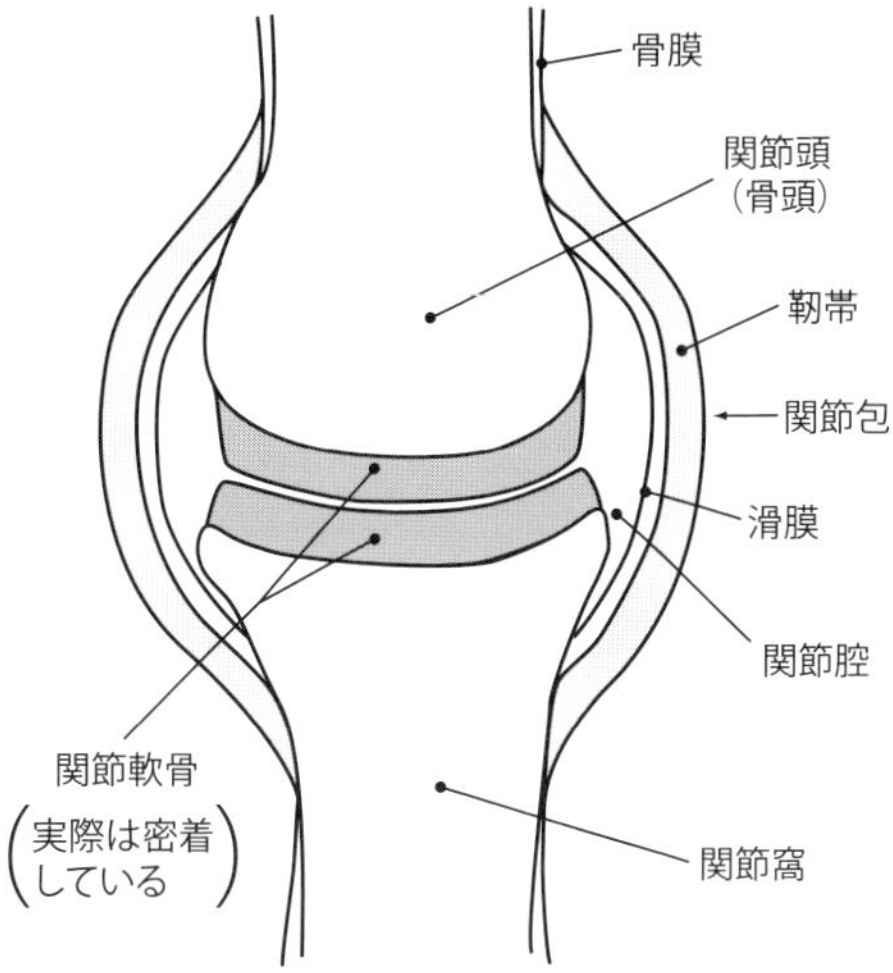

図2．関節の種類

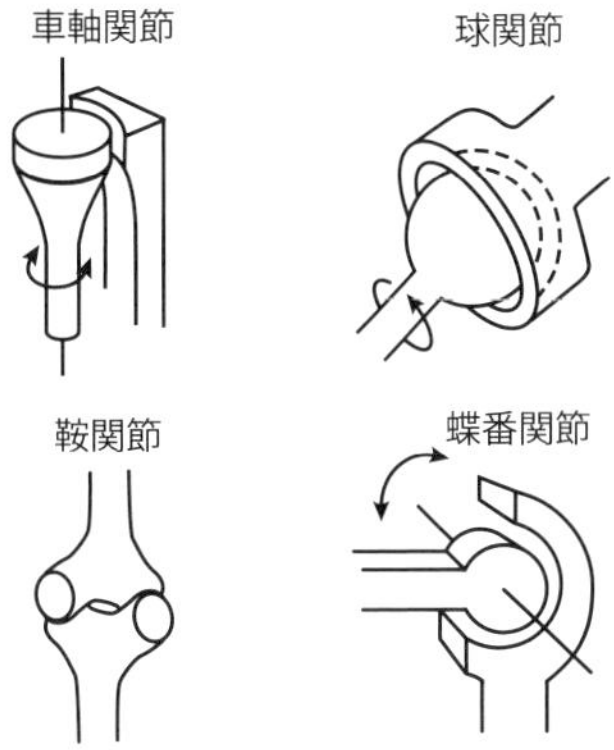

図3．関節の補助装置

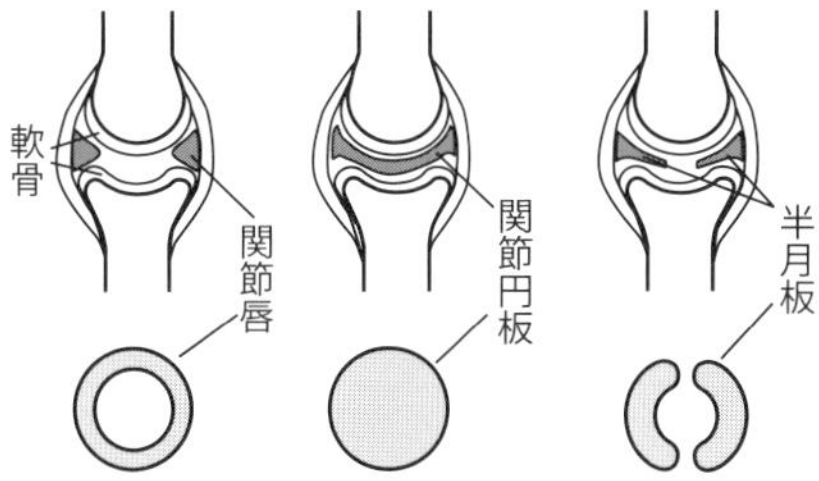

図4．関節の靭帯

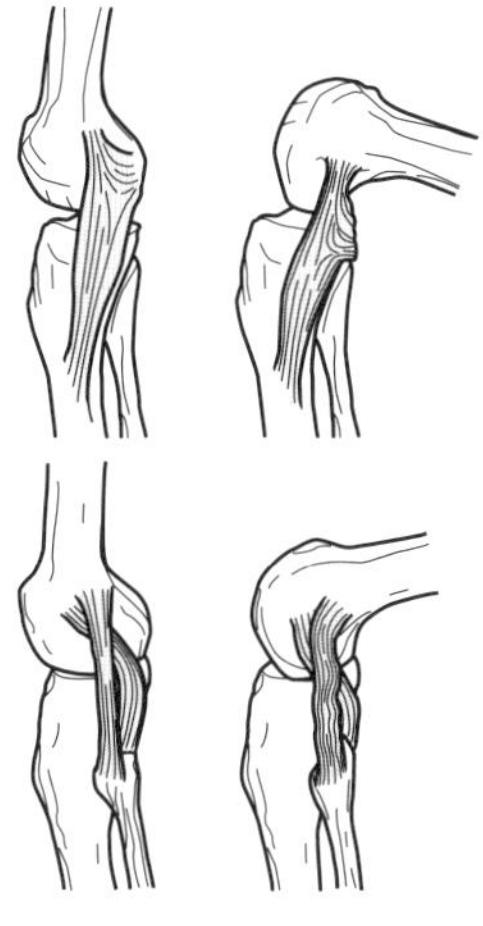

図5．実際の関節の様子（肘関節）

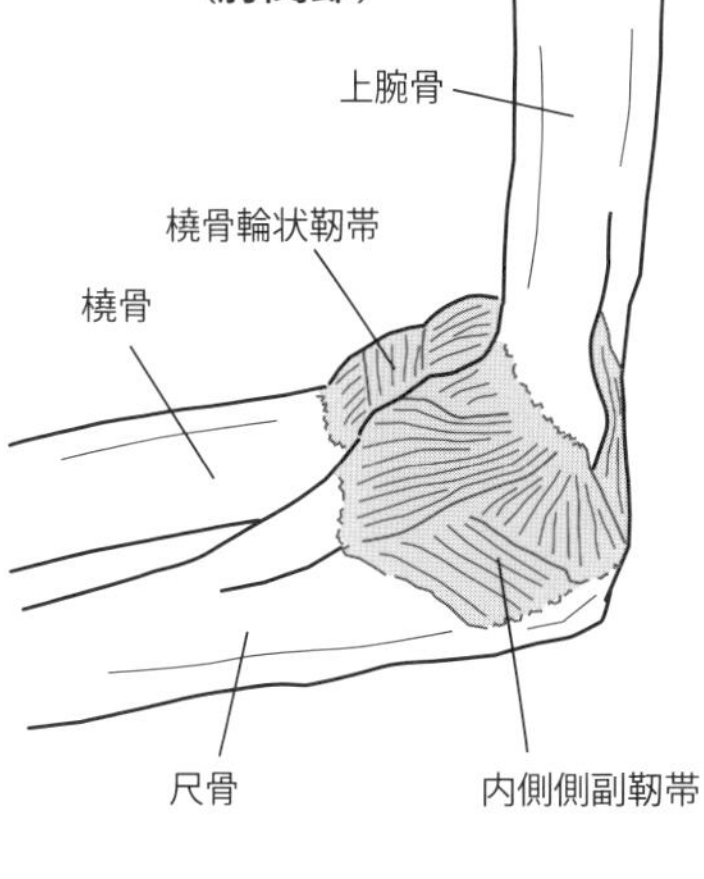

【怪我の種類①骨折・脱臼】

■骨折の種類

骨折には閉鎖性（骨が皮膚の内側で折れたもの。単純骨折とも言う）と開放性（折れた骨が皮膚を突き破ってしまったもの。複雑骨折とも言うが、今はこの言葉はあまり使われない）、単箇所と複数箇所（これが単純、複雑ではない）、粉砕、剝離など様々なものがある。原因も、一時的な外圧によるもの、疲労性のものなどがある。

処置の方法は別項に譲るが、一般的に閉鎖性のものは時に思ったほどの痛みを伴わず、単なる打撲と勘違いしてしまう場合が多い。特に受傷直後は緊張で感覚が麻痺しているので、見分けはさらに難しい。そのような時は原則的に「骨折」として手当てをする。

通常の骨折の場合、回復は骨組織が癒合するまで4〜8週間程度。その後は骨細胞の再生によってだいたい完治する。完治までの目安は3カ月程度とされるが、この種の治療でむしろ問題なのは、固定によって固まってしまった関節靭帯、筋肉などのフォローだ。それを考慮して、今はギプスによる完全固定で治せるもの以外は手術で内側から治し、早めに動かすことが多くなっている。

なお、骨折箇所が関節面にかかっている場合は治癒なども右の限りではなく、少々厄介になる。関節面は関節軟骨で覆われているため、修復には別途かなりの時間がかかるからだ。また、足首の距骨、大腿骨頚部、手首の舟状骨（着地で手をついた時などに傷めやすい）などは血流が乏しいため、場合によっては完治しないこともある。

■開放性骨折

同じ骨折でも骨が折れて皮膚から飛び出しているような「開放性骨折」の場合は非常に深刻だ。一般に骨折では骨と同時に骨膜（骨を覆っている薄い膜）も破れているのだが、それが皮膚から外に出てしまうと、骨の組織本体がいきおい細菌感染の可能性に晒されてしまうからだ。そうなると最悪、骨髄炎（時に死に至る）になってしまうこともある。

そのため開放性の骨折をした場合は、骨折そのものの治療よりも、洗浄、消毒、止血、および抗生物質の投与を最優先事項とする。これらが受傷後6時間以内になされなかった場合は感染ありと判断し、徐染のための特別処置に進むことなる。そして時にそれは、半年〜1年に及ぶこともある。

図1. 骨折の種類

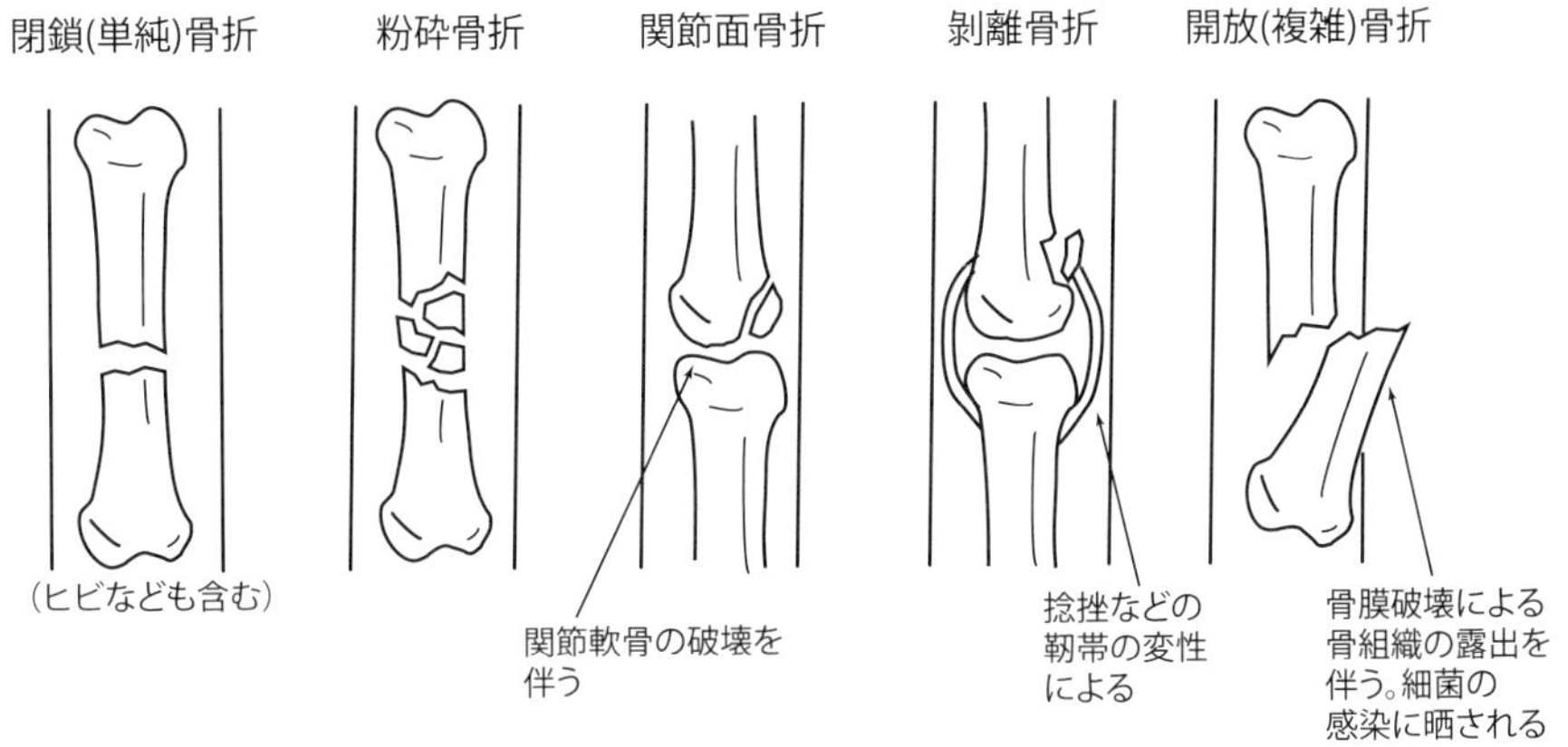

図2. 脱臼の種類

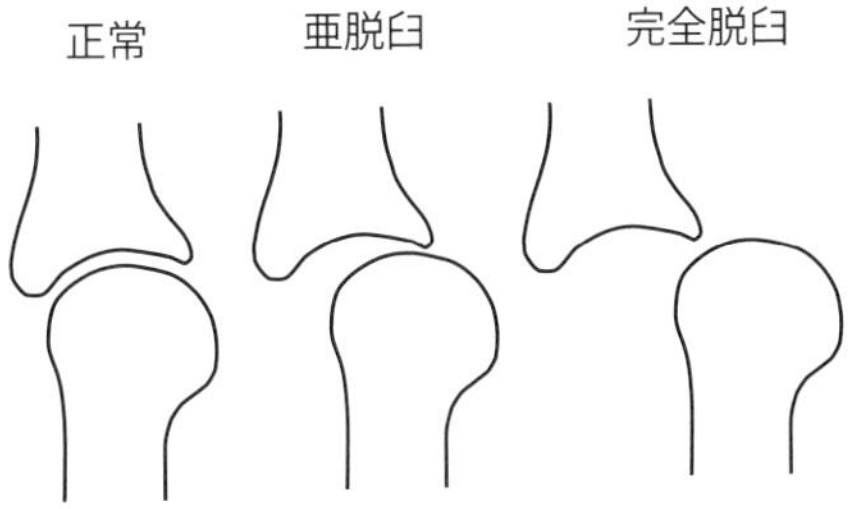

図3. 脱臼による組織の損傷

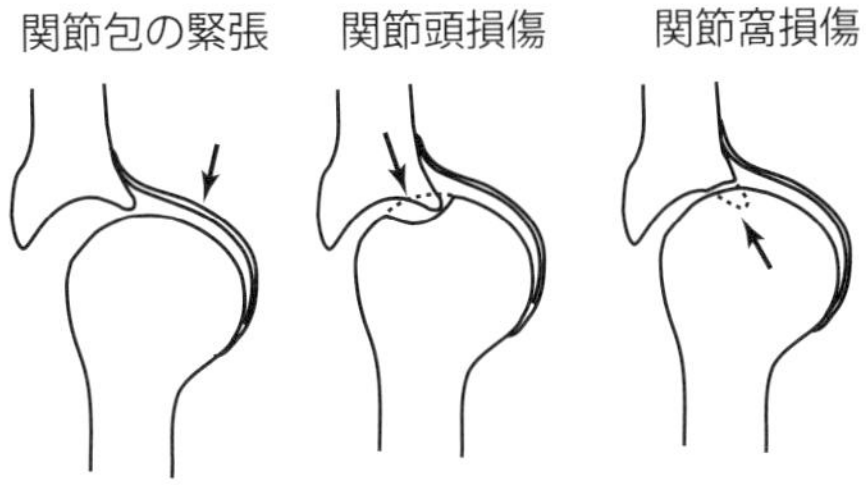

■脱臼

関節が、外圧によって正常の範囲から外れた状態を言う。骨頭が関節窩内に一応収まっているものを亜脱臼、完全に離れてしまったもの（離開と言う）を完全脱臼と呼ぶ（図2）。

亜脱臼などは外れても元の位置に戻っていることが多いが、いずれの場合も必ず靭帯の損傷や弛緩を伴っている。特に亜脱臼は骨が元の位置に戻ると一見治っているように見えるのでそのまま放置してしまいがちだが、靭帯が伸びているので再脱臼しやすくなってしまう（反復性脱臼）。また、骨頭や関節窩の一部に骨の損傷を伴っていることも多い（図3）。

脱臼した場合、一般的にはその場で治さない方が良いとされているが、状況や痛み方によっては治すしかない場合がある（特に山の中など）。しかしいずれも組織が損傷している筈だから、事後必ず医療機関を受診すること。これらの完全回復は遅く、通常6〜9カ月程度はかかる。

【怪我の種類②筋挫傷・捻挫】

■筋挫傷

筋肉またはそれを覆う筋膜が部分的にまたは完全に断裂した状態のこと。外圧によるものを打撲、自らの力が原因のものを肉離れとも言う。また部分断裂を筋挫傷、完全断裂を筋断裂と分けて呼ぶこともある。ただし筋肉線維そのものは感覚神経に乏しいため、切れても痛みを感じない場合もある。

もっとも実際には筋肉の主要部が絵に描いたように切れてしまうということはあまりなく、断裂は筋膜か、腱と筋肉との接合部（筋肉はここが一番弱い）で起こることの方が多い。後者は腱付着部症といって、スポーツ障害ではよくあるものの一つだ。

なお、脚の場合はコンパートメント症候群（筋束圧迫によるうっ血）の可能性があるので特に要注意だ。

■捻挫

関節への外圧によって関節靭帯または関節包が損傷するものの総称。急激なひねりなど関節の正常な可動範囲を超えた加重によって起こる他、打撲や急激な屈伸緊張などでも受傷する。

症状はやはり部分断裂と完全断裂がある。また、靭帯の他、筋や腱、血管などの損傷や、関節周囲の小骨折（剥離骨折など）を伴っていることもある。

■回復の過程

筋挫傷、捻挫ともに、実態は線維組織の損傷である。そこで注意したいのは、これら線維組織は、骨と違って、一回損傷すると医学的には完全に元に戻ることはないということだ（ただし機能そのものは元に戻る）。

というのも、こうした線維組織は受傷するとそこに瘢痕《はんこん》組織というものができ、これが切断部をつないで元の形に戻っていく。わけだが、この瘢痕組織は、筋肉（筋線維）ほどの弾力があるわけではないので、筋肉との接合部で容易に再断裂を起こし得る。こうなると線維の損傷は慢性化してしまう。それが、捻挫や肉離れは骨折より回復に時間がかかると言われる所以だ。

それを防ぐにはこの瘢痕化を極力小さくする必要があり、そのために受傷初期段階での正しい処置（アイシングや圧迫、安静など。完全断裂ならば縫合）、また瘢痕組織から線維組織への移行の過程では正しい負荷＝リハビリが必要になる。切れた筋線維は軽度ならば2週間程度で一応はつながるが、機能の完全回復まで2カ月〜1年は必要と見るべきだろう。

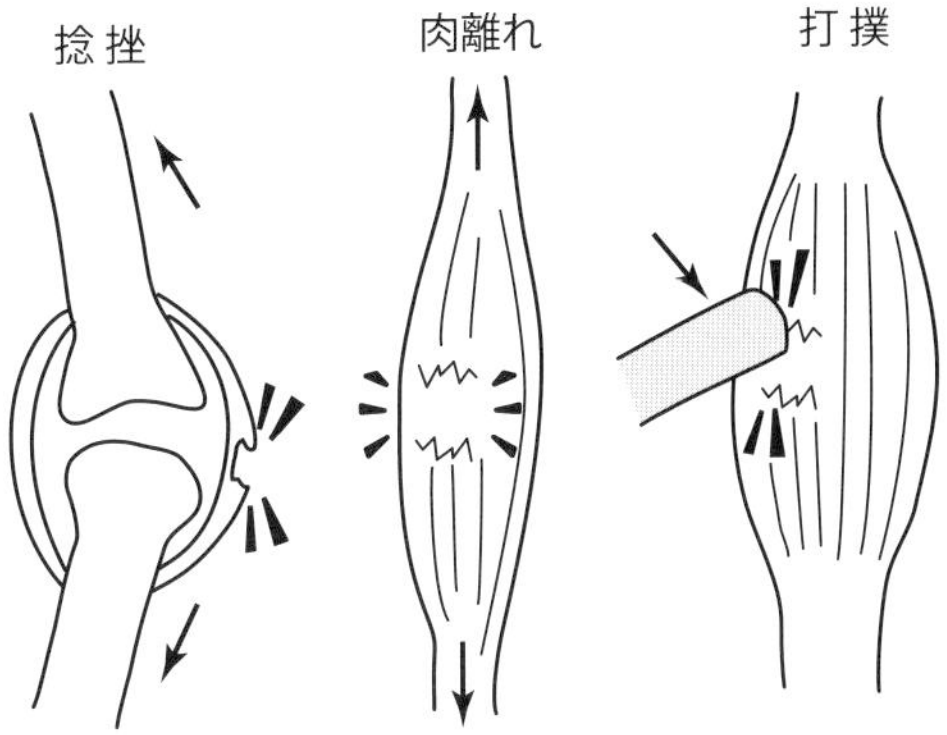

図１.「怪我」の概念

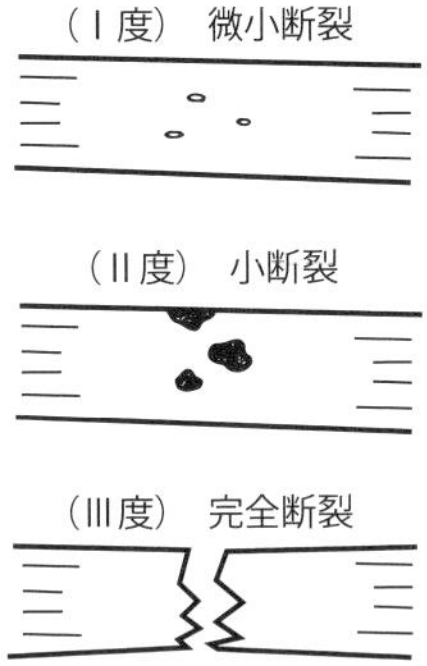

図２. 線維組織損傷の分類

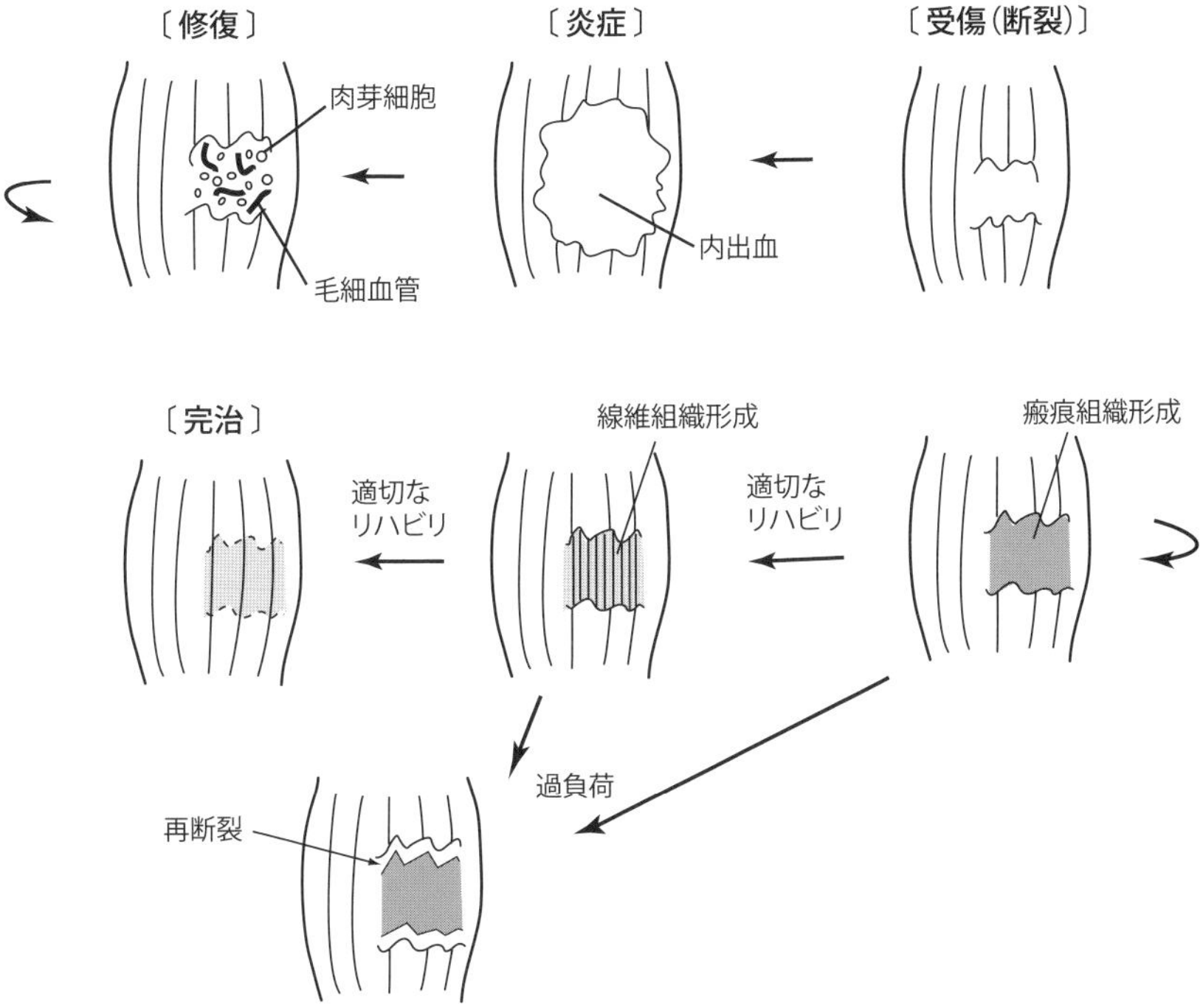

図３. 線維組織修復の推移

【応急処置①外傷】

■外傷への対応

外傷は出血を伴っていることが多く、その場合は何より先に消毒と止血を施さなくてはならない。

このうち消毒に関しては、近年の医療では組織を破壊するため良くないとの意見も述べられている。が、クライミングなどを行なう野外では話は別だ。こうした所には雑菌が多く、医療機関への搬送にも時間がかかる、この場合は洗浄・消毒はやはり絶対だ。

洗浄は水で流すのが最も良い。傷口に泥や小石が付着している場合は、水流やピンセット、箸などでできるだけ取り除いてやる。消毒はオキシフルや、市販の消毒薬で良い。

次に止血だが、これは直接圧迫法で行なうのが一般的だ。やり方としては、清潔な布やタオル、ビニールなどを患部にあてがって軽く圧迫し、そのまま包帯やテーピングテープなどでラッピングしてしまう（図右）。出血が激しい場合でも患部を軽く圧迫して数分間待つとある程度勢いは収まってくる。ただしこの場合は動脈切断の可能性を考え、ややきつめに巻いた方が良い。さらに傷の上部の血管を押さえる止血点圧迫も加えると効果的だ（図中）。

なお、かつてよく言われた上部血管圧迫（患部の心臓側を、紐などできつく縛る方法。図左）は、患部の壊死やターニケット・ショック（圧迫解放後に毒素が体に回ってしまうこと）の恐れがあるので、今はあまりやらない。完全切断や大動脈を切るなどの相当な場合に限られる。その場合も、壊死を防ぐため10～30分ごとに圧迫を弛めてやる必要がある。

■受傷時の初期対応

誰かが怪我をした時、まず第一にやるべきはバイタルチェック（呼吸や心拍の確認と対処）と、ファーストエイドだ。特に後者は上記止血、消毒が最優先で、その後に次項「RICES」が続く。

しかしこのように骨折、裂傷などを伴う事故が起きた時というのは、本人だけでなく周りも相当なショックを受けてしまうものだ。そして多くの場合、どうしていいかわからなくなってしまう。岩に叩きつけられた本人ではなく、その墜落を止めたビレイヤーが動転してロープを緩めることもできなくなってしまう、という話はよくあることだ。

こうした時にその人を責めても仕方がない。こうした「フリーズ」は当然あるべきものとして受け止め、周りの人間が積極的に手を貸すべきだ。

止血法

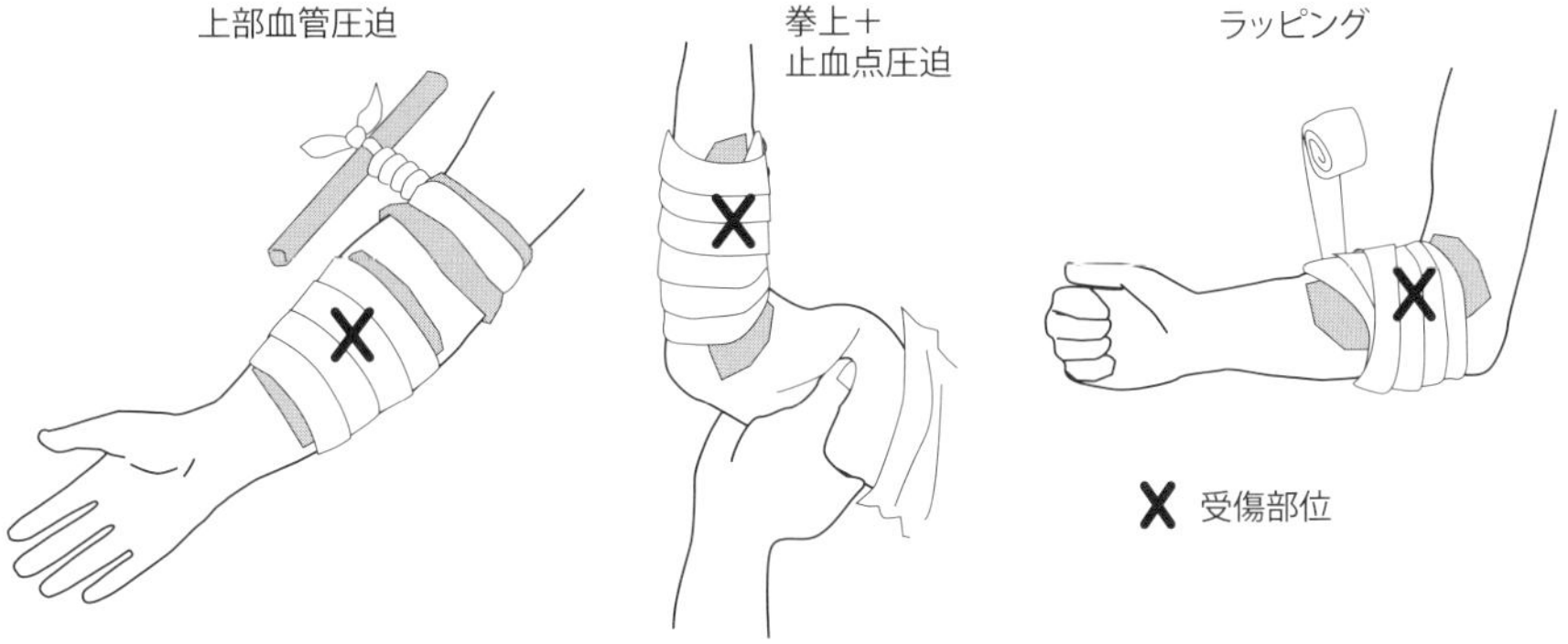

ところがそのファーストエイドも、多くの人は負傷者を目の前にしながら手をこまねいてしまうことが多い。それは「間違ったことをしたら大変」という心理が働くからだが、その考え方はこうした危急時は間違ったものだ。それを、まずは言っておきたい。

　ファーストエイドの原則は、その場で（その場の知識で、ということも含む）やれることがその時の唯一の処置であり、そしてそれは多少間違っていても仕方ない、ということだ。それに関して医療関係者は事後の異議は唱えないというのが、この世界の不文律になっている。これはぜひ知っておくべき事柄で、それをもとに、負傷者を前にして二の足を踏むということのないよう、迅速に対応してもらいたい。

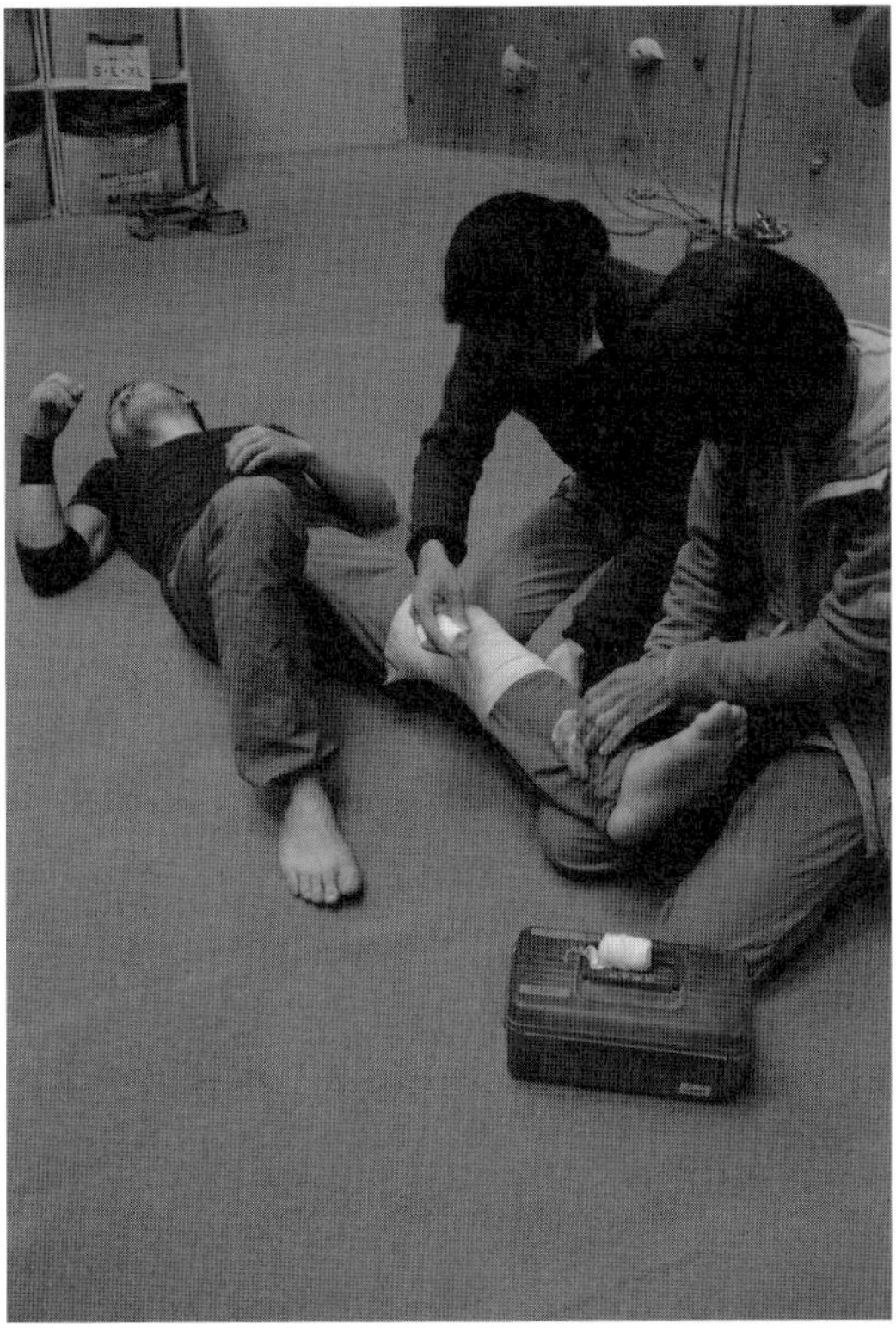
怪我人はなにしろ迅速な対応を求めている。周りの人間はそれを忘れないようにしたい

【応急処置② 打撲・骨折】

一般に骨折・打撲などの応急処置は「RICES」というキーワードで伝えられる。以下の略語である。

R（Rest＝安静）
I（Ice＝冷却）
C（Compression＝圧迫）
E（Elevation＝挙上）
S（Stabilization＝固定）

■固定（Stabilization）

まず最初の処置である。具体的には、痛い所と、その両隣の関節までを含めて、何かしらの副木を当てて固定する（ただし「開放性骨折」に関しては骨折の項参照）。打撲や捻挫と骨折は判断がつきにくいものだが、その場合はすべて骨折として対処する。

なお、骨折、脱臼などで骨格が変形している場合、一般的には下手に治すと血管や神経など他の組織を傷つける恐れがあるため動かさない方が良いとされている。しかし受傷者が苦痛を訴えている時はこの限りではない。その場合の矯正は、各部位によってそれぞれ違うが、一般的にはやや（ときには強く）引っ張りながら行なう。ただし骨折が関節部分に及んでいる場合は修復は極力控えた方が賢明だ。

■冷却（Ice）

応急処置としてのアイシングは、基本は氷をビニール袋などに入れ、患部にあてがって行なう。この時、患部にピンポイントでなく、その周囲のできるだけ広い範囲にやるのが望ましい。

これは野外では難しいが、流水があればそれで充分だし、アイスパックがあればさらに良い。コールドスプレーは表面的な痛みを一時的に麻痺させる（これはこれで有効だが）以外、本来のアイシングにはならない。

また、冷やす時間についてはできるだけ長く。20分単位で休憩を入れつつ繰り返し、病院に行くまで行なう。

■圧迫（Compression）

これは、それほど強く行なう必要はない。あまり強く圧迫すると循環障害を起こす場合があるので、弾性包帯やパッドなどで軽く巻くくらいが良い。30分ごとに一度外して様子を見ることも条件とされている。

■挙上（Elevation）

心臓より上が一応の目安だが、搬出の時などは下にぶら下げない程度と考えて良いだろう。

図1．骨折の固定の仕方

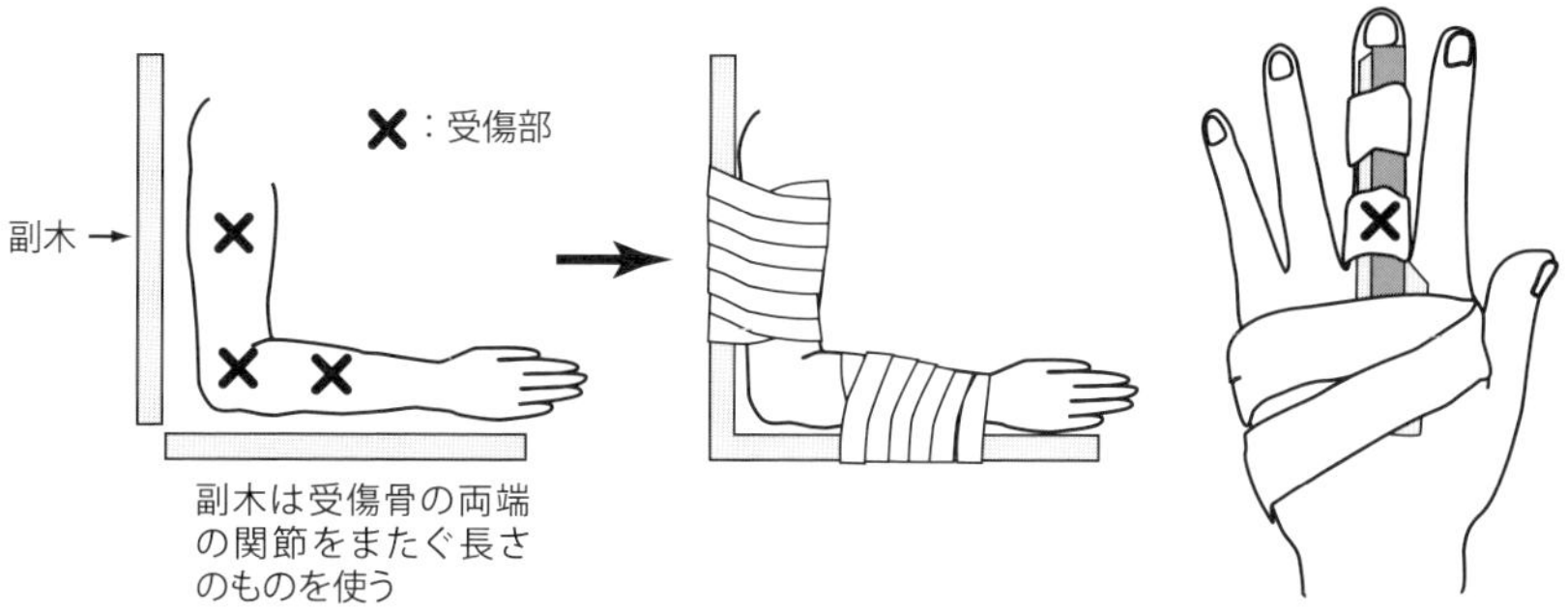
×：受傷部
副木
副木は受傷骨の両端の関節をまたぐ長さのものを使う

図2．安静時の寝かせ方

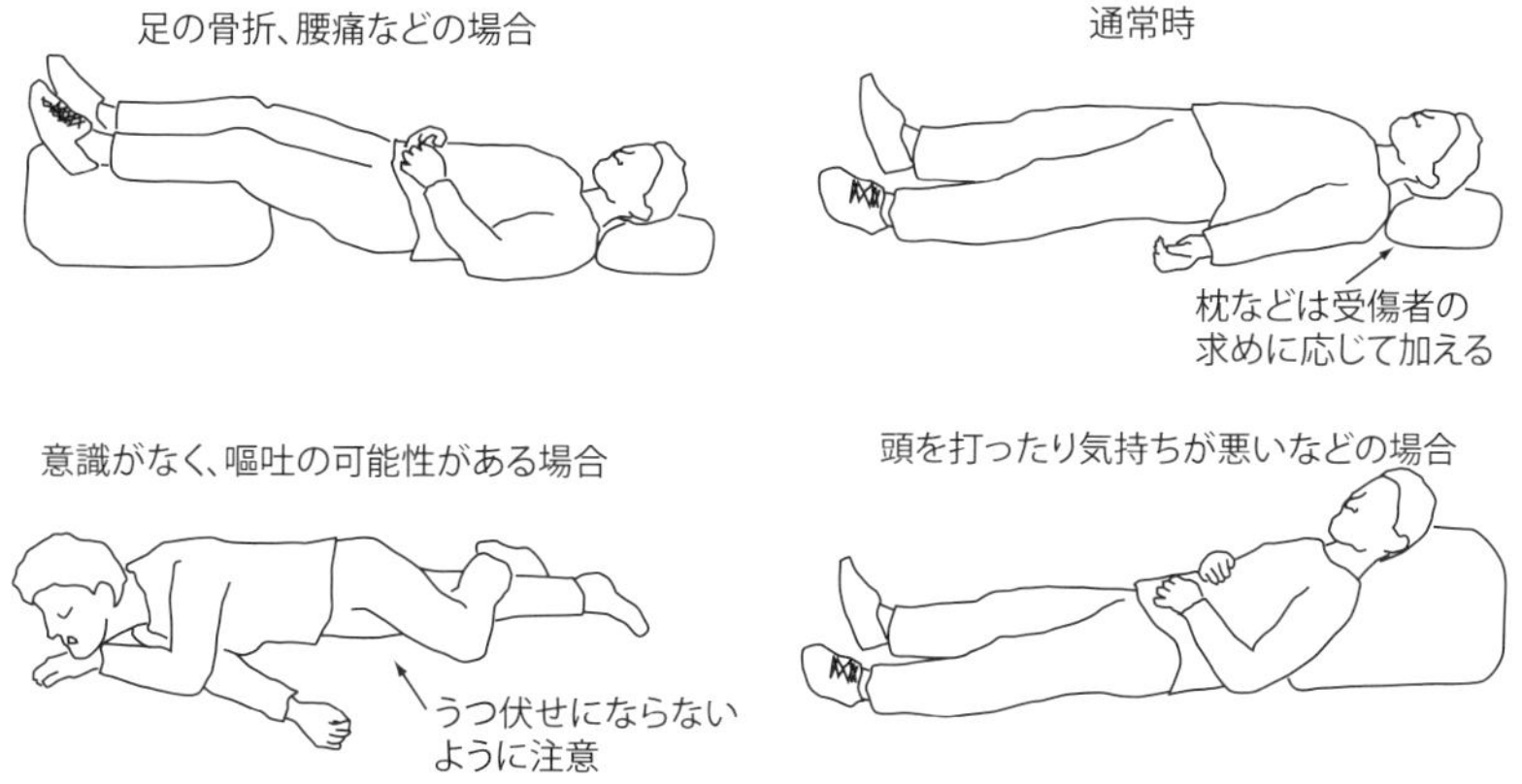
足の骨折、腰痛などの場合
通常時
枕などは受傷者の求めに応じて加える
意識がなく、嘔吐の可能性がある場合
うつ伏せにならないように注意
頭を打ったり気持ちが悪いなどの場合

■安静（Rest）

これに関してはケースバイケースだ。症状が軽い場合は最初の痛みはたいしたことがなくても時間が経つにつれて痛みが増し、動けなくなってしまうことも多い。山では最初に動けるようなら患部を固定した後、できるだけ早めに下山してしまった方が良い。

ただし腰や頭を強打したり全身打撲などの場合は判断が難しい。基本は救助隊を要請してその到着を待った方が良いが、その場合、受傷箇所によって寝かせる体位も考慮したい（図2）。

また、こうした外的ショックを負った人に食事は基本的に与えないこと。吐いてそれが喉に詰まる恐れがある。水も、少量で唇を潤す程度にしたい。強い外的ショックは体温を奪う場合が多いので、衣服などで体を温めてやることも必要である。また、裂傷があればもちろん止血も必要だ。

そして最後は病院で受診。いかに応急処置が適切でもここを抜いては何にもならないので、これは必ず守りたい。

【冷やすか温めるか】

打撲や捻挫、ぎっくり腰、あるいは指痛や肩痛などの時、安静はまず第一として、次に冷やしていいのか、温めていいのか、悩む人は多いだろう。受傷直後はアイシングが原則とはいえ、慢性のものやじわっとした痛み、あるいは筋肉疲労などには、それが良いのかどうかわからない。これについての見解は近年、若干の変化もあるようだ。

■アイシングの意味

炎症にはアイシングがまず第一だ。それは炎症によって生じた内出血が周りの細胞をも酸欠状態にして（二次的低酸素障害）、壊死すること（二次的外傷性損傷）を、その細胞を冷却して代謝を落とすことで守るためだ。

そうして細胞を一時的な休眠状態にすると、損傷の範囲を最小限に抑え、組織の早期の回復を図ることができるのである（図1）。同時に感覚を麻痺させることで痛みを和らげ、筋肉などの過緊張を防ぐこともできる。

■アイシングの方法

アイシングはそれほど強く冷やす必要はない。そのかわり長い時間、またできるだけ広い範囲、やる必要がある。

具体的には氷をビニール袋などに入れ、患部とその周囲のできるだけ広くにあてがう。可能であれば氷を入れた水に患部を浸してしまうのが良いが、これは部位がかなり限られる（指や手など）。この時注意したいのは、ここに氷をあまりたくさん入れないこと。というのは、アイシングは最低でも20分は行なう必要があるのだが、あまりに冷たいと皮膚が我慢できなくなって早めに切り上げてしまいがちだからだ。冷たすぎるがゆえの短時間だと、リバウンドで血管が拡張してむしろ逆効果になってしまうことすらある。

時間は20分と先述したが、本当は30～40分くらいはやりたい。そしてそれを、休みを挟んでできるだけ繰り返す。

■アイシングが適合しない場合

このようにアイシングは炎症には必須なのだが、ではこれが何にでも効くかというと、そうでもない部分が最近多く指摘され始めている。

それは、まず炎症が慢性の場合。この場合は受傷時のような内出血は起こっておらず二次的外傷性損傷もないので、冷やす意味はあまりない。むしろ温めることで血流を良くして組織の再生を促した方が良いと近年の医療現

図1. 炎症の推移

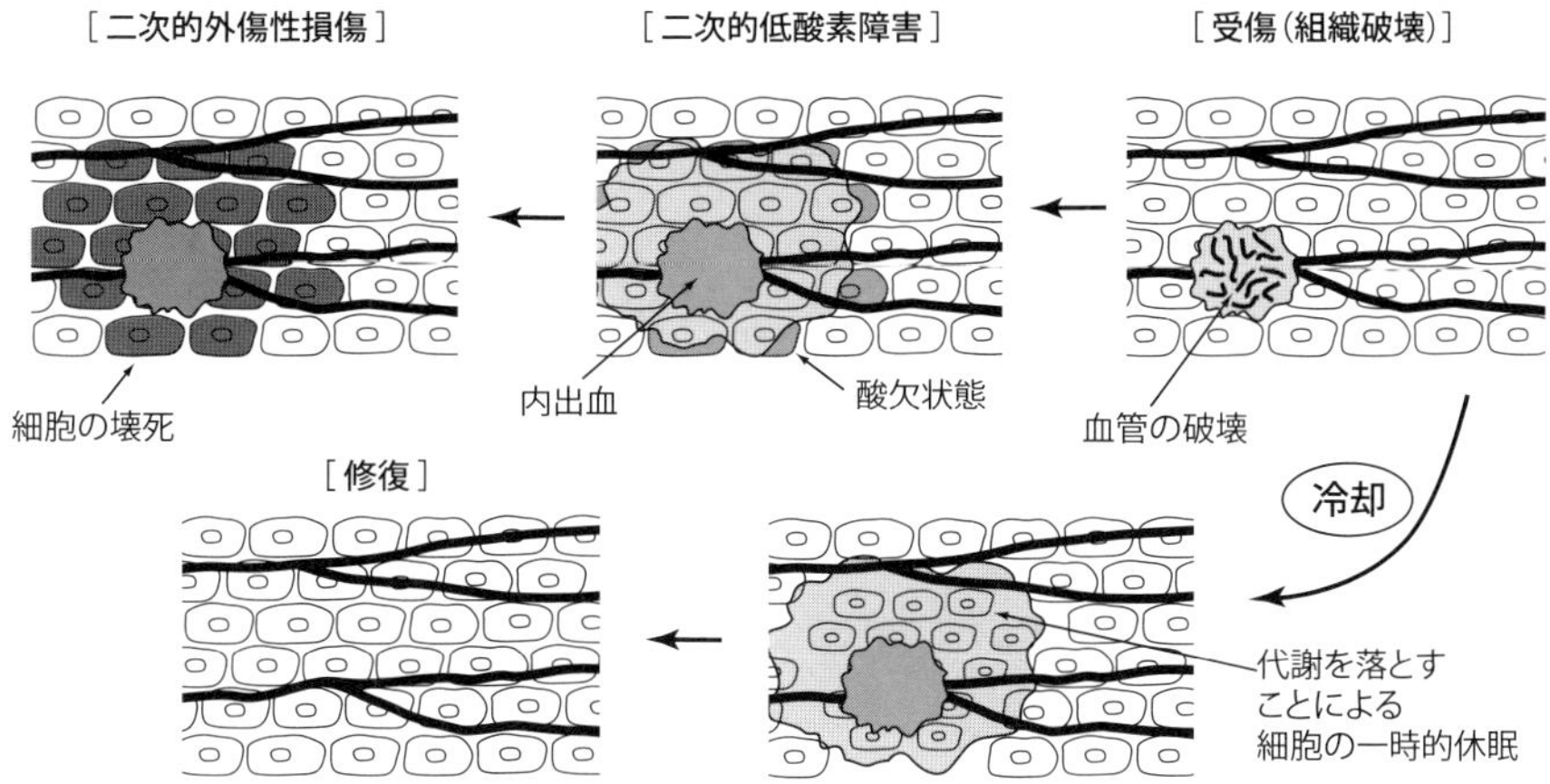

携帯用のアイスパックもできれば常備しておきたい

図2. 氷＋ビニール袋でのアイシングの様子

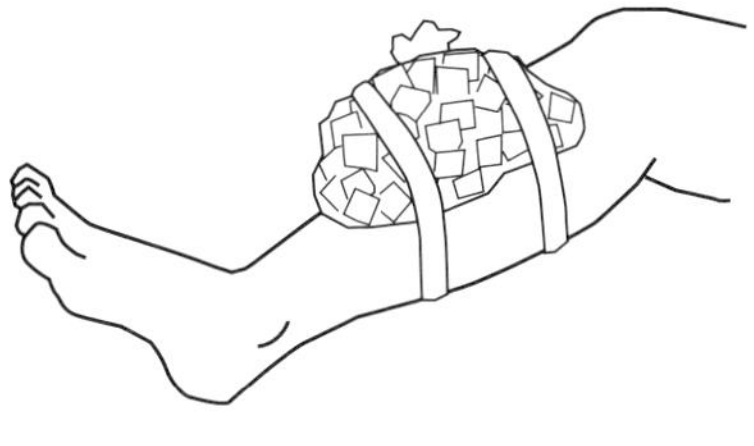

場では言われている（腰痛など）。
ただしその状態（慢性炎症時）でクライミングなどを継続する場合は、その都度組織をそれなりに傷めるので、毎回のアイシングはやはり必要だ。

また、筋肉を酷使した後のアイシングについても、近年の見解はだいぶ変わってきている。というのも、筋肉痛の原因が筋線維の細かな損傷であることは前に述べた通りだが、それが実は筋肥大のトリガーにもなっている。そこに自然に発生している微炎症を抑えてしまうと、トレーニング効果を減弱させる可能性があるとも言われているからだ。

ただ、何らかの受傷をして冷やすべきか温めるべきかわからなかった場合は、とりあえず冷やした方が良いとされている。それは、温めなければならないものを冷やしてもさほど大きなダメージはないが、その逆の場合はときに大きなダメージに結びつく可能性があるからだ。

【テーピング】

体のどこかに故障を起こした場合、テーピングによる保護もよく行なわれる。だがこれも、これをしたから大丈夫という性質のものではない。その意味を正しく把握しておく必要がある。

■テーピングの意味と効果

テーピングの本来の意味は、故障を起こして動きが不全になった関節を、その動きを制限することでそれ以上の損傷を防ぐということだ。もちろん予防にもなるし、痛みもある程度は軽減することができる。しかしおそらく多くの人がテープに求めているであろう「痛めた部位（筋肉）の補助」という考え方は、本当は正しいものとは言えない。というのは、靭帯や腱、腱鞘、筋肉というものは医学的には実はたいへんに強いもので、これをそのまま代替しようとすると、ほとんど金属に近いくらいの強度のものが必要になる。そうした組織の代わりという意味では、テーピングテープ程度の強度のものではとてもではないがその役は果たせない。テーピングは、それをすれば故障しても動けるというのではなく、あくまでその運動を制限するものと考えるべきだ。そしてそのためには、よく見るような軽くおざなり程度の巻き方ではなく、相当な強度で巻く必要がある。

とはいえ危急時の応急対応には確かにこれは有効だ。痛めた関節を固定する他、筋肉に対しては圧迫することで収縮を助ける働きもある。よって山で足を痛め、なんとしても歩いて下りなければならない時などは助けになる。しかしそれでも、それをしたから運動が継続できるとは考えないことだ。

■巻く時の注意

受傷時のテーピングの注意としては、腫れがある時には原則として行なわないこと。上記のような危急時には「固定」の助けになるが、その場合もあまりきつくは巻かない方が良い。きつく締めすぎると循環障害や神経障害を起こすこともある（筋肉を一度緊張させた状態で巻くと、そうした締めすぎを防ぐことができる）。また当たり前のことだが、やみくもには巻かないこと。保護すべき箇所を的確に見つけ、それに即して巻くようにしたい。さらに、巻く時は張力を一定に保つ、関節の角度を一定に保つ、ということも注意点として挙げられる。

また、運動の補助としてするのであれば、必ず医師の診断を仰いだ後に行なうこと。これは絶対に守って欲しい。

テーピング各種

（左上から伸縮性キネシオテープ、伸縮性アンダーラップ用テープ
下左から非伸縮性のテーピングテープ各種幅、右端が包帯）

足首のテーピング

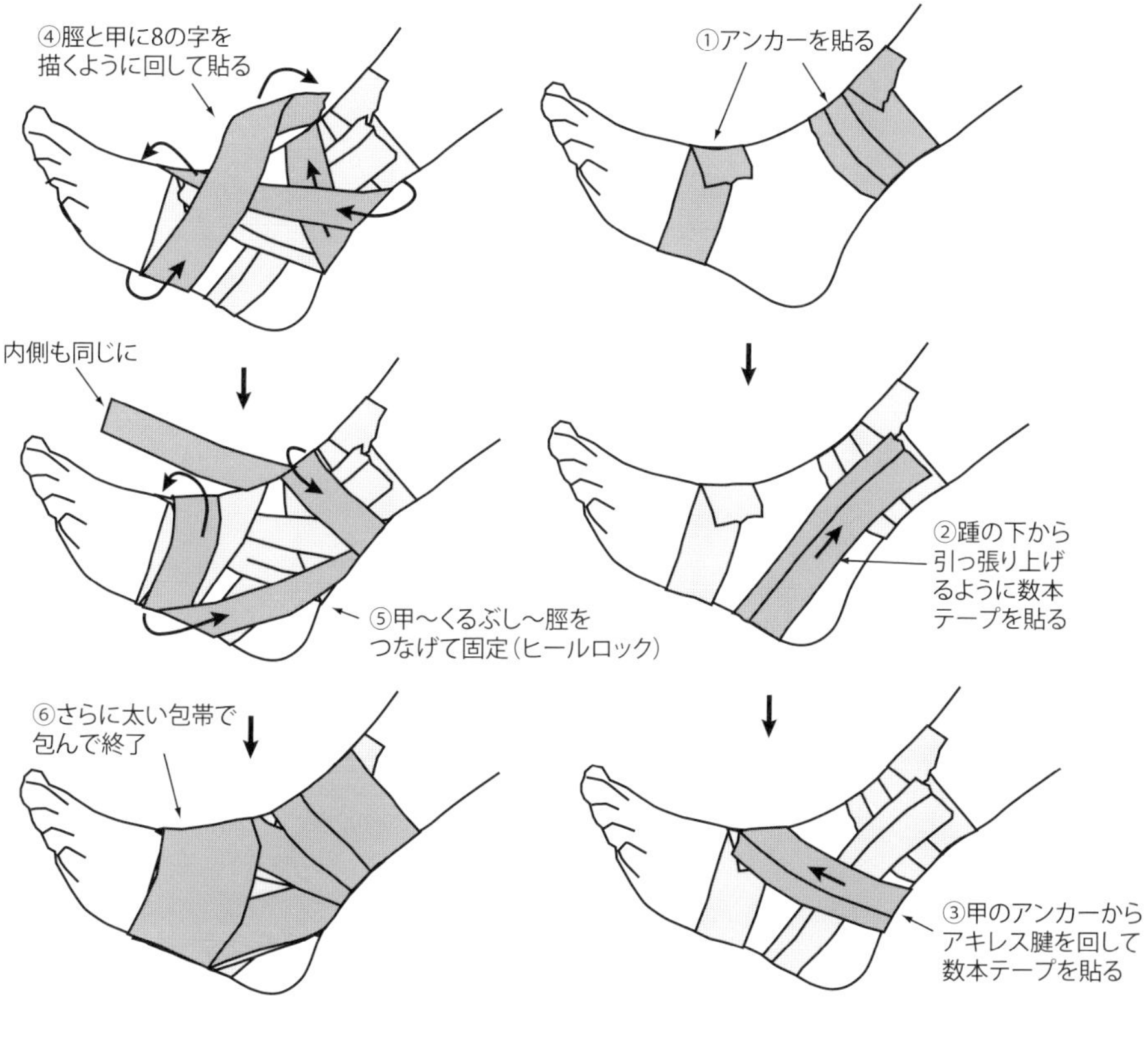
①アンカーを貼る
②踵の下から引っ張り上げるように数本テープを貼る
③甲のアンカーからアキレス腱を回して数本テープを貼る
④脛と甲に8の字を描くように回して貼る
内側も同じに
⑤甲～くるぶし～脛をつなげて固定（ヒールロック）
⑥さらに太い包帯で包んで終了

【診察の受け方】

怪我や故障を負った場合、最終的には病院に行ってしっかりした検査を受けることが絶対必要である。

ここではっきりさせておきたいのは、我々は医者ではない、ということだ。どんな知識を持っていようと、しょせん素人が適切な診断を下せるわけがなく、時にそれはたいへん危険でもある。過去様々なスポーツの現場で、自称専門家が見当違いの処置を施し、事態を悪化させてきた例は少なくない。

そういった意味では本書に書かれたものも、これによって自分で診断や治療をするのではなく、あくまで予防のための知識だと考えて欲しい。

■病院の選び方

そこで最終的な手続き、病院へのかかり方だが、これがしかし、案外に難しい。病院と一口に言ってもどこへ行けばこの複雑な症状を解明してもらえるかわからないし、それ以上にクライミングを続けるというライフスタイルを理解してもらうのが難しい。そもそも通常の整形外科というのは日常生活レベルまでの回復が最終目的で、そこで相談しても、そのスポーツを止めなさい、で終わってしまうことが多い。

となると、ここはぜひともスポーツ整形を受診すべきなのだが、これもそのスポーツ、あるいはその症状に精通している所でないと、適切な診断はなかなか下せない。よくあるパターンは、とりあえずX線写真を撮り、なんでもないと言われてそのまま終わってしまうというもの。これは最悪だ。

だからやはりスポーツ選手を多く診ている所、さらにできればクライマーをよく診ている所を探すこと。また、本格的なスポーツ整形になると、肩や膝など、部位によって専門が分かれていることが多く、そうした情報も極力入手・活用するようにしたい。検索については日本スポーツ協会によるスポーツドクターの検索サイトがある。

しかし一方、あそこもダメここもダメと渡り歩いてばかりいたのでは、やはりしっかりした治療を受けることはできない。故障などによるスポーツ障害は治すのに思いのほか時間がかかるのが普通で、そこでものを言うのは、やはり医師との信頼関係だからだ。

またこうした診察を受ける時は、症状や自分がやっていること（クライミング）について、自らしっかり説明をすることも必要だ。次のリハビリの段階も含め、これは実に大切なことだ。

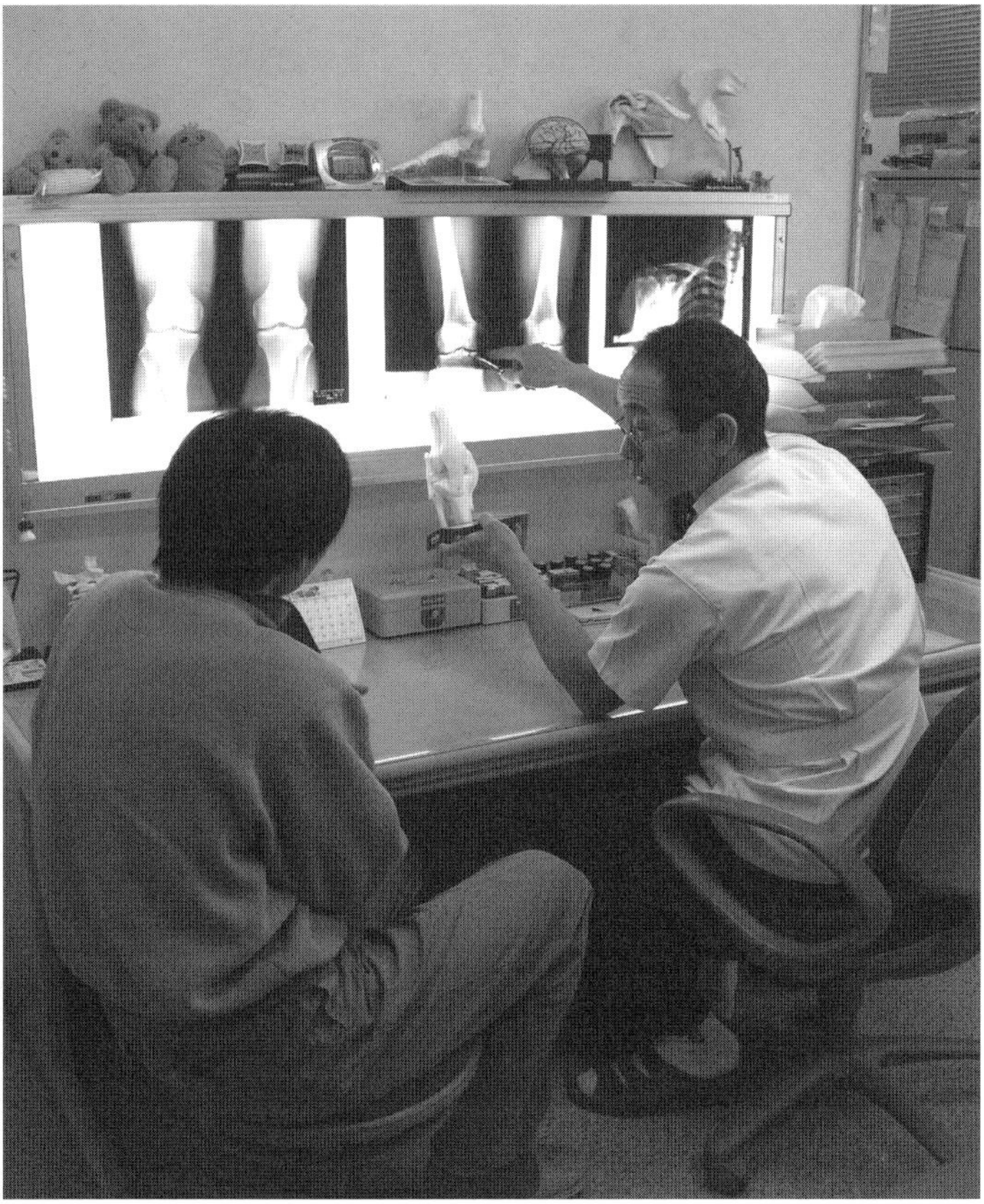

納得のいく診察には、まず医師との細かいコミュニケーションが必要だ

■代替医療について

医者に行っても治らない。筋肉系の故障はそのようなことが多いのだが、そうした時によく聞くのが、鍼、整体、マッサージなどの代替医療だ。

これについてのコメントは難しい。中には一定の科学的根拠を持つものもあり、プラシーボ効果と一言では片づけられないし、実際にそれで治ったという人も少なくない。一方、良いと聞いて行ったのに、一向に良くならない、どころか、かえって悪化させてしまったということも、なくはない。

要するにこうしたものは、同じ施術でも効く場合と効かない場合がある、ということは認識しておくべきだろう。ただ一般論として、整形外科的な処置が必要な症例（骨折や組織損傷、変形性疾患など）には、やはりこれらは限界があるように思える。また、一時的な痛みの軽減だけでなく、長い目で見て本当の治癒に及んでいるのか、という視点を持つこともやはり必要だ。

【リハビリテーション】

リハビリに関して、今は日常生活レベルまでではなく、スポーツリハビリを目的にした施設があるので、極力それを利用するようにしたい。そうしたリハビリではだいたいが個別の運動処方に沿い、復帰に向けて段階的なエクササイズを行なうことになる。おしなべてここでは非常に細かい観察と流動的な対処が必要とされ、そのためにはやはりそのスポーツを熟知した専門的知見が大きくものを言う。

■初期段階

一般的に最初の安静期も昔のような完全固定はあまり行なわず（もちろんその判断はあくまで専門医によるが）、極力動いたり歩いたりして全身の循環機能の促進を図ることが近年は多い。というのは、完全に固定すると周りの筋肉が硬くなったり靭帯が癒着を起こしたりして回復期の障害になるとともに、血行が悪くなることで患部の自然修復を阻害してしまう可能性もあるからだ。ちなみに完全固定では1週間で筋力が20％減少、6週間で関節包が固まり、8週間で靭帯の強度が40％低下すると言われている。

だから今はたいていのリハビリは最初の痛みや腫れが引いてから比較的すぐに（受傷後1～3日程度。重症の場合を除く）始める。

といっても無理やり患部を動かすということはもちろん行なわない。まず最初に他動的運動による軽い可動域訓練から行なう。これには、①関節包の癒着を防ぐ、②関節液の産生を促す、③細胞の治癒を早める、④協調性を維持する、などの理由がある。

■回復期

ある程度の回復が認められたら、今度はできるだけ自分の力で能動的な屈伸を行なうようにする。その強度に関しては、骨なら骨の20％が強度的に回復したら運動強度も20％にする、50％回復したら運動強度も50％にする、というのが原則である。

また能動的運動ができるようになるに従い、それまで患部に負荷をかけていた全身の他の部分（インナーマッスルや体全体の動きの悪さなど）を矯正するようなエクササイズも適宜に取り入れられる。

患部の治癒期間は、筋肉（軽症）で2～4週間程度、骨折は4～8週間、血行が少ない靭帯はそれよりやや遅く、まったくない軟骨はさらに遅いとされている。

表1. 受傷から復帰への経緯

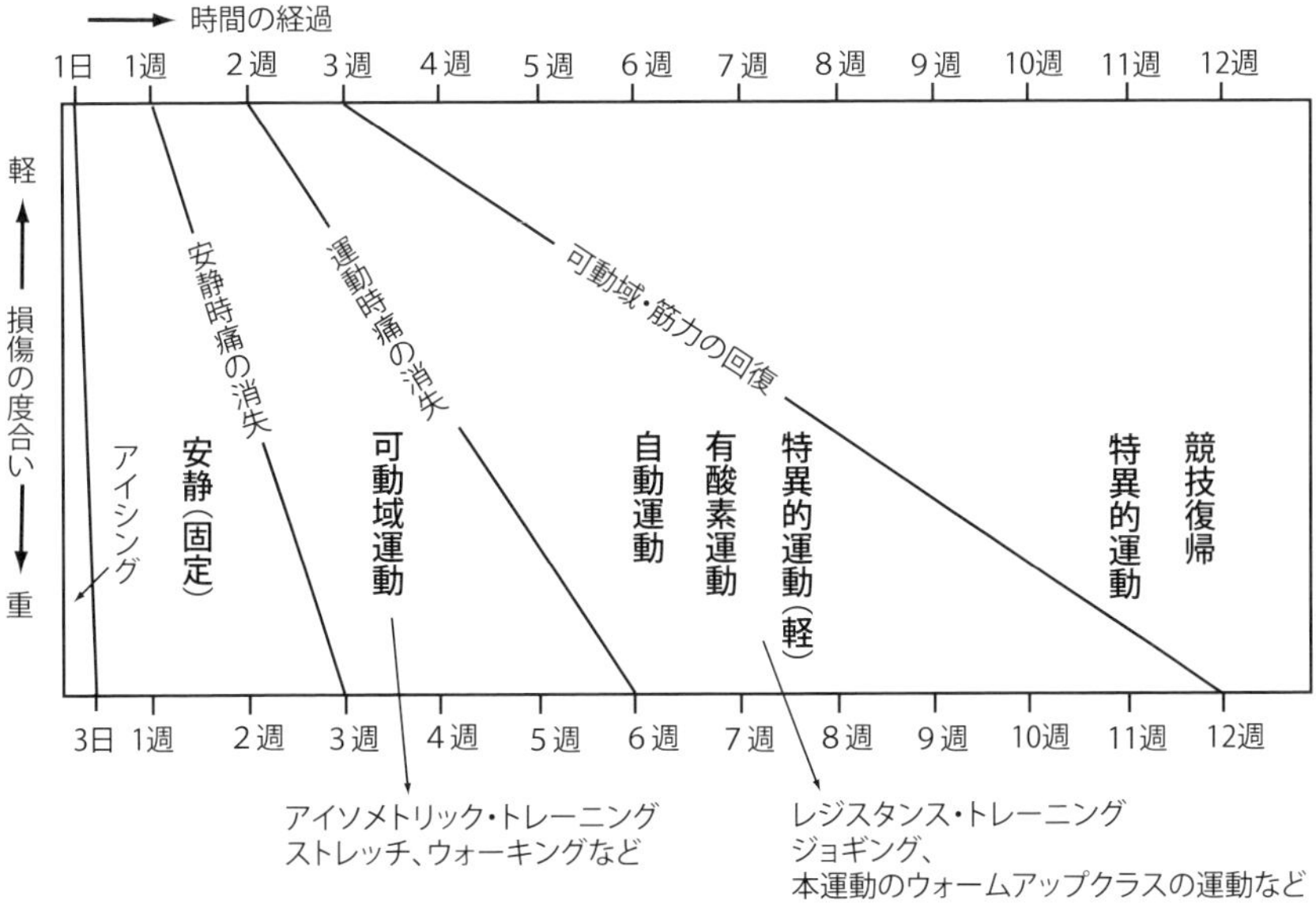

■復帰

損傷を負った後、完全治癒後は弱くなった患部を再強化する、と一般的には考えがちだが、これは個人的な経験ではあまり推奨されたことはないし、自分自身の感覚でもどうかと思う。というのは、やはりこの段階でそれをやるとどうしても無理がかかり、再び同じ所を傷めてしまうケースの方が多いように思うからだ。

トレーニング再開にあたっては、むしろ全身の協調性を高めることで患部が自然に戻っていくことを主に考えた方が良いように思う。そもそも体はそれぞれの部位が独立して働いているわけではなく、全体でフォローしあって動いている。それをイメージし、損傷箇所以上に体全体のレベルアップを目指していった方が良いだろう。

また、局所的な強負荷を強いるクライミングからは長期離れなければならないような場合も、有酸素運動など他の部位を補うような運動をしておくことは大いに勧められるところである。

コラム・受傷から回復への過程

故障した時はまず何をおいてもこれを治したいと思う。そして治ったら、今度はこれによって被ったレベルダウンが気になって仕方なくなる。痛みで苦しんでいた時に比べたら贅沢にも思える話だが、しかしそのように回復するにつれ心境が変化していくのは自然なことだ。

で、焦ることになるのだが、しかしこうしたレベルダウンは実際はさほど気にする必要はない。現実的にも故障でリタイアしていたスポーツ選手（もちろんクライマーも含む）が復帰するやいなやすぐに元のレベルに戻り、何事もなかったかのようなパフォーマンスを披露することは珍しくない。

もちろんこうしたことには本人の人知れずの努力もあるのだろうが、しかし理由はそれだけではない。実は筋肉というものは一時的に活動を休んで萎縮してしまっても、再開すればすぐ元通りになるようにできているのである。

その理由は、もともと筋線維がトレーニングによって増加・肥大するのは、筋細胞に付随するサテライト細胞というものが運動刺激によって筋細胞に取り込まれ、細胞核とタンパク質の合成を増加させるというメカニズムによる。

そして一度この細胞核ができあがる（増加する）と、活動休止によって筋肉が委縮しても、刺激（トレーニング）の再開で速やかに筋肥大がもたらされる。これをマッスルメモリー（筋メモリー細胞）といい、この働きによって、活動再開後は以前よりスムーズに筋肉が育ち、すぐに前のレベルに戻ることができる。これは医学的にも明らかにされていることなのである。

だから、たとえ故障しても筋肉の衰退に関して悩む必要はあまりない。むしろ敵はこの「焦り」である。だいたい故障というものは故障するなりの理由——体の悪い動き、悪い取り組み方など——があるからするのであって、ある意味ではこうした故障やそれに伴う治療、リハビリなどは、それらを知り、矯正するという意味で、時に我々にプラスなものでもある。普段はまずやらないフォームの改善などに取り組んでみるのも、まさにこの時こそがチャンスというものだ。

逆にこうしたことをやらず、また同じ失敗を繰り返すというような人も、実際のところ少なくない。それは先に挙げた「焦り」が最大の要因でもあるわけだが、クライミングが基本的に自分をコントロールするスポーツであるということを思えば、この部分でのコントロール能力もまた、クライミングの実力と言うこともできる。それにそもそもクライミングで故障するのは珍しいことではない。そこで終わってしまうのか、あるいはそれを糧にさらにレベルの高いクライマーになれるかは、まさにその人にかかっていると言って良いだろう。

第2部　メディカルケア編

頭・首

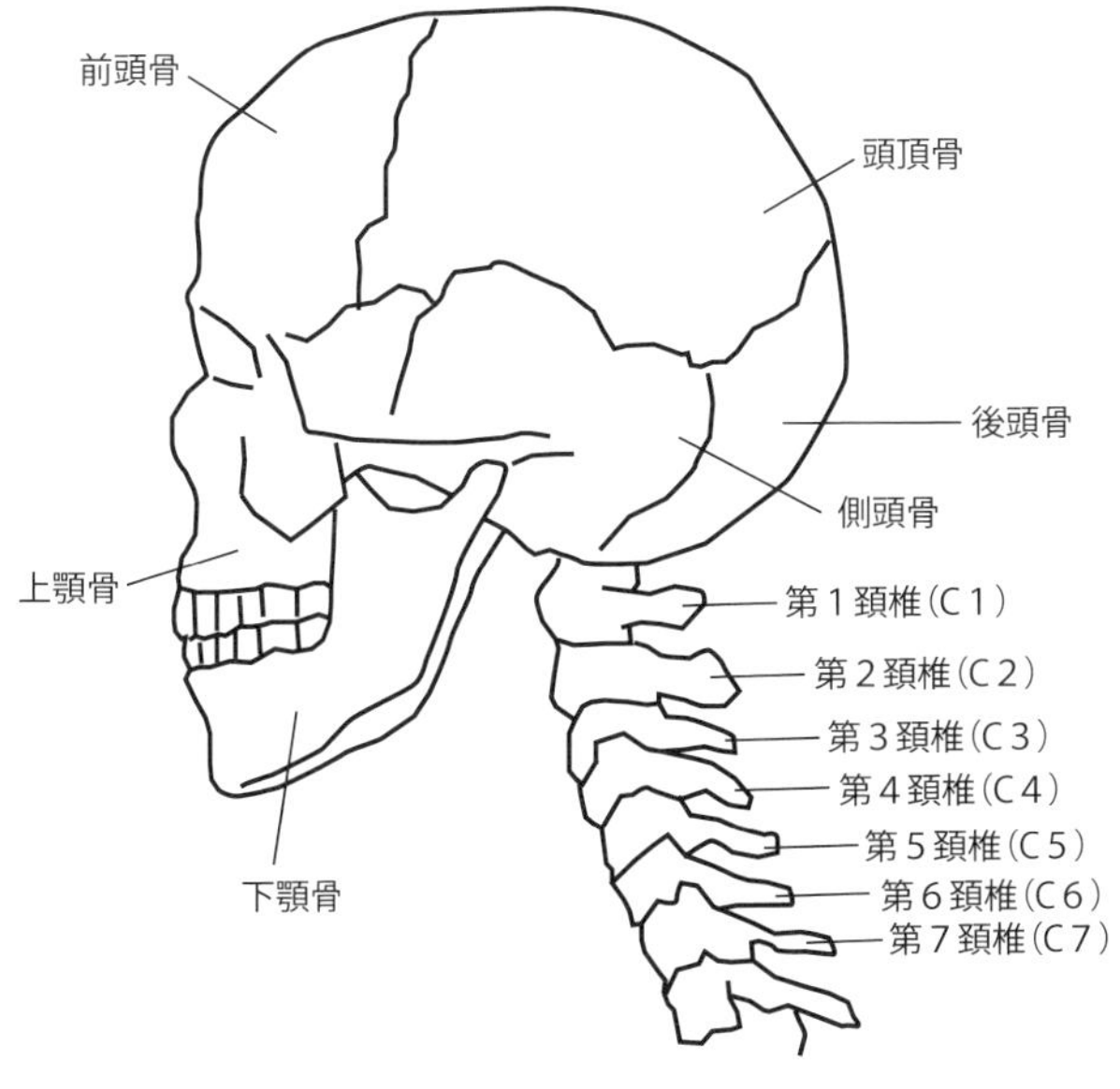

【頭部の障害】

頭部に外傷または衝撃を受けると、裂創、皮下出血など、目に見える傷の他にも、頭蓋骨骨折、脳振盪、脳挫傷、さらには外傷性の頭蓋内出血、脳出血、くも膜下出血、硬膜下血腫、硬膜外血腫などを発症することがある。

こうした頭部への外圧に、近年、スポーツの世界では非常に神経を尖らせている。かつては頭などを強打しても意識があれば良しとしていた（〝単なる脳振盪〟とすら表現したものだ）ものを、最近ではただちに活動停止、医療検査へと向かわせる。またそれ以上に、頭を強打するような行為（ヘディングや激しいタックル、ボクシングなど）を、未成年には禁止するような国も増えてきている。それはこうした衝撃は脳に将来的な影響も及ぼすことが徐々に明らかになってきたためだ。

いずれにしても頭部外傷を受けた後は安易には捉えずに、慎重な経過観察と安静が必要である。

■脳振盪

このうち脳振盪は頭部に衝撃を受けた直後に一過性の意識喪失・記憶喪失を発症するもので、脳の一時的な機能停止または一部損傷や微少出血を受けた病態をいう。これは脳が衝撃によって揺さぶられるために生じるとされ、損傷部位が特定できない軽度の外傷性脳損傷と分類される。6時間以上の意識障害に至った場合は、びまん性軸索損傷と診断される。

症状として典型的なのは意識状態の変化だが、実際はきわめて多彩な症状をきたすため、脳振盪であることを見逃してしまうこともある。受傷直後に症状が出ることもあれば、少し時間が経過してから出現することもある。また、直接頭を打たなくても、例えばボルダリングの着地転倒などで頭が大きく揺さぶられた場合でも受傷し得る。

だいたいの目安として、表情が虚ろ、見当識（ここはどこか、今日は何月何日か、どうしてここにいるのかなど）の不調、記憶障害、ふらつき、頭痛や吐き気などの症状が現れた場合は脳振盪を疑い、慎重に対応する必要がある。対処は安静が原則だ。

なお、脳振盪は一過性の脳機能障害だが、繰り返すほど症状は重くなる。特に1週間以内に複数回の脳振盪をきたすと、致命的な脳浮腫を生じることがあり、死亡率は3割近くに達する。これをセカンド・インパクト症候群と言い、かなり深刻なものである。

クラッククライミングは脚をロープに絡めやすく、
墜落時に頭をぶつける事故も多い

図１．ロープを脚に絡めた時の
頭部強打の様子

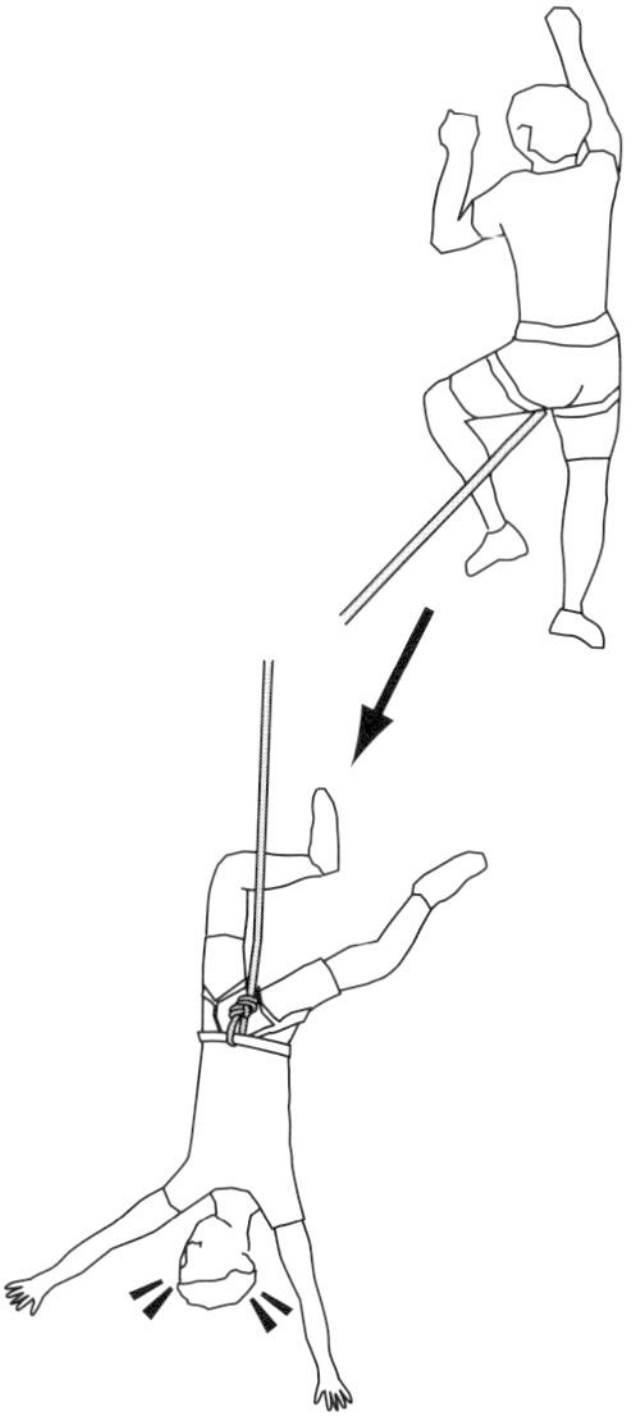

このため、初回脳振盪発症後、すぐに活動を始めて良いのは、意識消失がなく、意識の混乱が15分未満であった時のみとし、それ以外は程度によって2週間以上の安静を要する。さらにこうした脳振盪を繰り返すと将来になって様々なダメージが出てくる可能性も指摘されている。

■予防と対策

クライミングで頭を打つ状況というのは、そのほとんどはリード中の墜落による壁への激突である。特に上図のようにロープを脚に絡めていた場合、足をすくわれて体が反転し、後頭部〜側頭部を強打してしまうことが多い。

まず原則は、どんなルート、どんな場合でも、コントロールを利かせた状態ですべてを行なうことだ。クライミングの危険性をよく知り、何より安全管理に努める必要がある。またこうしたことが予想されるルート（クラックやランナウトするルートなど）ではヘルメットをかぶることが、今やどこの岩場でも常識になっていることも言い添えておきたい。

【首の障害】

クライミングで首の怪我というのはあまりないものだが、近年はこの部位の障害が意外と増えている。ここには腕～指の運動をつかさどる神経が通っているので要注意だ。

■頚椎ヘルニア

ビレイ中にずっと上を見続けているためになるもので、要は腰の椎間板ヘルニアの首版である。

病態としては腰でのそれと同じく、頚椎椎間板の中心にある髄核が周囲の線維輪を破って突出する。その程度は、内側の一部を破って線維輪が突出するものから、完全に椎間板の外に出てしまうものまで様々である。

初期症状は髄核が組織外に出たがための炎症で、頚部後方や肩甲部の痛みとして現れることが多い。さらに症状が進むと、突出した髄核が脊髄や神経根を圧迫することになる。

また、こうした髄核の突出（ヘルニア）だけでなく、加齢変成によって椎体そのものが一部飛び出して同様に神経根を圧迫することもある。これは頚椎神経根症と診断され、クライマーの受傷例としてはヘルニアよりむしろこちらの方が多いようにも推測される。この場合の原因は上を見続ける姿勢だけでなく、加齢にさらに急性の負荷（ボルダーでの背中落ち、ガッツンビレイでの壁への激突など）が加わったことが引き金になることが多い。

いずれの場合も症状は、肩や腕、前腕、手指の痛みとシビレ、上肢筋力の低下など。なお、クライマーにとって恐ろしいのは、こうした手などの麻痺はまったく突然現れることがあるということだ。ホールドを握った指の力が突然抜けてしまうという報告もある。症状がさらに進めば脊髄神経そのものに圧迫をきたし、脚、足のシビレ、歩行障害や排尿障害に至ることもある。

治療は筋力の低下をきたさない場合はほとんど安静、投薬で処置されるが、症状の軽減には2～3カ月を要することが多い。しかし半年以上症状が軽減しない場合や筋力低下をきたす場合、脊髄症状（下肢の麻痺など）をきたす場合は手術になることもある。

予防としてはビレイグラス（写真）の使用などが推奨される。

■ムチ打ち

自動車事故などで有名な「ムチ打ち」は、クライミングでも起こり得る。それはボルダリングでの着地や、リード

上を見続けてのビレイは確かに首への負担が大きい

ビレイグラス

図1. 首からの神経痛の症状

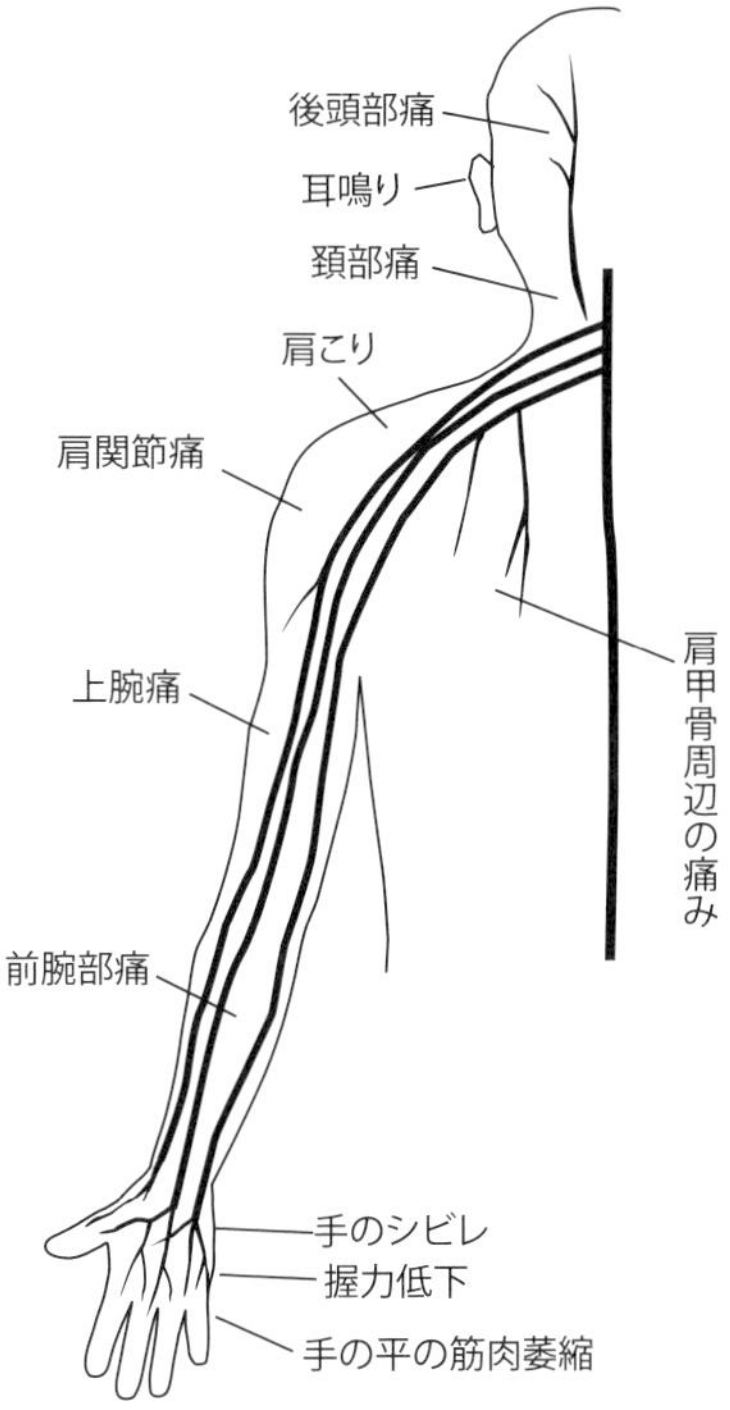

中のフォールで強く壁に叩きつけられた時（主にガッツンビレイ）などだ。

原因は強い衝撃で頭部と胴体が異なる向きへの動きを強いられたためだが、周知されているようにこれは俗称である。正式には外傷性頸部症候群、または頸椎捻挫という。

靭帯や筋肉などの障害のため、X線検査などでは診断しづらい。また、受傷したその日はほとんど症状がなく、翌日あたりから様々な症状が出現することも多い。

主な症状は、首・背中・肩のこりや痛み、耳鳴り、頭痛、めまい、吐き気、食欲不振など。神経根を損傷した場合は腕の痛みや麻痺なども起こり得る。また、同時に頭部にも強い衝撃（揺れ）を受けるため、前項脳振盪に準ずる障害を発症する場合もある。

治療としては多くの場合、首を固定するカラーキーパーを着用して安静2〜3週間。痛みの軽減のため、温熱療法やマッサージ、湿布や筋弛緩剤などを用いることもある。

治療例

症例①（51歳、男）

症状＝長時間ビレイの約2時間後に、左頚部から肩甲部に焼け付くような疼痛を感じた。翌日左肘の伸展力、肩の内転力低下、人指し指と中指の感覚低下を自覚した。

診断＝検査の結果、左第7頚椎神経根症状が見られた。ＭＲＩにてＣ６／７左の頚椎椎間板ヘルニアと診断。

処置＝非ステロイド系抗炎症剤の服用、頚椎カラー固定を1カ月行なう。

経過＝徐々に疼痛は軽減。筋力は半年ほどでほぼ回復した。


症例②（38歳、男、クライミング歴15年）

症状＝2週間前から仕事中（デスクワーク）も夜くつろいでいる時も右の頚部から肩甲骨内側に鈍痛があった。ジムで登った夜、痛みが激しくなり、上腕背側から手の甲にかけてしびれるようになった。首を反らしても右に傾けても、肩甲帯から右腕全体に疼痛が走る。翌日には手に力が入らなくなり受診。

診断＝Ｘ線写真上は首の前倒れはあるが変形性変化は認められない。後日、ＭＲＩにて第５／第６頚椎間の椎間板ヘルニアと診断。

処置＝脊髄への圧迫は軽く、末梢神経障害（第６頚椎神経領域の疼痛、シビレ、不全麻痺）のみであったので、安静（頚椎カラーの使用、睡眠時間の確保など）と投薬を行なう。

経過＝急性期のひどい痛みは3週間くらいで改善。しかし、肩甲帯の軽度鈍痛と手のシビレは半年続いた。クライミングは3カ月休んだ。

症例③（31歳、男）
スキーで転倒し、頚部の脊髄損傷に陥った。脊髄損傷といっても中心性の軽いものであるが、この時、尺骨神経と同じ領域の運動麻痺を経験した。打撲や骨折による局所の痛みではなく、中枢神経系の、えもいわれぬような激しい四肢の痛みと軽い四肢麻痺が2週間続いた。のち、それが治まってからも両手の尺骨神経領域の運動麻痺が残った。これは、回復に約1年を要した。

肩

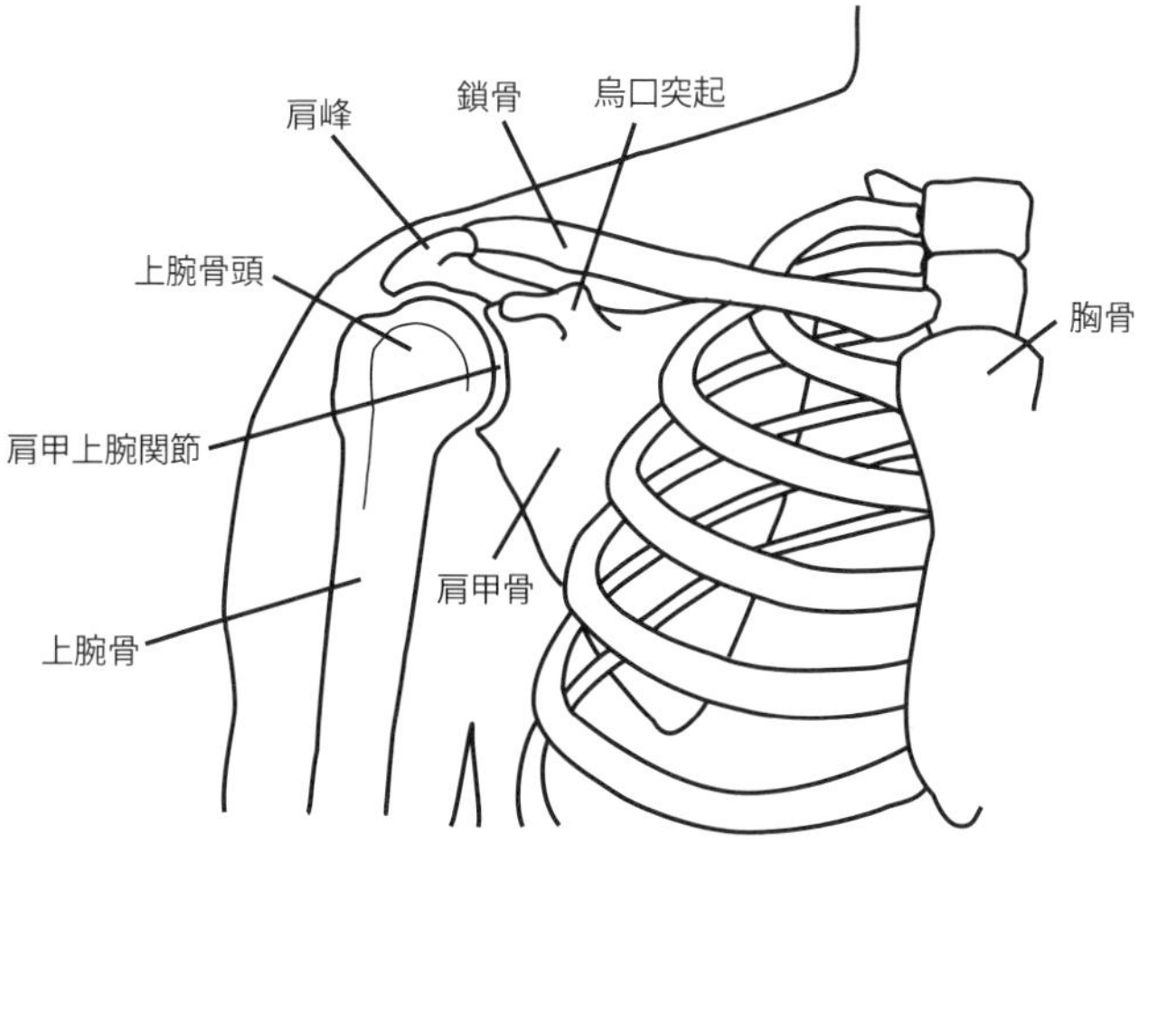

【肩関節のしくみ】

肩関節の最大の特徴は、まずなんといっても360度、あらゆる方向に動くということだ。おおよそ人の関節の中でここまで可動域の広い関節は他になく、そういった意味で肩というのは実に例外的な関節だと言える。

肩がこのように自由に動く理由は、簡単に言えば関節のすり鉢状の部分（肩甲骨関節窩）が小さく、骨格的な制限が比較的少ないからだ。実際、この肩甲骨関節窩の面積は上腕骨頭関節面の25〜30％程度しかなく、上腕骨はすり鉢に収まっているというより、ほとんど横に付いた状態と言っても良いほどなのである（前ページ図）。

だから肩は、自由度が高いと同時にきわめて不安定な関節なのだとも言える。クライマーにおける障害も、近年目立って増えてきている。

■インナーマッスルの存在

ではこれがさまざまな運動の中でどのように安定性を保っているかというと、通常なら靭帯がその役割を果たす。筈なのだが、肩ではこれがまた意外に少ない（図1）。そのかわりにここには「腱板」と呼ばれる深層筋肉群、すなわち棘下筋、棘上筋、小円筋、肩甲下筋などのインナーマッスルがあって、これを支えている（図2）。

その様相はちょうど手の指で上腕骨頭を包み込むように握っているようなもので、この筋肉の存在が肩関節に安定をもたらしているのである（図3）。

■肩関節と肩甲骨の働き

肩関節の特徴としてもう一つ注意しておきたいのは、骨格的に「肩関節」とされるものは、単に上腕の付け根の部分（肩甲上腕関節）だけを指すのではない。実際の「肩関節」は、肩鎖関節、胸鎖関節など周囲の5つの小関節からなっている（図4）。そしてこれらが複雑かつ連鎖的に動くことで、あのような自由な動きが可能になっているのである。

具体的には腕を下から上まで上げる場合、いわゆる肩（肩甲上腕）関節が一般の関節のように二次元的な動きでこれを受け持つのは約半分までで、それ以後は上腕骨や肩甲骨の回転などによって完遂されるようになっている（図5、および119ページ図）。これに上記インナーマッスルや外側筋肉群の働きが複雑に加わり、肩は完全な動きを可能にしている。肩の運動にはそれらすべてがバランスよく働いていることが重要なのである。

何気ないムーブでも肩には思いのほか大きな負担がかかっている

図1. 肩周辺の靭帯

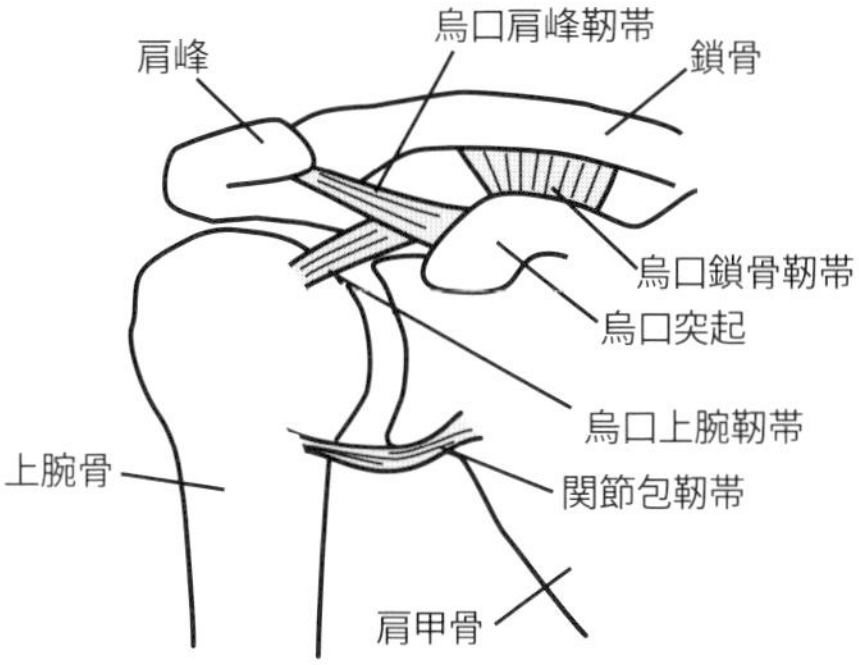

図2. 肩周辺の筋肉（背面）

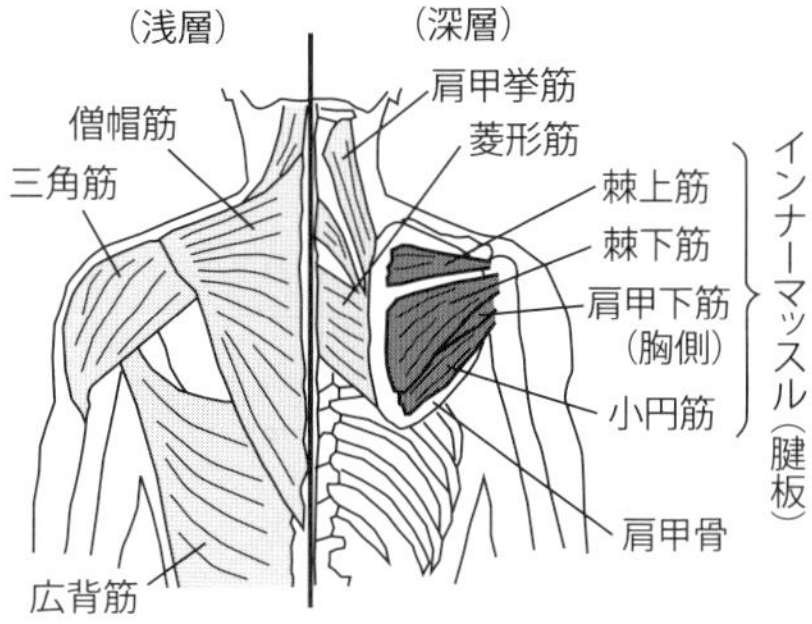

図3. インナーマッスルの働き

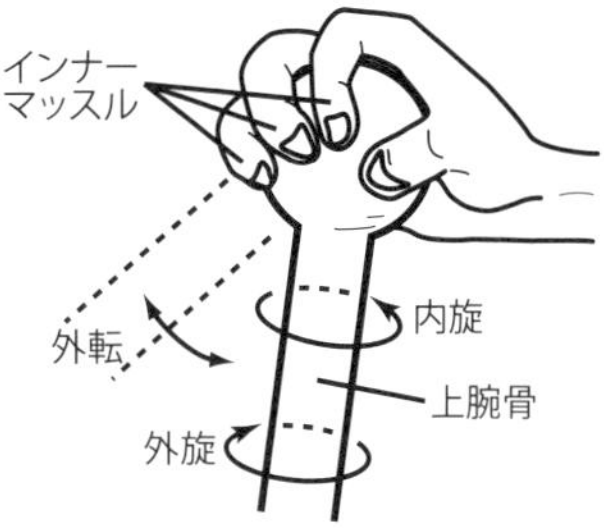

図4. 肩周辺の関節

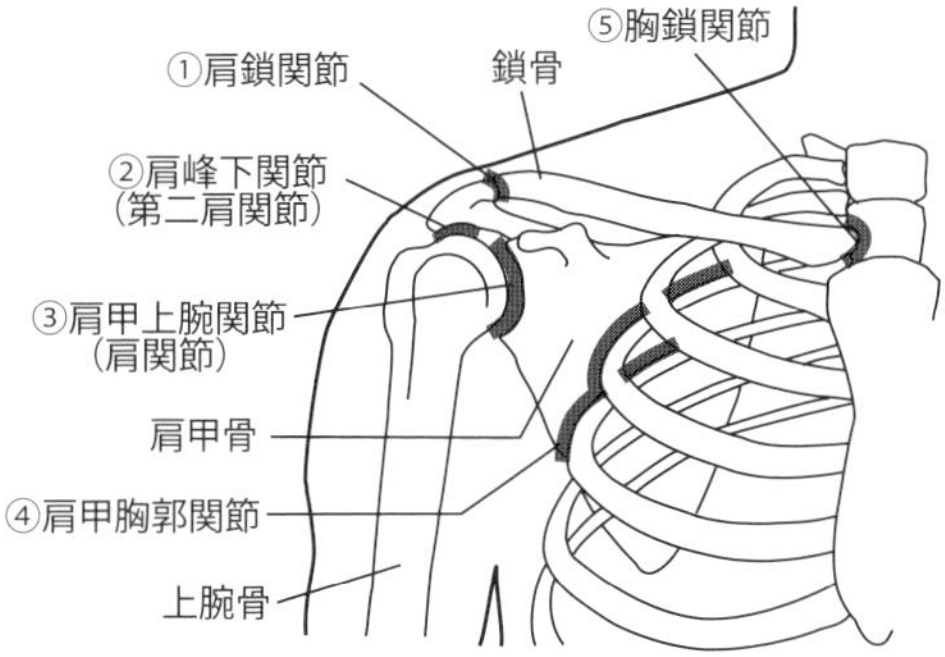

図5. 上腕挙上のメカニズム

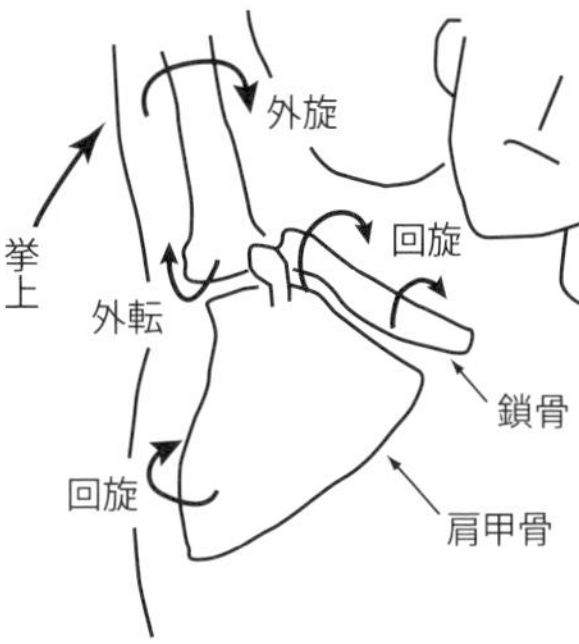

【肩の障害① 腱板損傷、他】

クライマーで肩の慢性的な痛みに悩まされている人は多い。これはある程度は加齢が要因の一つではあるが、病態としては以下のようなものがある。いずれも3週間以上の肩の痛みや腕の拳上困難が続くようなら正確な診断がぜひとも求められるところだ。

■腱板損傷

急激、あるいは慢性的なストレスで腱板が炎症を起こしたり断裂をするもの。炎症にとどまった状態は腱板炎（肩関節周囲炎）とも呼ばれ、クライマーの肩痛では最も多い（主に棘上筋。野球などでは棘下筋が多い）。

原因は主にオーバーユースだが、肩甲骨の動きが悪いために肩関節周辺に余計な負荷をかけているのが受傷の引き金となる場合が多い。初期は腱と骨の接合部での変性で、これが進むと損傷、断裂に至る（図1）。症状としては拳上困難、疼痛、礫音、ロッキングなど。ひどい時は腫張も伴う。

処置は急性期はアイシング（1日3回程度）。その後は1～3カ月程度の安静だが、軽症ならヒアルロン酸の投与である程度の痛みは取れる。しかし重度の損傷や断裂だと手術を要する。

■インピンジメント症候群

肩の上腕骨頭を覆う軟部組織（棘上筋、肩峰下滑液包、二頭筋腱）が、その上の烏口肩峰アーチ（烏口突起、肩峰突起、烏口肩峰靭帯からなる）に挟み込まれる（インピンジメントされる）ことによって起こる疼痛のこと。

腱板の弱化や肩甲骨の稼働不全などで上腕骨がアンバランスに上に引き上げられることで起こるもので（図2）、上記腱板炎や滑液包炎に結びつくこともある。

■上腕二頭筋長頭腱炎

上腕二頭筋は末端が2つに分かれ、長い方が上腕肩甲関節の中に入り込んで関節唇につながっている（図3）。これによって肩甲上腕関節は安定を保っているのだが、この腱の周囲は上腕の運動に伴って痛めやすい。痛みは肩の外側～前側に顕著に出る（棘上筋損傷の場合は主に外側上部）。

多くは筋肉の炎症程度。筋膜損傷もあるが、上腕二頭筋腱そのものの断裂もあり得る。その場合、筋肉が収縮して顕著な筋肉瘤を作るが、筋力自体は意外と低下しない。また筋肉には感覚神経が乏しいため、放置してしまうこ

このように肩を入れるムーブは特に関節に悪い

図1．腱板炎の様々な段階

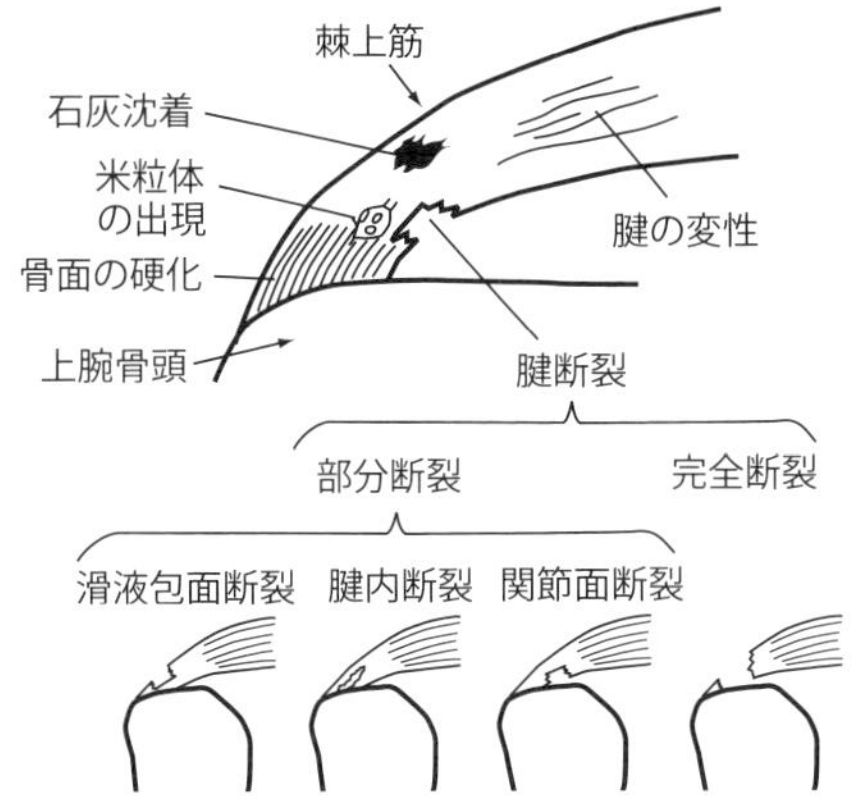

図2．インピンジメント症候群

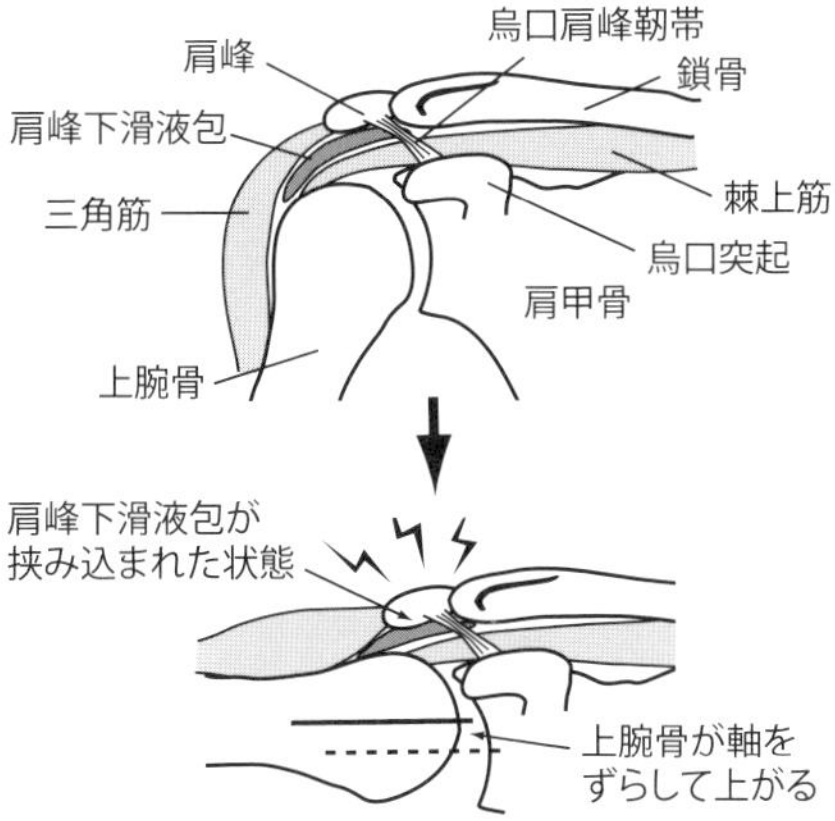

図3．上腕二頭筋の走行図

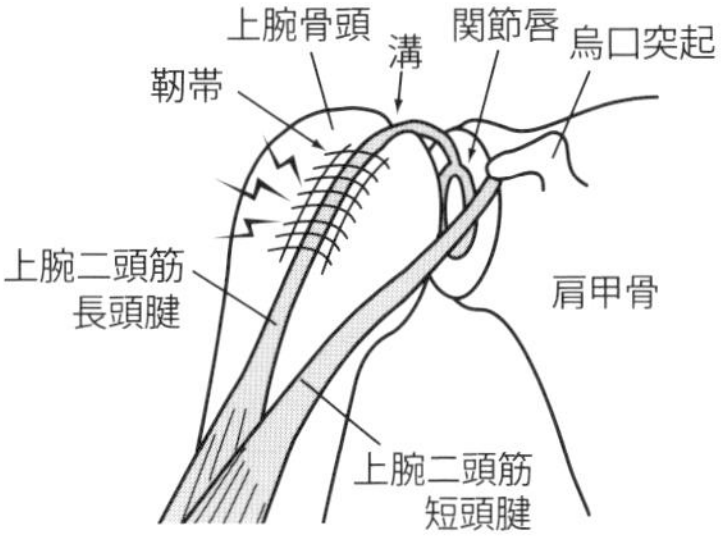

とも多い。だがいずれ腱板炎や変形性肩関節症になり得るのでしっかりした対処はやはり必要である。

■変形性肩関節症

他の変形性関節症と同じく、加齢や腱板などの弱化によって軟骨がすり減り、関節面がガタガタになったり両サイドに棘状変性が現れたりする。他の関節に比べると肩のそれは元来少ないものだが、この10年間くらいでクライマーにこの疾患は多くなった。しかも発症するのが非常に早期化（若年化）しているのも大きな特徴だ。

とはいえこの疾患に関してはクライマーの場合、なぜか一般の人のそれとは違い、肩峰下のスペースが保たれているケースが多い。よって原因は腱板機能不全よりも関節不安定性によるところが大きいようにも推測される。

ただし一度罹患してしまうと、完治は難しい。コントロールを利かせた取り組み方とコンディショニングに努めることで悪化を避けるようにしたい。

【肩の障害② 脱臼、他】

■脱臼

肩の脱臼は肩（肩甲上腕）関節脱臼と肩鎖関節脱臼の2種類がある（図1）。いずれもコンタクトスポーツでは多いものだが、クライミングでは比較的少ない。とはいえ、これも肩を酷使する競技ゆえ、自重負荷で起こす例もなくはない。特に肩甲上腕関節脱臼は腕が上に伸びた状態で強い衝撃を受けると起こしやすく、例えば片手でぶら下がって足を滑らせた時などによく受傷する。伸びた腕がテコの働きをして上腕骨を肩甲骨関節窩から押し出してしまうからだが、その場合ほとんどが前方離脱である（図1右上）。

完全脱臼と亜脱臼があり、亜脱臼の場合は見落としやすい。しかし肩峰が突出する、肩前面が妙に膨らむ、腕が動かせない、圧痛と皮膚の変色がある、などの症状があったら受傷の可能性は高い。また、すぐに元の位置に収められたとしても、これらは同時に関節面の骨欠損や、靭帯、関節包、腱板、関節唇などの損傷を伴っていることが多い。医療機関への受診は絶対だ。

緊急時の修復方法は図2の通りだが、これらは神経、血管などを傷めることがあるので慎重に。予防には周囲の筋肉の強化がとりあえず大切だ。

■関節唇損傷

関節唇とは関節窩にリングのようについた線維性の軟骨で、関節の安定性を高めると同時にクッションの役割も果たしている。肩の場合、肩甲骨関節窩に皿状についており、そこから上腕二頭筋長頭腱がのびている（図3）。

これは通常は骨にしっかり付着しているが、脱臼・亜脱臼や上腕筋の強い引っ張りで損傷・剥離することがある。クライミングでは外引き（ガストン）で固定した肩にさらに引きつけの力を入れたり、スリップして不意な外力が加わったりした際に受傷しやすい。

症状は肩の不安定感で、受傷時同様の動きで肩が外れる感じや疼痛を生じる。重度だと安静時痛もあり、寝ていても腕が抜けていくような感じに襲われる。スポーツ障害としてはかなり深刻ながら比較的稀なものだが、クライマーの間では実はこれは近年目立って増えてきているという報告がある。

軽いもの（損傷程度）なら回旋筋群（インナーマッスル）のトレーニングで改善する場合もあるが、基本、一度剥がれた関節唇が自然に治ることはない。剥離の場合は手術が必要となる。

図1. 肩脱臼の種類

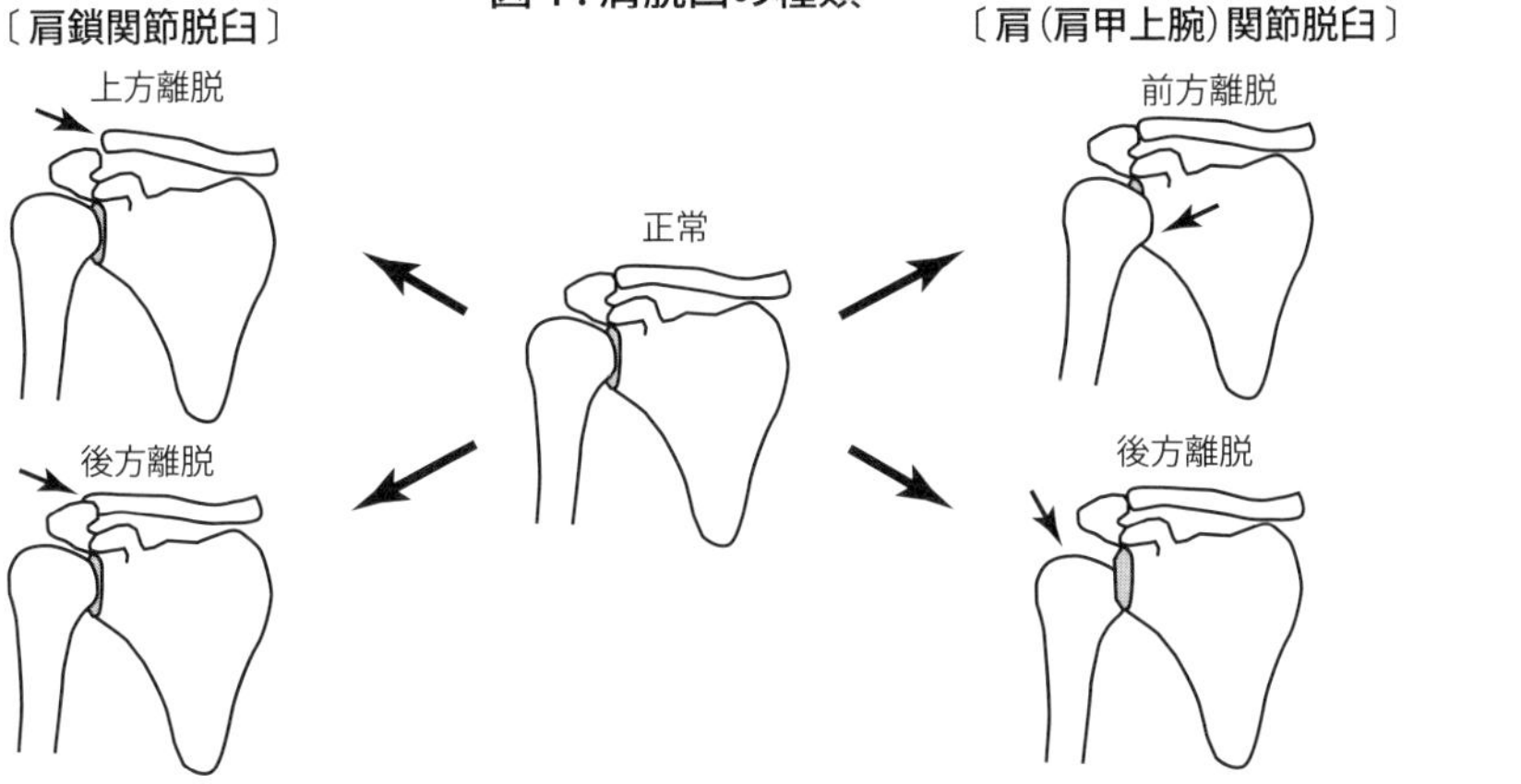

図2. 肩脱臼修復の方法

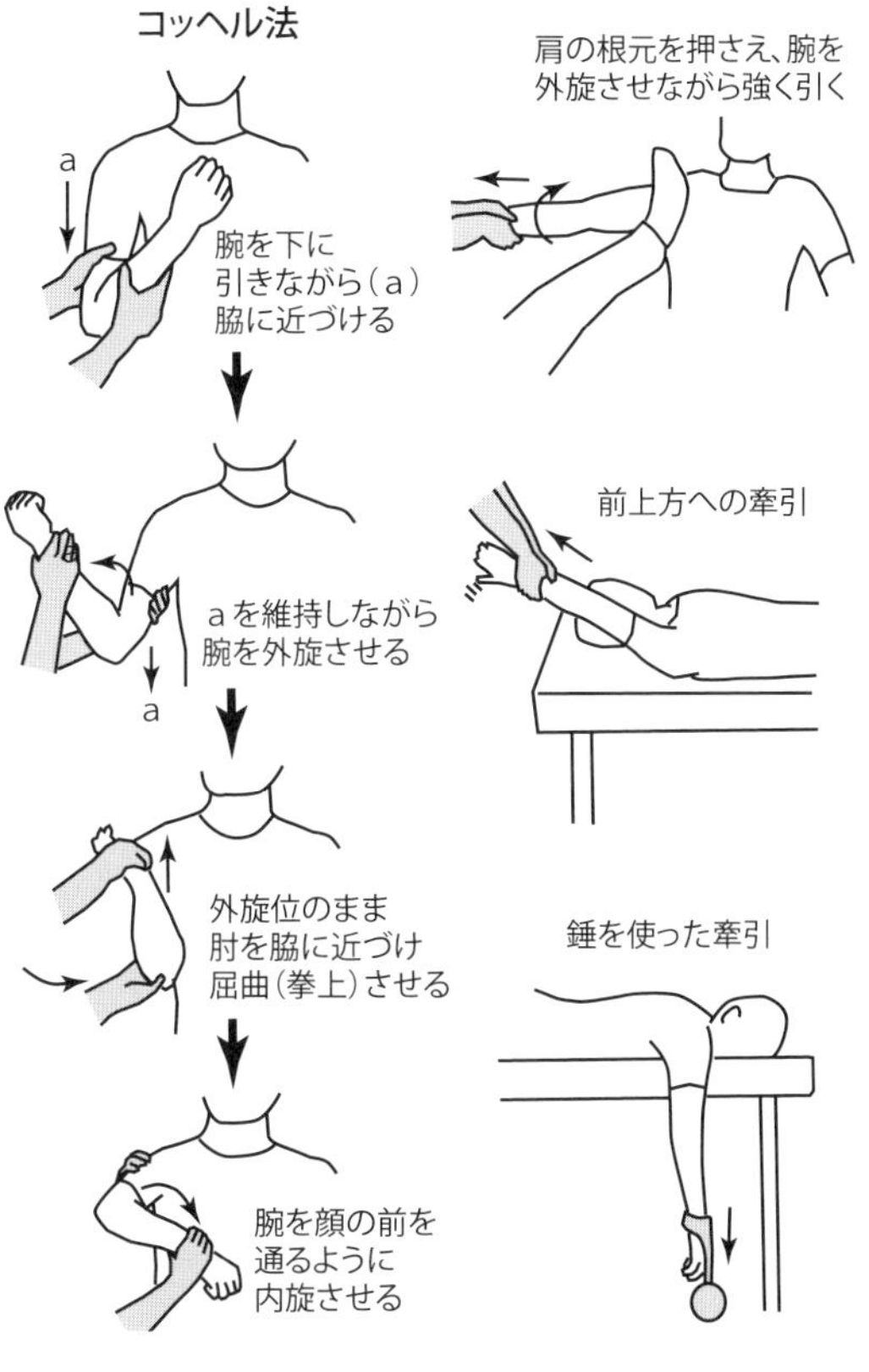

図3. 肩の関節唇

（肩甲骨関節窩を
外側から見たところ）

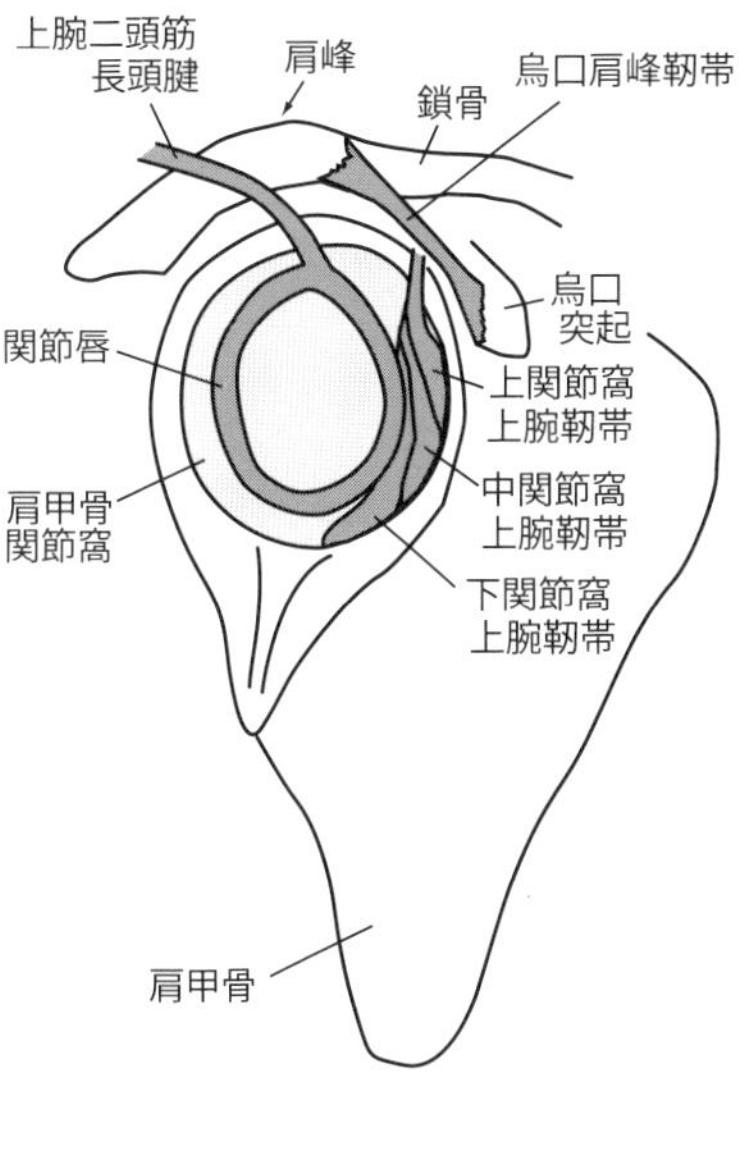

【肩のケア①ストレッチ】

これまで述べたように複雑で繊細な肩を健康に保つには、まずは肩関節の可動域を正常に保つことが重要だ。が、ここで注意したいのは、何度も触れるように、肩の動きは肩甲上腕関節だけで成り立っているのではない、ということだ。重要なのは肩甲骨の働きである。例えば腕を真上に上げる場合、肩甲上腕関節：肩甲骨＝２：１の割合でこれを受け持っている（図1）。

しかし一般に「肩のストレッチ」と言った時、この肩甲骨のそれは忘れられることが多く、しかもこの部位は非常に硬化しやすい。そして肩甲骨が充分に動かないまま肩甲上腕関節だけを過度にストレッチしたりすると、逆に関節や腱板などに大きな負荷をかけてしまう。

また、こうした肩周辺の筋肉の硬化は、いわゆる「巻き込み肩」にも結びつく。特にクライミングのような上腕の引き付けを多用するような運動では肩が前に出やすい。そしてこうなると、例えば腕を横に出すような動作（外転）だけでも普通の人より肩関節に余分にストレスを加えてしまう（図2）。

以上のことから、肩の可動域を正常に保つには、何より肩甲骨の動きを良くすること。そしていわゆる「巻き込み肩」を治すことが大切だ。

■肩甲骨のストレッチ

肩甲骨には、前・後、上・下、回外・回内の6方向の動きがある。それをまず理解する。

そしてそれに即して各プログラムを行なうわけだが、この時注意したいのは、その動きを他の部分で補填しないようにするということだ。よくあるのが前後の動きを行ないたい時に、肩をいからせて（上げて）しまうこと。こうなると肩甲骨は前後に上手く動かず、肩甲上腕関節が主に動いてしまう。また上腕骨を上に上げる時も、上体を横に傾けてしまうと、肩甲骨はほとんど動かない。すべてのストレッチに言えることだが、やはり動かすものとその方向を明確にし、それに即したやり方を正確に行なうことが大切だ。

また、肩甲骨のストレッチは最近流行りといえば流行りでいろいろな方法が示されているが、ここが既に固まってしまっている状態（クライマーには多い）では肩甲上腕関節のみに負荷をかけてしまうものも少なくない。自分の肩の状態を見極め、それに応じた段階のものを選ぶことが必要だ。

図2. 腕外転(90°)時の様子

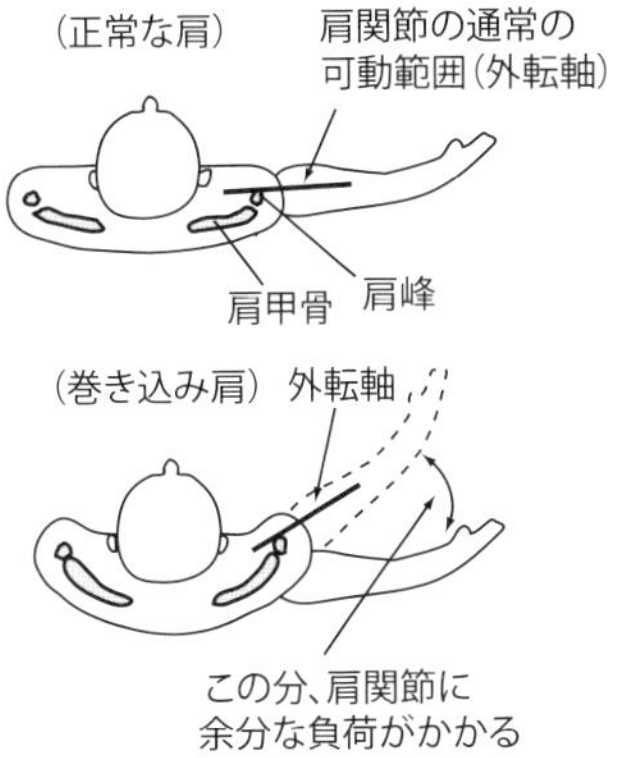

図1. 上腕挙上時の肩甲骨の動き

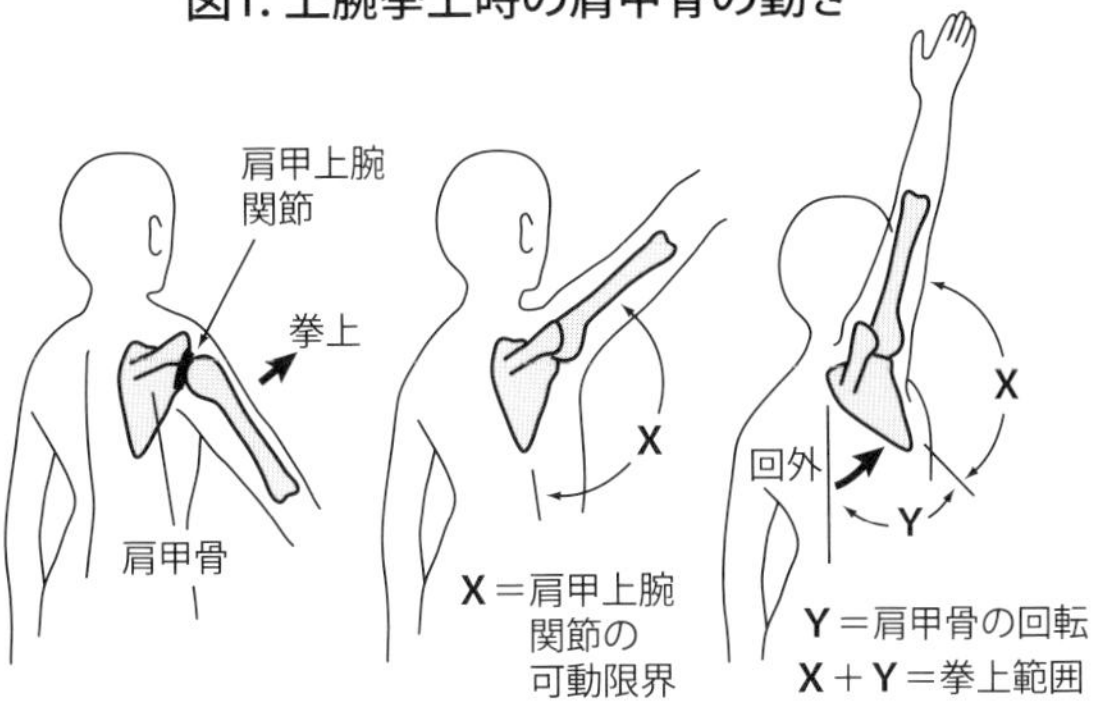

図3. 肩甲骨のストレッチ

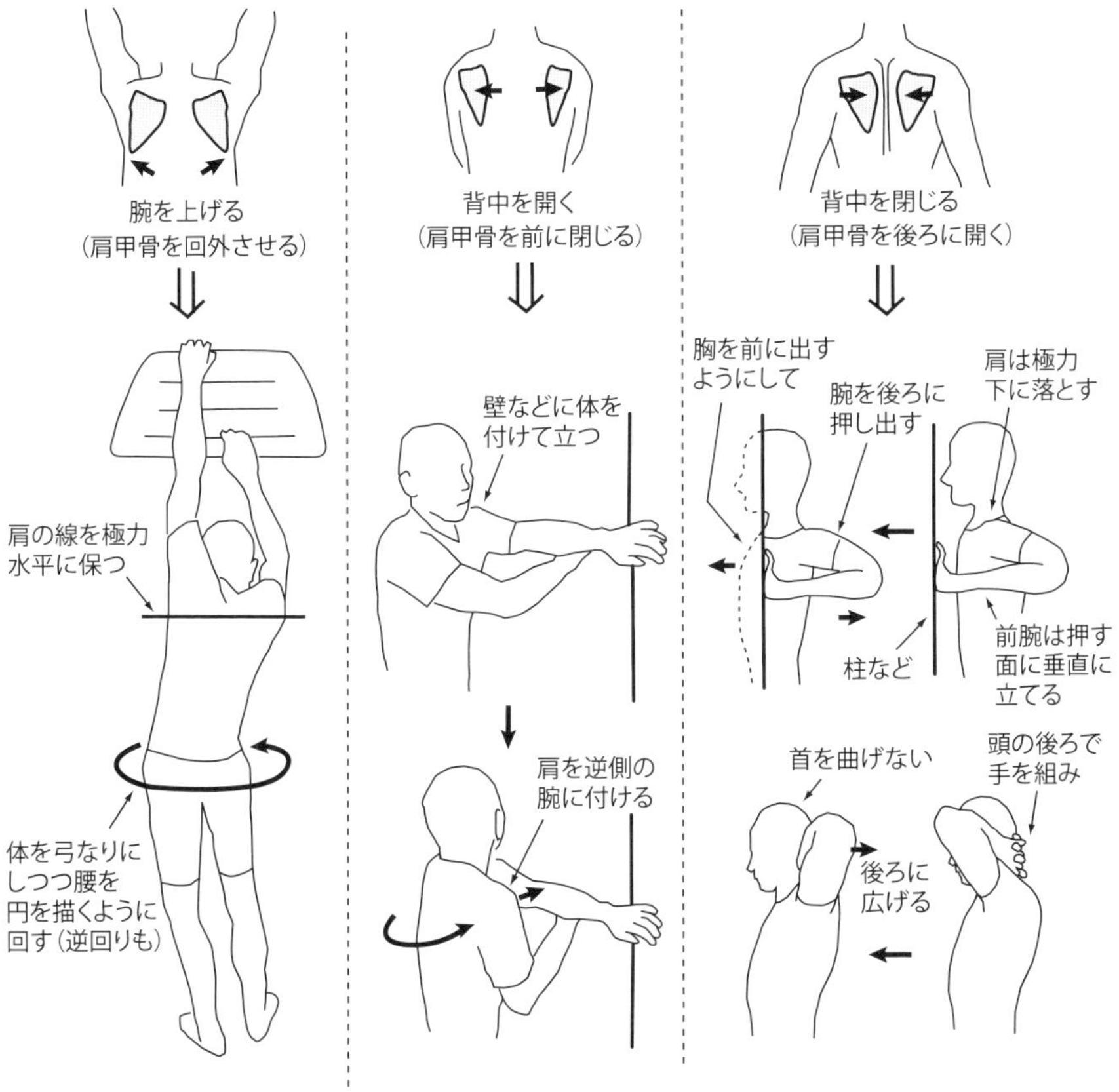

【肩のケア②カフトレーニング】

肩は、不安定な肩甲上腕関節を周りから包み込むように配置された微小な筋肉群、インナーマッスルによって守られている（図1）。しかしこれとアウターマッスル（三角筋や広背筋など）の力関係に不均衡があると、様々な障害を起こしてしまう（図2）。

そこで肩の安定を保つために、この弱化しやすい微細な筋肉群は、意識的に鍛えてやらなければならない。その強化のことをカフ（腱板）トレーニングと言い、今や多くのスポーツ選手のマスト・エクササイズにもなっている。

ただしこれも、正しく鍛えることは意外に難しい。正しいフォームと負荷で行なわないとアウターマッスルが働いてしまうからで、そうなると故障の原因は逆に加速されてしまう。以下、そのやり方の注意点を挙げる。

■フォーム

対象となるのは棘下筋、肩甲下筋、棘上筋の3つで、それぞれのやり方がある。具体例は左ページに示すが、いずれも開始のポジションでは負荷がかからず、旋回を始めた瞬間からもれなく負荷がかかるよう、ゴムの長さを調節すること。旋回のスピードは1秒1往復で、引く時だけでなく戻す時にも負荷を意識するようにする。また動かす腕は、上腕軸がぶれないよう、逆の手で上腕を包むなどして努めて正確な軌道を描くようにする。そして何より三角筋など外側の筋肉を使わないよう、肩甲骨を下方に引き下げるように脱力して行なうことが重要だ。

■強度

カフトレーニングは通常、リハビリ用のゴムテープ（強度の最も軽いもの）を使って行なう。代用として輪ゴムを3つほどつなげたものでも良いし、ダンベルでも良い。ただし強度はかなり低く、1kg前後から最大でも3kg以内に抑える必要がある。それ以上の強度だとインナーではなくアウターの筋肉が働いてしまう。

■量

反復回数は1セット30回が基準で、これもそれ以上続けるとアウターマッスルが働き始めると言われている。セット数は1回3セットくらいが適切だろう。いずれにしろインナーマッスルは「鍛える」というより「活性化する」と考えた方が良く、それには短期集中ではなく日々欠かさずが原則と言える。

図2. インナーマッスルの働き

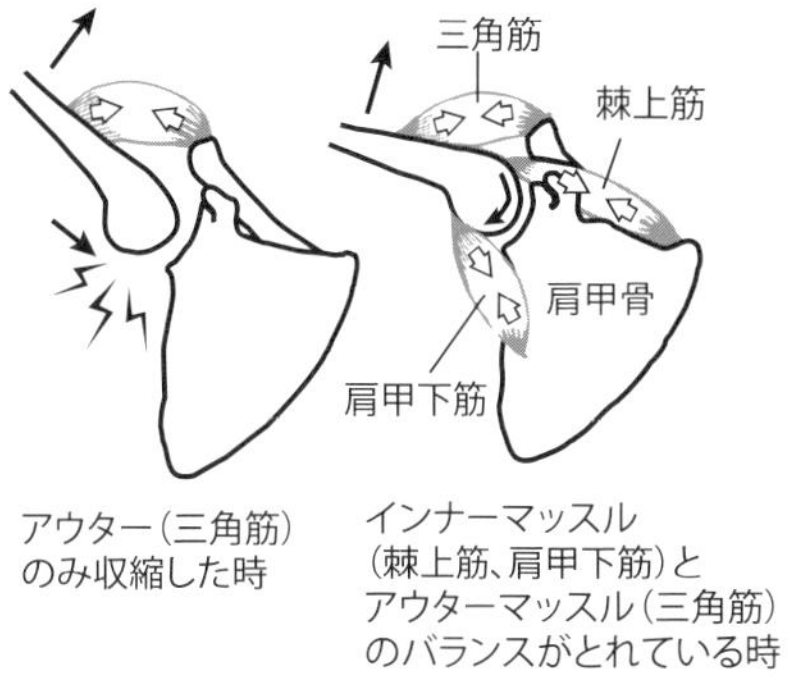

図1. 肩の腱板 (インナーマッスル)

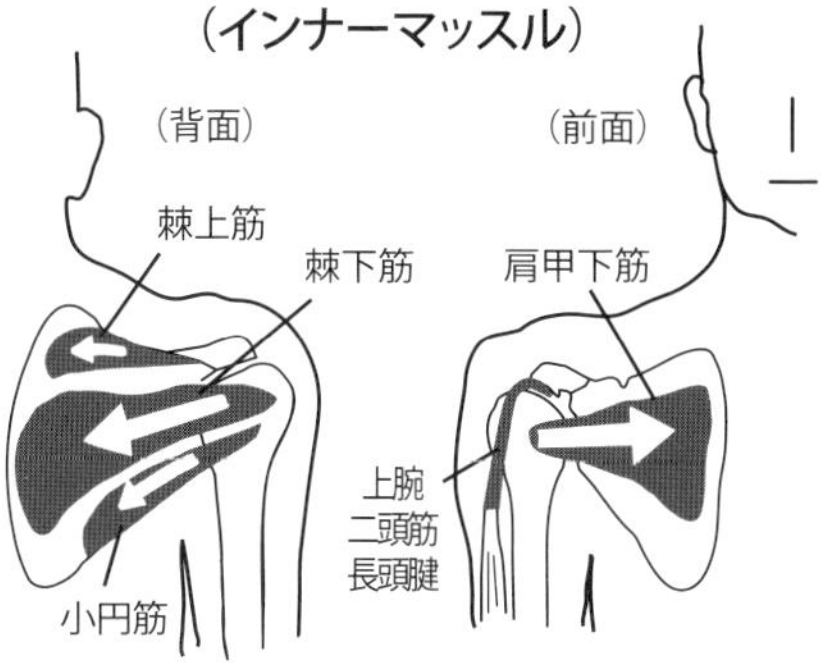

図3. カフトレーニングのやり方

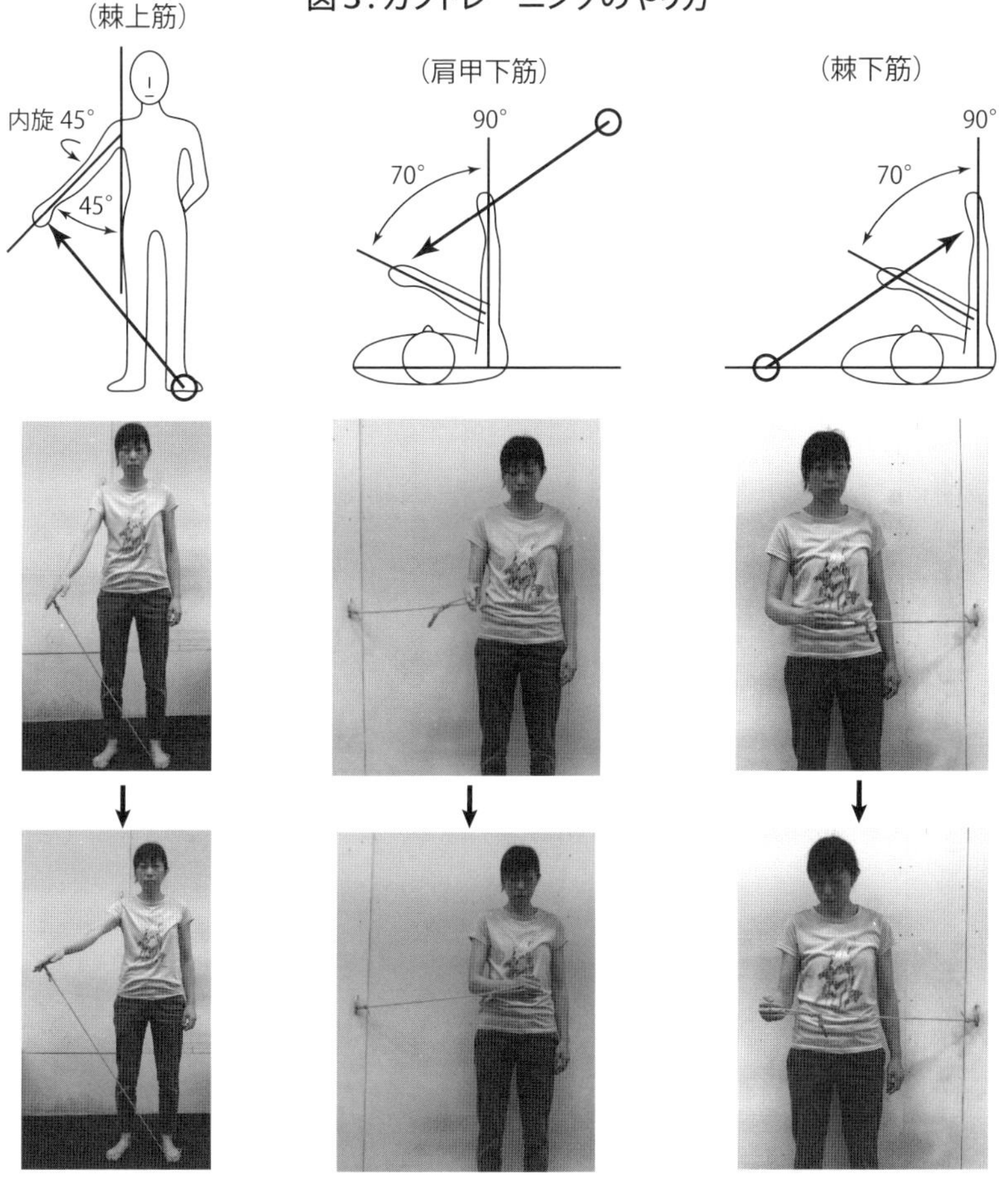

【肩のケア③テーピング】

肩の保護に関して、テーピングもそれなりの方法があるが、動きの補助という意味では強度的に充分なものはあまり施せない。特にクライミングのように肩に体重がフルにかかるような運動では、テーピング程度ではその効果はあまり期待できない。やはり動きを制限することで、そこに負荷をかけないようにするという意味合いを原則とするべきだろう。ここでは棘上筋と三角筋のやり方を示すが、できればこの2つは重ねて行なった方が良い。さらに補強する場合は図3のような方法があり、これは脱臼予防などにも用いられている。

図1. 棘上筋保護のためのテーピング

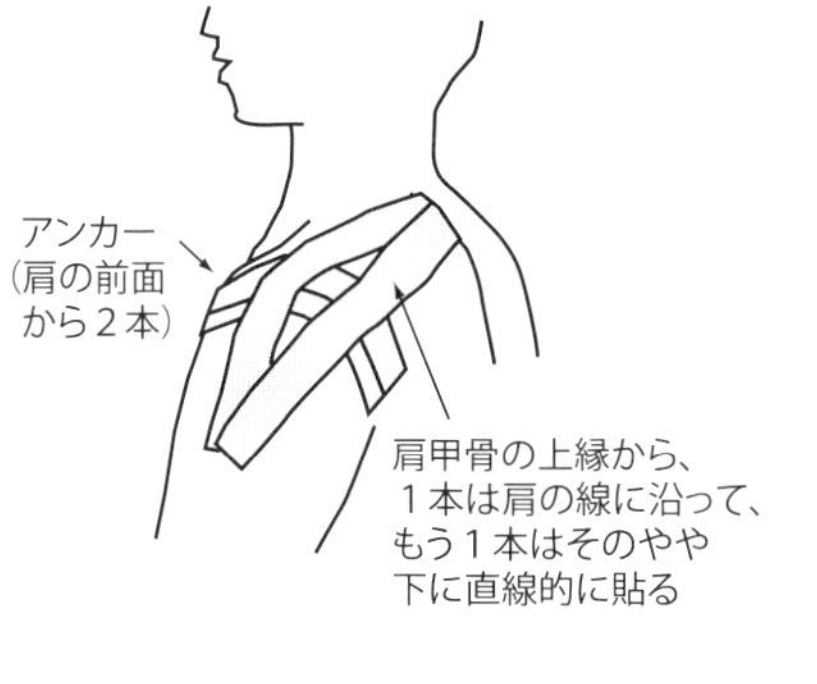
アンカー
(肩の前面
から2本)
肩甲骨の上縁から、
1本は肩の線に沿って、
もう1本はそのやや
下に直線的に貼る

図2. 三角筋保護のためのテーピング

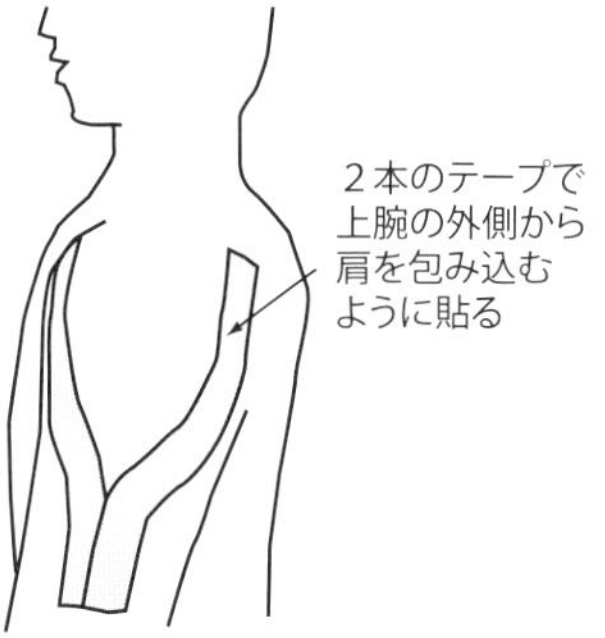
2本のテープで
上腕の外側から
肩を包み込む
ように貼る

図3. さらに補強する場合

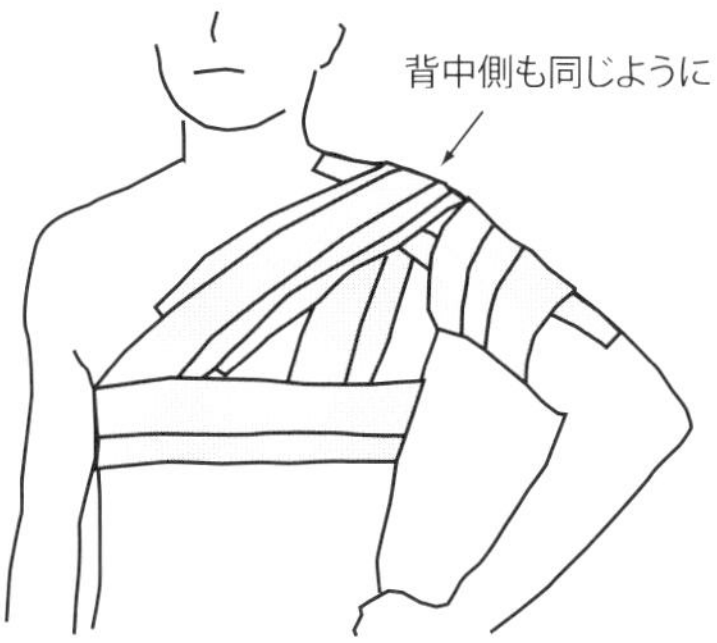
背中側も同じように

治療例

症例①（55歳、男）

症状＝ダイノで左保持した際に振られ、肩にミシッとした感触。2時間ほどで疼痛が増大して自己挙上不能になった。腱板（肩峰のすぐ下）の圧痛あり。

診断＝MRIにて棘上筋腱断裂あり。

処置＝2週間の安静。

経過＝2週間後、他動運動、疼痛や引っかかりのない範囲での自動運動を開始。3カ月で軽いクライミングを再開。受傷後2年の現在、軽度の引っかかり感が残存するが疼痛はなく、日常生活、クライミングには支障をきたしていない。


症例②（35歳、女、クライミング歴4年）

症状＝背が低いので飛びつきを比較的よく行なっていた。ある時から腕を上げようとすると肩の頂点付近が痛くなり、半年ほどでついに耐えられなくなった。

診断＝腱板損傷（棘上筋）。

処置＝しばらく安静とカフトレーニングを行ない、1カ月ほどでクライミング再開。しかしすぐまた痛くなり、再び医者に行くと、損傷が前より進んでいるとのことで、半年の安静を言い渡される。カフトレーニングもおそらくやり方を間違えていたのだろうとのこと。

経過＝半年ほどはごく軽いクライミングのみで我慢し、その後は普通に登っている。ただし飛びつきなどは封印している。

症例③（52歳、女）

症状＝長年のクライミングで右肩に痛みを感じるようになった。特に腕を上げるようなムーブでその都度痛んだ。

診断＝腱板断裂（棘上筋）。

処置＝内視鏡による手術。

経過＝手術後すぐから可動域内での軽い回旋運動からリハビリ開始。4カ月目から軽い筋力トレーニングと簡単なクライミング（5・9）を再開したが、それまでジョギングや腹筋などの基礎運動をしていたため、体の負担はさほど感じなかった。すぐに5・11が登れ、クライミング再開2週目で5・12も登れたが、ボルダー的なムーブは極力避けるようにした。前のレベルまで回復したと実感したのは術後1年ほどであった。

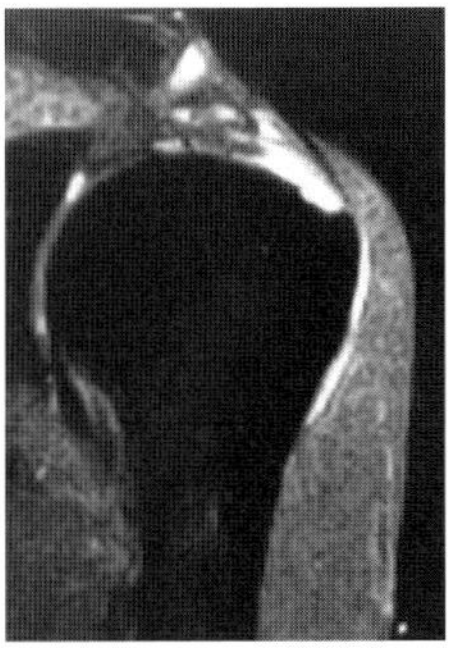
棘上筋断裂（白く見えるのが筋肉が失われた部分）

症例④（40歳、男、クライミング歴12年）
症状＝岩場で右手でデッド、その後足ブラというムーブを何度も繰り返す。その日の夜から右肩に痛みが出、翌日には腕が横に上がらなくなった。1週間ほど様子を見ていたが、軽快しないので受診。
診断＝前方挙上、外転／水平位保持は可

能なので、インピンジストレスによる滑液包炎と診断。

処置＝局所麻酔薬とステロイド薬を注射。その後、２週間の安静。

経過＝痛みはすぐに消失。３週間目からクライミングを再開。その後は無症状。


症例⑤（51歳、男、クライミング歴26年）

症状＝ジムと岩場で週3日ほど登っていた。特に引き金となったムーブの自覚はない。登っていての痛みはないが、登った日の夜や、翌朝は痛みで右腕が上がらなくなる。徐々に痛みが増してきたので、発症から約半年で受診。

診断＝右肩外転挙上は水平位で痛みが出る。前方挙上、内外旋でも軽度の可動域制限あり。X線検査にて肩峰に棘状変形を認める。棘上筋腱の変性を伴ったインピンジメント症候群と診断。

処置＝1～2週間隔で肩峰下スペースへのヒアルロン酸投与を5回行なう。治療開始時から半年はクライミングは週に1～2回のコンディショニング程度にとどめるように指示を受ける。

経過＝約2年を経て、まだ外転や内旋時に痛みを感じる時はある。ストレッチは欠かさず行なうようにしている。


症例⑥（57歳、男、クライミング歴35年）

症状＝40代で約3年間、腱板炎に悩まされた経験がある。その後も時々、痛みはあったが登るのに支障はなかったので放置していた。2年前に内外旋の可動域が左の60％程度になっていることに気づく。心配になり整形外科を受診。

診断＝X線検査にて変形性肩関節症を認める。関節前下方の変形性変化と裂隙の狭小化があり、エコーでは腱板の小断裂や疎部の肥厚が認められた。

処置＝本人にクライミングを諦める意思はまったくなく、相談の上、4～6週間隔でのヒアルロン酸投与と、カフトレーニング、肩甲帯ストレッチの励行を指示。いずれ腱板の断裂をきたせば手術と説明されている。

経過＝クライミング中の痛みはなく、週に2日は登り続けている。ただし、登った日の夜や翌日は痛みに悩まされることが多い。内外旋の可動域は治療開始後1年で80％まで回復した。

症例⑦（42歳、男）

症状＝高い位置のカチホールドを引き付けようとした瞬間、肩前部に激痛が走る。すぐに痛みは引いたが、腕を上げようとすると痛く、その後徐々にひどくなった。1カ月ほどで安静時（夜間）痛も我慢できないほどになった。

診断＝関節唇剥離。

処置＝内視鏡手術を行なう。剥離は約8割に達しており、長時間手術になった。

経過＝1カ月ほど安静の後、関節可動域の自力での伸展と、輪ゴムでのカフトレーニングからリハビリを始める。回復は遅く、3カ月で挙上60度、外旋0度。1年で挙上120度、外旋10度。2年後に初めて鉄棒にぶら下がることができたが、自力では挙上150度程度。ただし肩甲骨のストレッチで実際の可動範囲は180度近くあり、クライミングレベルはルートによっては（外旋ムーブのないルート）以前まで復帰している。

肘・手首

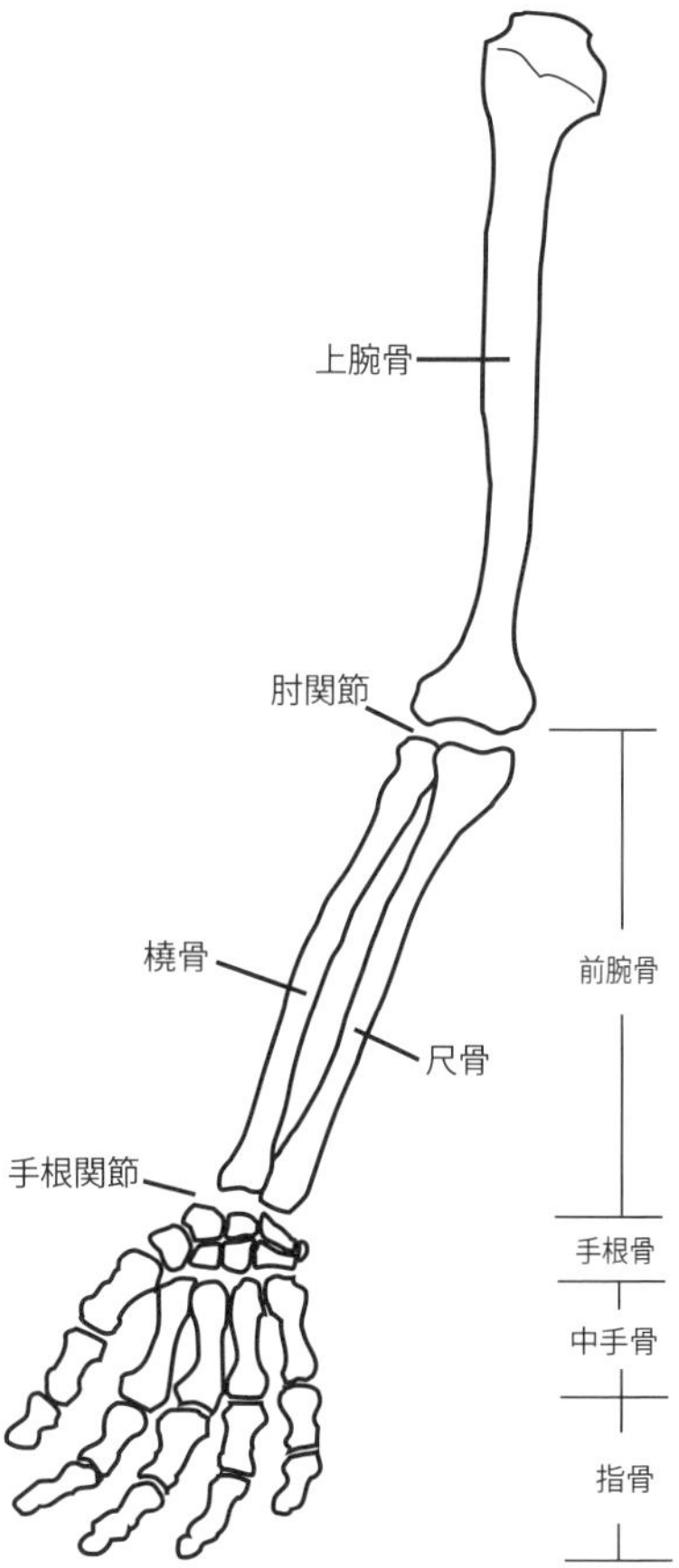

【肘～手首関節のしくみ】

クライマーにとって最も気になる体の部位といえばもちろん指だろうが、その動きの元となっているのが前腕である。クライマーの特異的な前腕の太さを見ればここにどれだけの力がかかっているかわかろうというものだ。が、それゆえここには故障も多い。ここではその前腕の前後、肘から手首までを見ていきたい。

■前腕

前腕には、指を曲げる屈指筋と、伸ばすための伸指筋が、それぞれらせん状に付いていて、屈筋群は内側上顆《じょうか》周辺に、伸筋群は外側上顆周辺にすべて集まって付着している（図1）。

また骨格的な特徴としてここには尺骨と橈《とう》骨の2本の骨があり、それが上腕骨1本に肘関節でつながっている（前ページ図）。そしてその2本の骨が前腕の回旋運動を行なっているわけだが、ここで注意しておきたいのは、肘には屈伸をつかさどる肘関節と、前腕の回旋をつかさどる近位橈尺関節の2つの関節があるということだ（図2）。これらは手首関節の動きとも連動しており、それによって前腕の様々な動きが可能になっている。

■手首

続いて手根部（手首から手の平と甲にかけての部分）に目を向けると、これもまた複雑な作りをしている。

まず骨格については、ここには8つの小さな骨があって、それがひとかたまりになっている。これらは一見硬い「手の骨」に見えるが、これらの骨の間には当然、関節や軟骨、靭帯などが介在しており、それが複雑な動きと、同時に故障ももたらしている。

このうち「手首の関節」といえるのが、手首の前後左右の屈曲をつかさどる手根間関節（図3a）と、回旋をつかさどる遠位橈尺関節（図3b）だ。そしてこれらはお互いに完全に独立している。つまり「手首」というのは、肘同様、この独立した2つの関節面による可動域を指すわけで、それがこの関節の最大の特徴であり、またウィークポイントにもなっている。

また、これら手根骨と指（中手）骨の境には手根中手骨間関節（CM関節。図3c）があって、手の平を閉じる、開くなどの運動に対応している。ここもクライミングのような指～手の平を酷使する運動を続けると、思わぬ故障を起こすことがある。

図2. 前腕回旋時の骨の動き

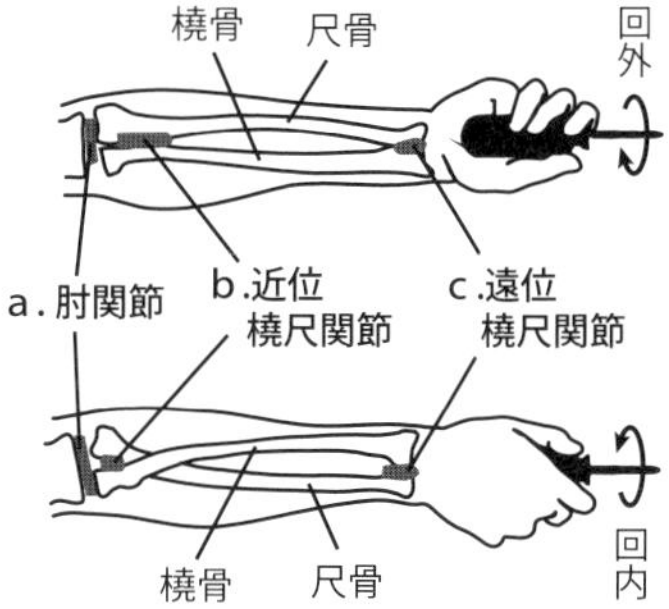

図1. 前腕の筋肉

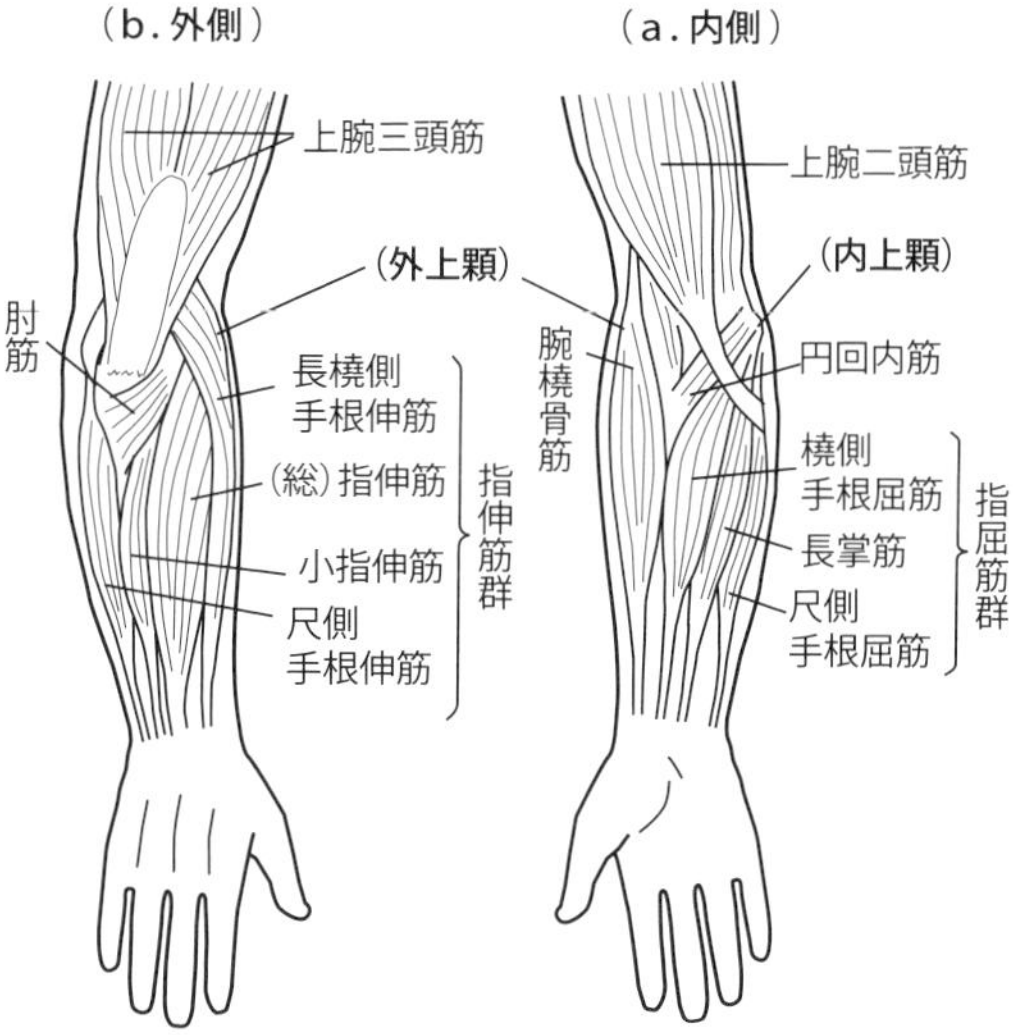

クライミングが肘〜前腕にどれだけ負担を強いているかは、その太い前腕を見ればわかる

図3. 手の骨と関節（手根部）

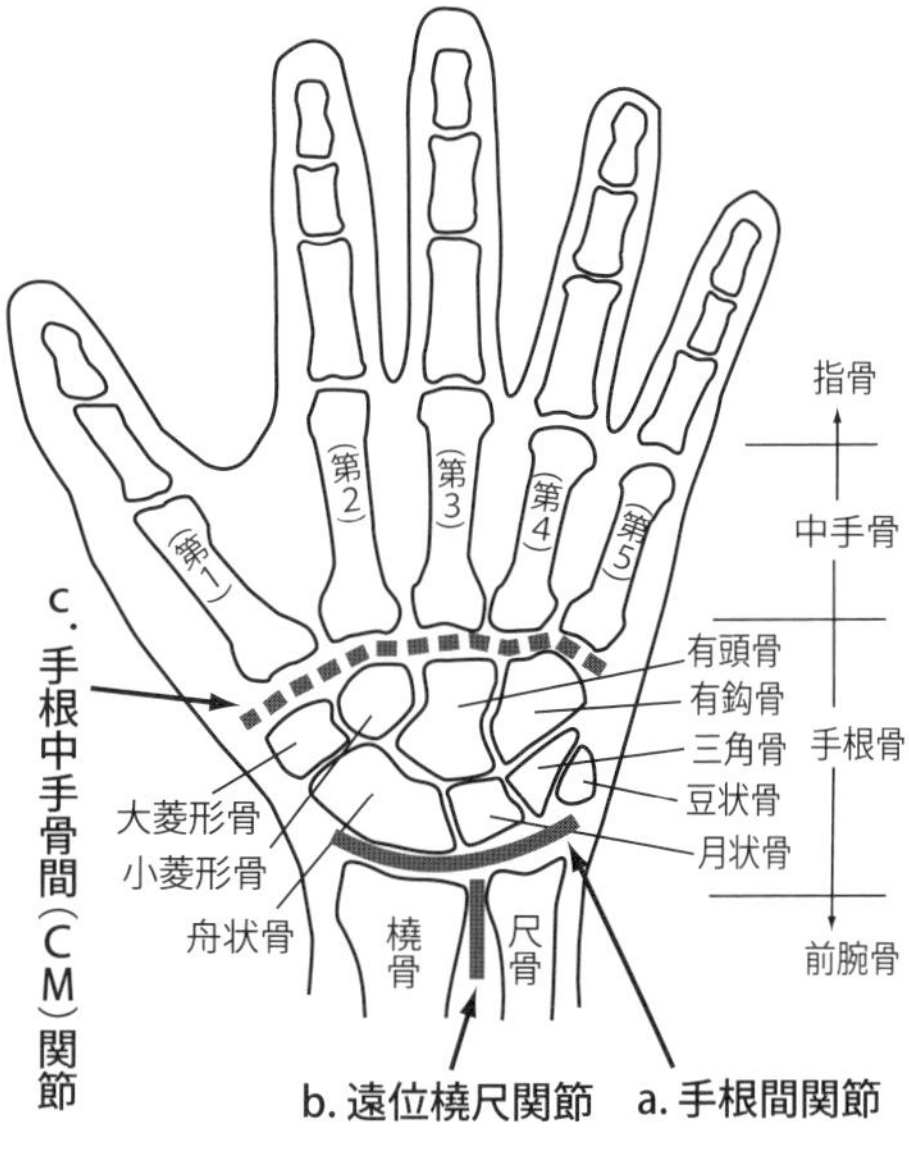

【肘の障害①上顆炎】

アスリートで肘痛を抱える人は多い。テニス肘、ゴルフ肘、野球肘などが有名だが、クライミングでも「クライマー肘」と呼んでいいほど、この部位の故障が多いことが昔から知られている。

これは正式には上腕骨上顆炎と言うもので、内側と外側の2種類がある。いずれもほとんどがオーバーユースによるものだが、慢性の障害ゆえ対処が後回しになってしまうことが多い。しかし時に重篤化することもあり治療にも時間がかかるので、不調を感じたら極力早い対処を考えた方が良い。

■外上顆炎

前腕伸筋群の付け根に発症する炎症で、肘の親指側付け根部分が痛むものである（図1a）。スポーツ肘痛の中では最も多いとされ、特にテニス肘が有名だ。その点クライミングは屈筋を主に使うので関係がないように思うが、実はこれが意外と多い。それは指や手首を背屈位（図2a）でロックする時、屈筋群だけでなくその拮抗筋である伸筋群にも同じだけの負荷がかかるからで、その際に腱の骨付着部が炎症を起こすのである。特に次のムーブがこの部位への負荷が強い。

①ピンチやスローパーの保持（特に肘を伸ばした状態でのもの）
②ガストンでの引き付け

炎症の極期にはかなりの痛みがあって深刻な悩みになることが多いが、手術にまで至ることはめったにない。負荷をかけずに登っていれば半年から1年くらいで回復することが多い。ヒアルロン酸の局所投与なども有効だ。

■内上顆炎

一方、肘の小指側付け根部分には、手指の屈筋はじめクライミングに関係の深い筋肉群の腱が集まって付着している（図1b）。ここを傷めるのが内上顆炎だ。一般的な症例は先の外上顆炎の1割程度と少ないが、クライマーの罹患率はその3倍近いとの報告がある（ただしこの場合の痛みは実際には純粋な内上顆炎よりも、少し先側の前腕部、つまり筋腱移行部の部分断裂や筋膜損傷が多いように思われる）。

内上顆炎自体は外上顆炎と同じ経過をたどるが、こちらはひどいと尺骨神経障害に至ることもある。ただしこれら上顆炎では内外とも腱断裂や剝離に至る例はほぼないので、無理せず、テーピング、アイシング、ストレッチなどで根気よく回復を待つべきだろう。

図1. 前腕の筋肉と上顆炎の場所

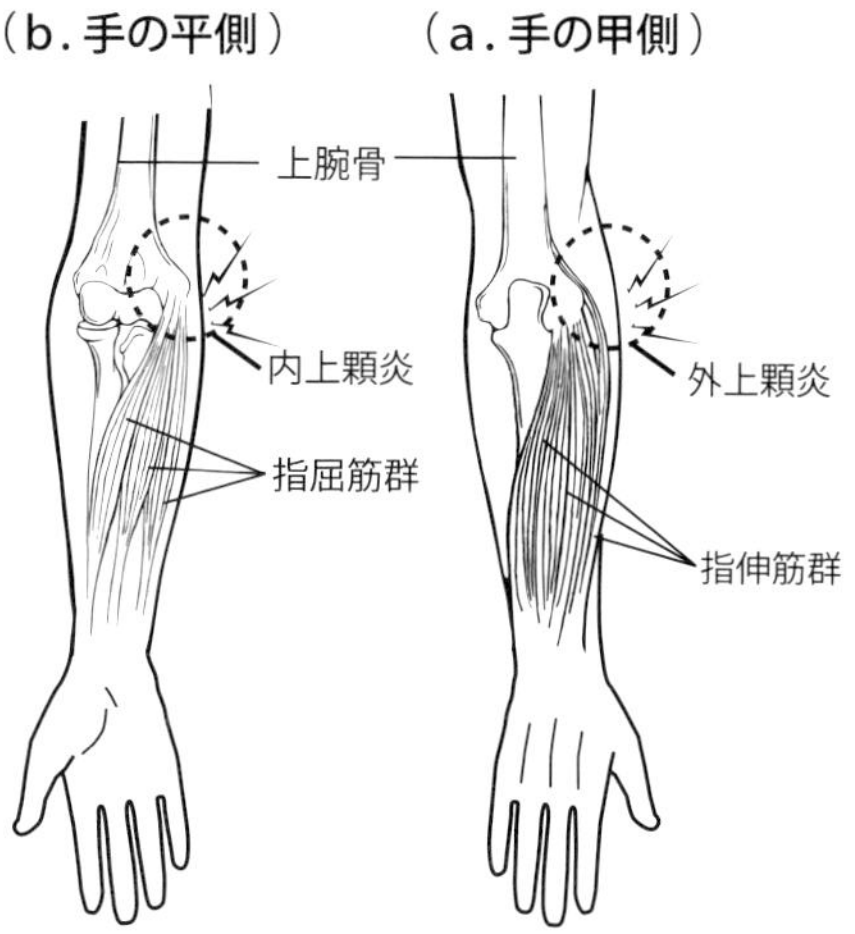

図2. 手首の屈曲

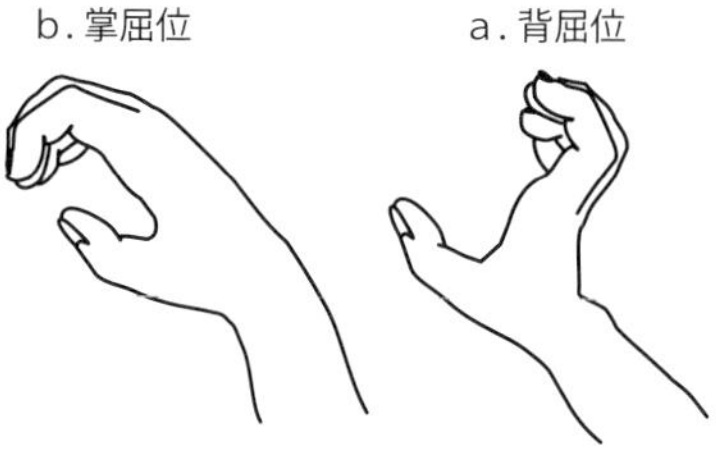

図3. 前腕のストレッチ

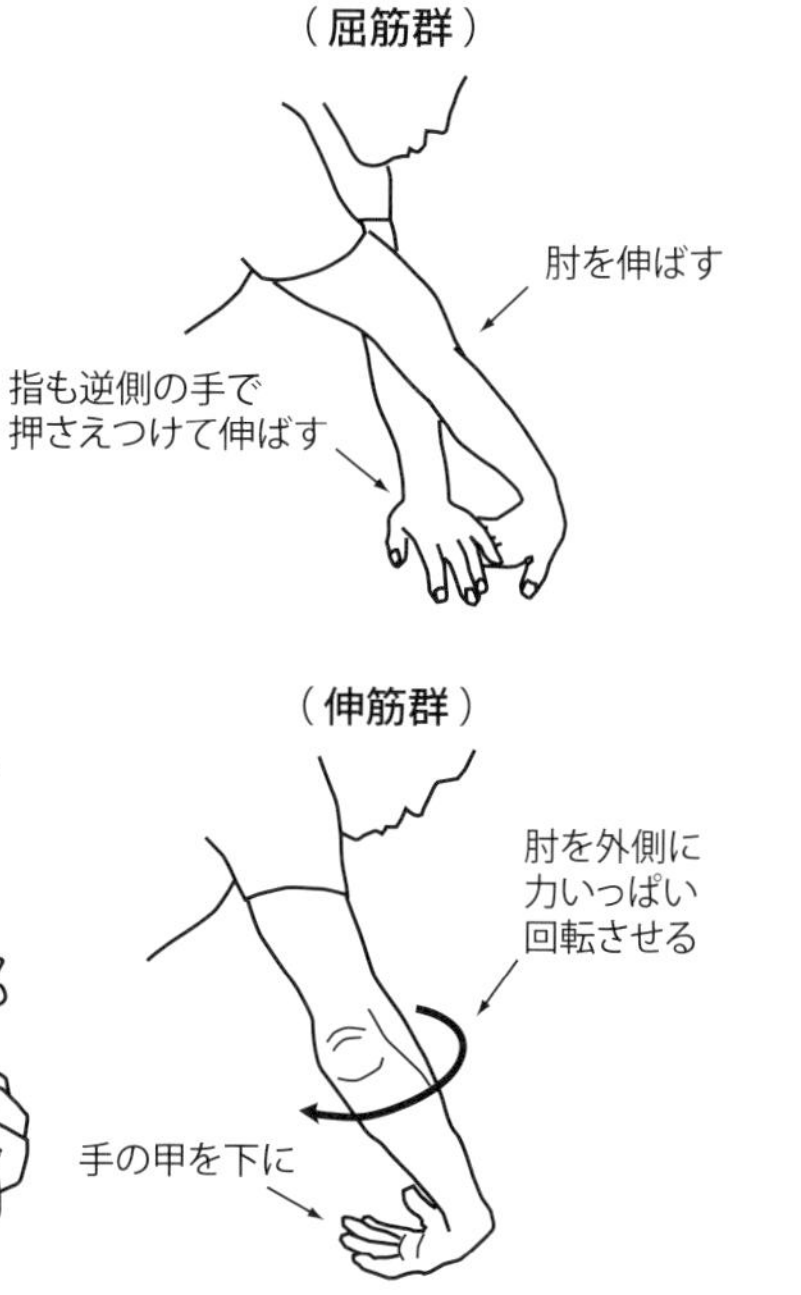

図4. 外上顆炎のテーピング

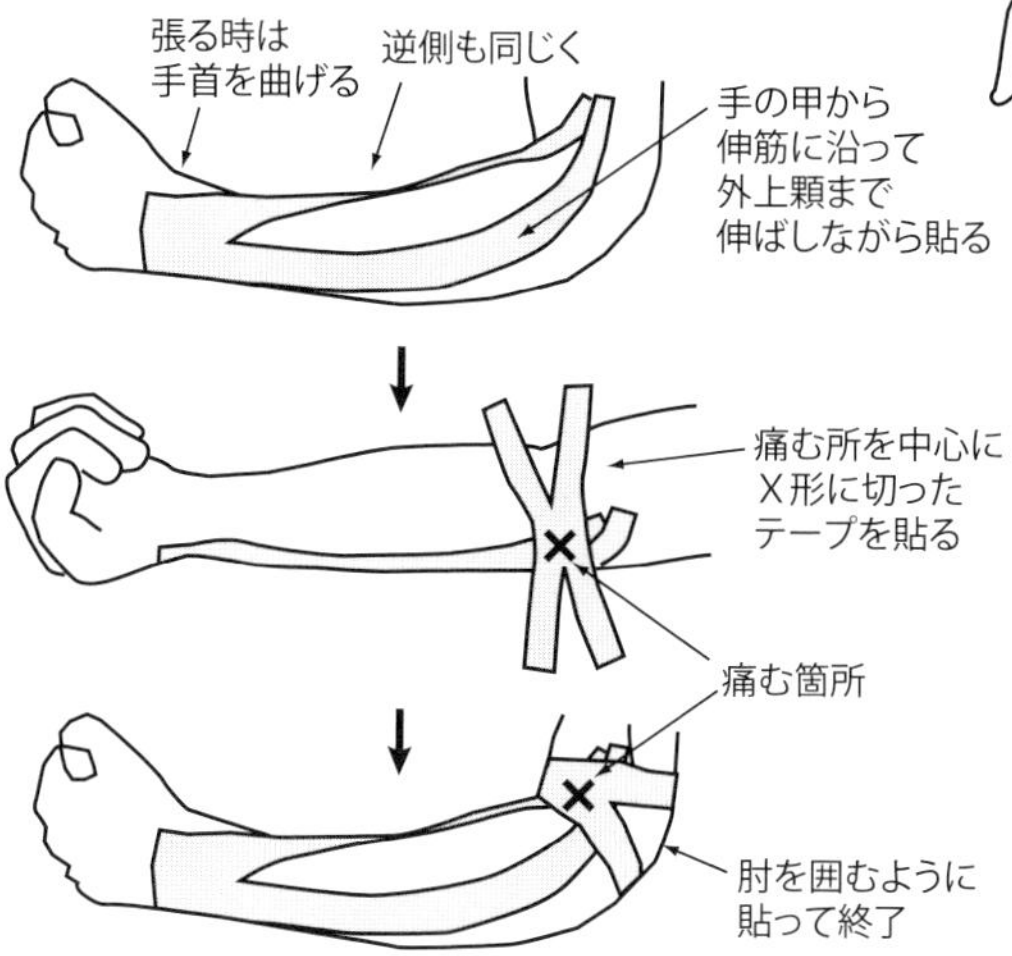

図5. 内上顆炎のテーピング

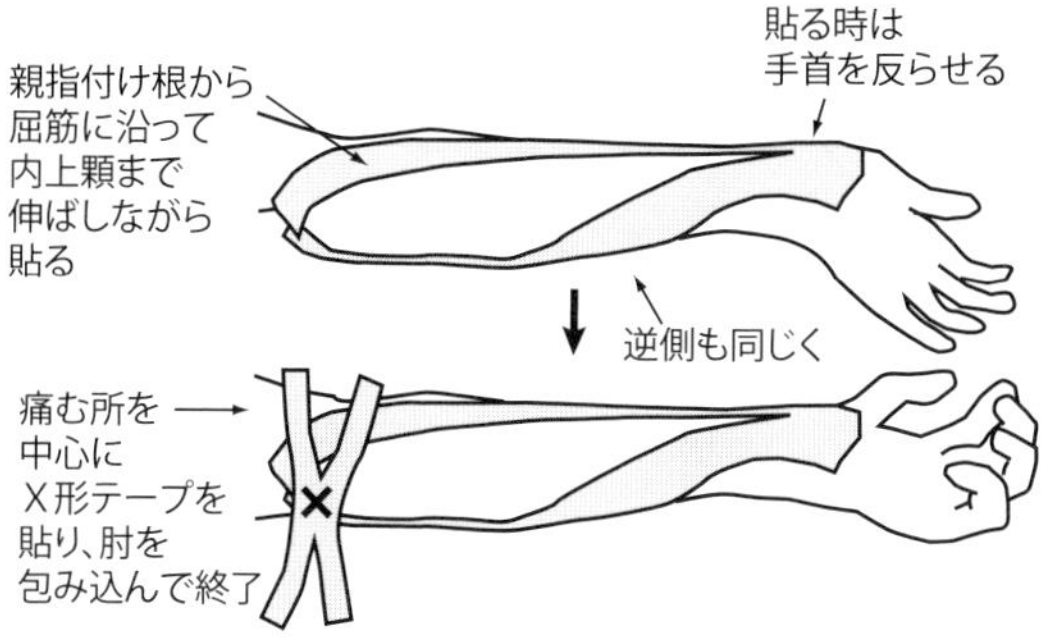

【肘の障害② 変形性肘関節症、他】

■変形性肘関節症

クライマーにおける肘の変形性関節症は、膝や指のそれに比べると、もともとそう多いものではなかった。しかしこの症例は近年非常に増えている。それは最近のクライミングルートが腕の強い引き付けなどの「力」に頼るものが圧倒的に多くなったからと推測される。特に順手ホールドを腰の高さまで絞り込むようなムーブはこの負荷が強い。そのように肘を強く曲げた状態でそこに荷重を集中すると、橈尺両骨頭が上腕三頭筋の力で上腕骨に押し付けられ、かつ順手のポジショニングに伴う前腕のねじれで特に腕橈関節に強い圧力がかかってしまうのだ（図1）。

このような負荷を繰り返せば当然、肘の変形性関節症は起こり得る。こうした変形性関節症は基本的には軟骨組織の変性（老化）であるから進行は遅いが、クライミングを続けるためには極力初期の段階で進行を止めなければならない。以下のような初期症状があったら早期の受診が望まれる。なお、図2のような屈曲障害もこの症状の前兆として要注意である。

・動作の開始時痛
・完全伸展位、完全屈曲位での痛み
・ロッキング現象が生じた時

■肘部管症候群（尺骨神経障害）

前腕から手～指の神経は図3の通り。このうち尺骨神経は上腕内側より上腕骨頭の内上顆背側にある尺骨神経溝（肘部管）を通って前腕の屈筋群の中に入るもので、前腕尺側から薬指、小指の感覚とその両指の深指屈筋、手の骨間筋をつかさどっている（図4）。

肘部管症候群とは、変形性肘関節症が進んでこの神経溝に変形が及び、尺骨神経の圧迫症状が出るものだ。

初期症状は、薬指、小指のシビレ、あるいは肘の内側から指先にかけてのシビレである。これが、腕を下げて安静にしている時や、ずっと曲げたままでいる時、あるいは急に動かそうとし始める時に出現する。さらに進行すると、シビレだけでなく明らかな感覚障害（触感、熱感、冷感の不全）や運動神経障害に陥っていく。また、薬指、小指の屈筋力が落ち、骨間筋麻痺による保持力の低下が起こる（図5）。

症例はそう多くはないが、内上顆炎になった人や女性には比較的多い。軽いシビレを自覚するようなら、神経内科を受診した方が良い。

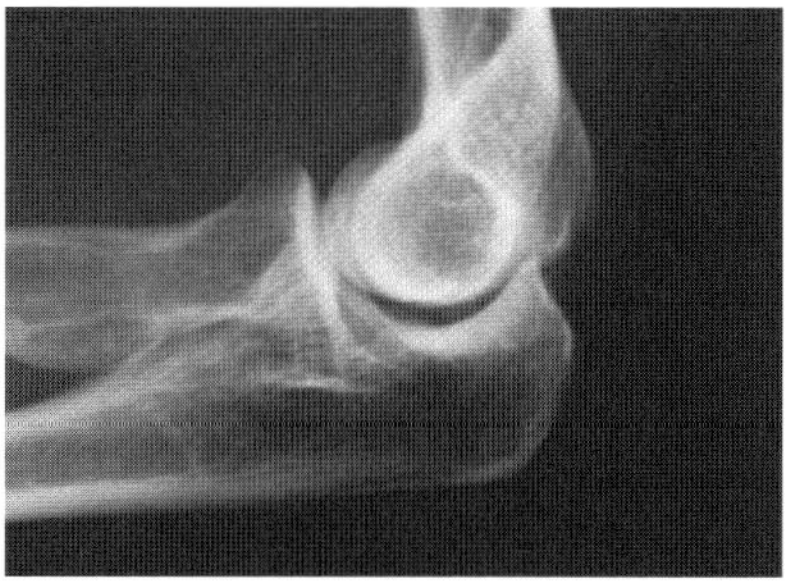

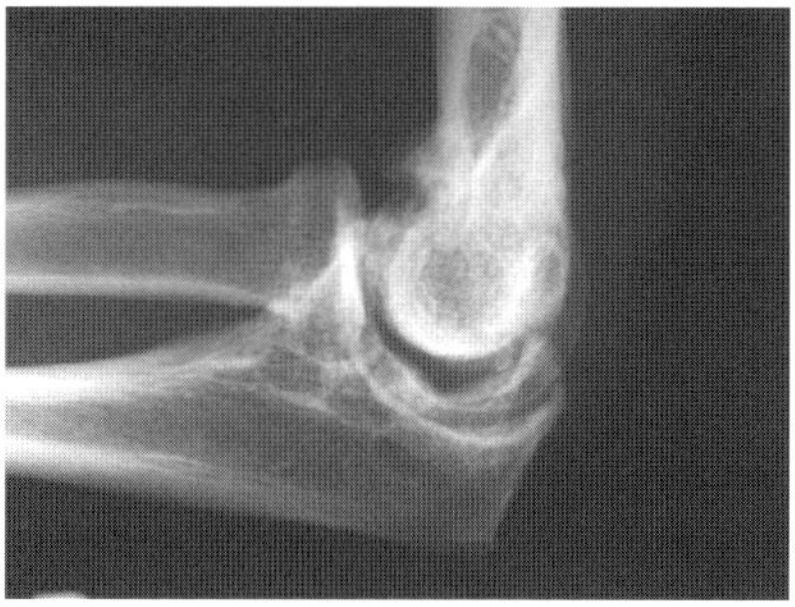

上は比較的健康な肘。下は重度の変形性関節症を起こしたもの

図1. 前腕屈曲時の肘関節への負荷

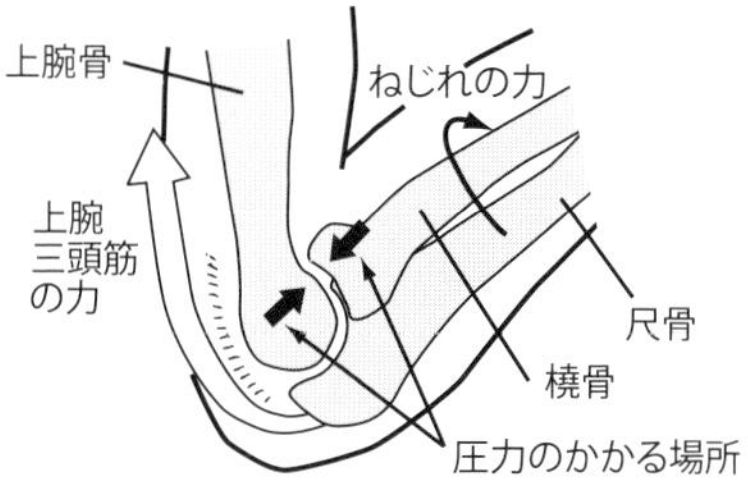

図2. 肘の可動域のテスト

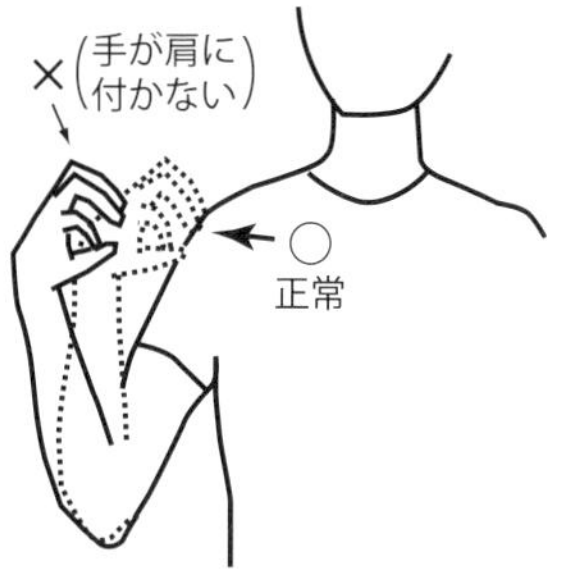

図4. 前腕部の尺骨神経走行図

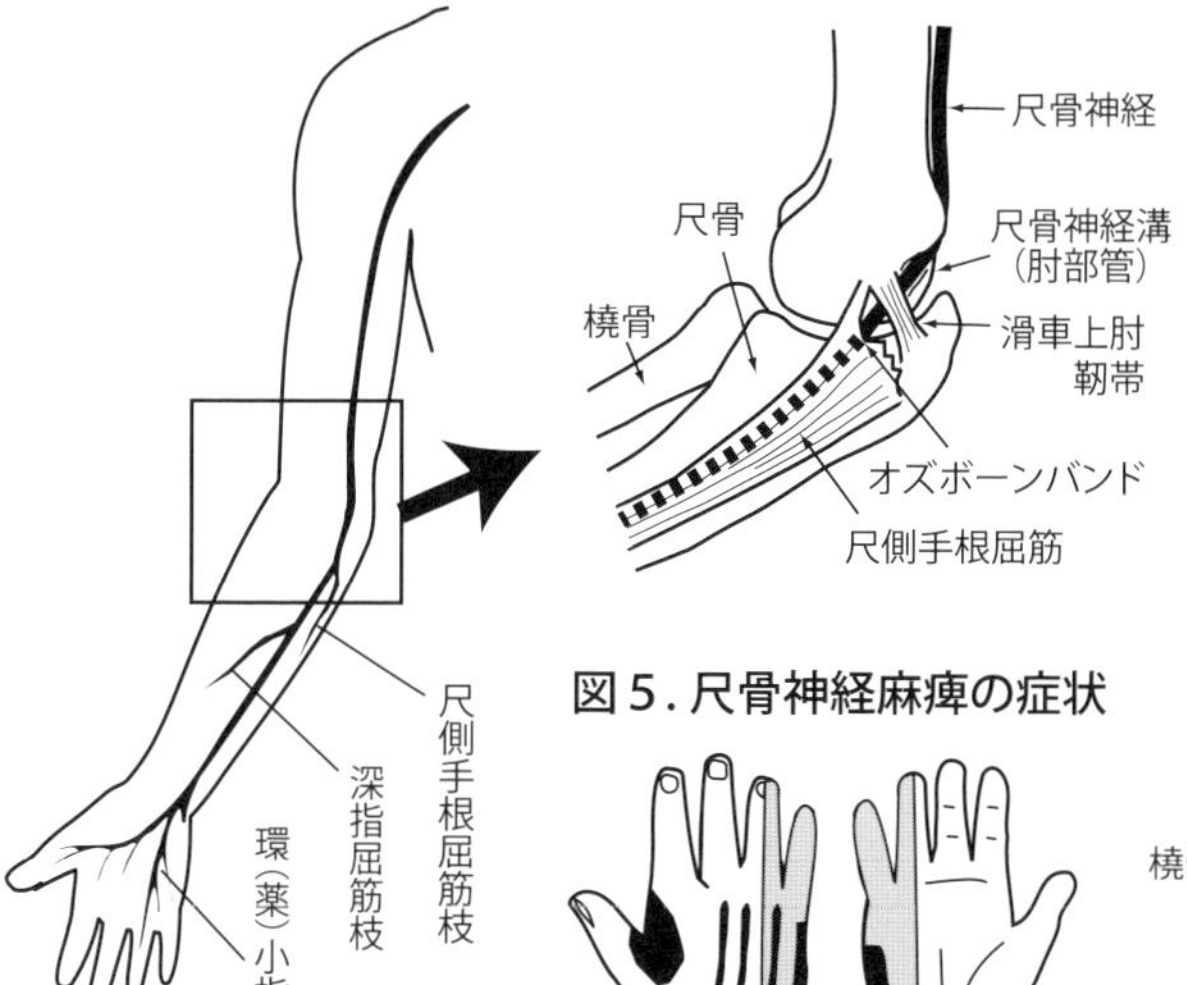

図3. 腕の神経走行図

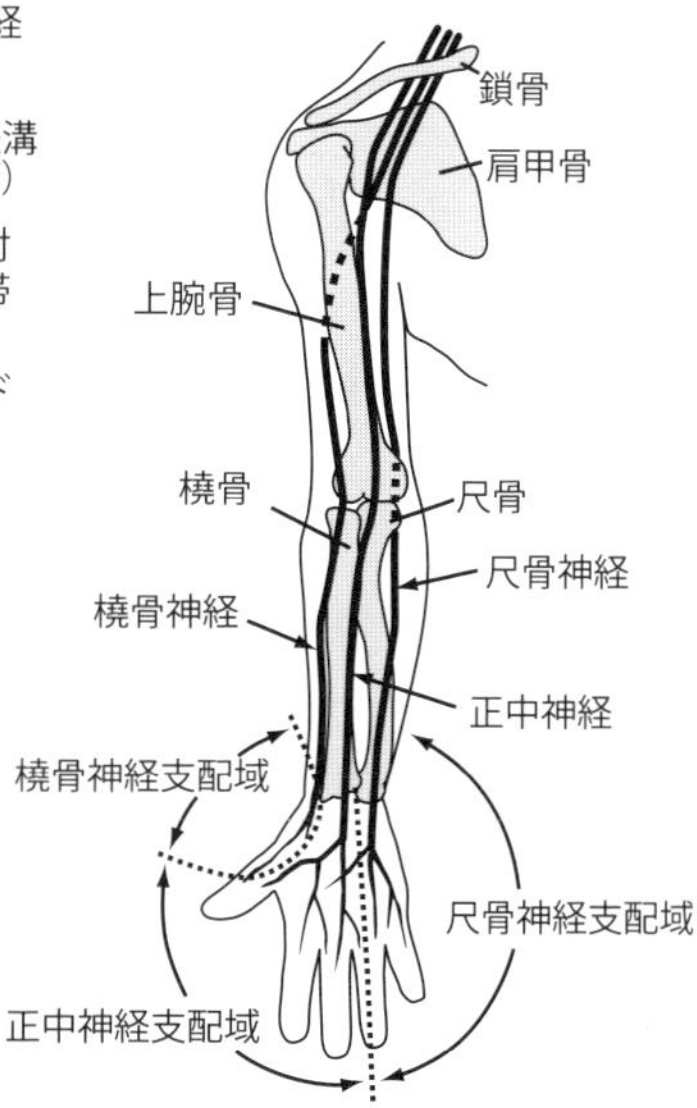

図5. 尺骨神経麻痺の症状

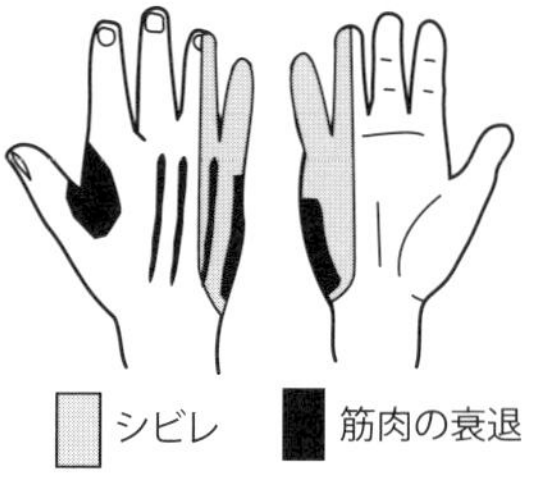

【手首の障害① 腱鞘炎、他】

■手首の腱鞘炎

指とそれを曲げる前腕の筋肉群は、次項で述べるように腱でつながっている。そしてその腱が手首を通る際、まずそれぞれの腱鞘（コンパートメント）に収められたのち、それらが手首をバンド状に覆った筋支帯という腱鞘の中を通っている（図1）。

クライミングなど指を酷使する運動の際、この腱鞘どうしが擦れあって、腱鞘炎を起こす（図2）。これは基本的にはオーバーユースによるもので、かつては相応の運動経験者のみに見られるものだった。が、近年は初心者、特に女性に多く報告されている。

この場合、痛みを生じるのは主に手の甲側、中央部から親指の付け根にかけてである。手首の背側には伸筋腱の腱鞘コンパートメントが6本あり（図1a）、その第1／4／6を特に傷めやすい。クライミングで酷使するのは屈筋だから傷めるのは手の平側だと思えるが、ホールド保持のように固定して力を発揮する場合は、何度も言うように、主動筋と拮抗筋の負荷は表裏同じになる。よって伸筋も当然オーバーユースになりがちなのである。

この原因となる指の使い方で代表的なものは、やはりピンチグリップだ。前述第4／6の腱鞘炎は比較的重症には至らず数週間の安静で自然治癒する場合が多いが、親指のそれ（第1。デケルバン症とも言う）は時に悪化し、手術に至るケースも多い。

なお、負荷が強い筈の手の平側では、手首部分での腱の通り道は1カ所で（図1b）、慢性化した障害はあまり起こらない。

■手根不安定症

手（手根部）の骨は1つではなく多数が集まったものだということは前にも述べたが、これらはそれぞれすべて靭帯で結びつけられている（図4）。やはり激しいホールディング（主に2本指による保持）などでこの靭帯が切れる障害が最近報告されている。

特に傷めるのは掌側橈骨＝月状骨手根靭帯だ。症例は今のところ少ないが、クライミングレベルの急激な上昇によって今後増えることが予想される。

症状は指が手の平から抜けていくような感覚に襲われ、力が入らなくなるものだという。予防としては2本指保持の場合、人差し指×中指は筋肉支配が1本で弱いので極力避けること。中指×薬指ならば2本の筋肉が協力するので比較的強い。

図1. 手首周辺の腱と腱鞘

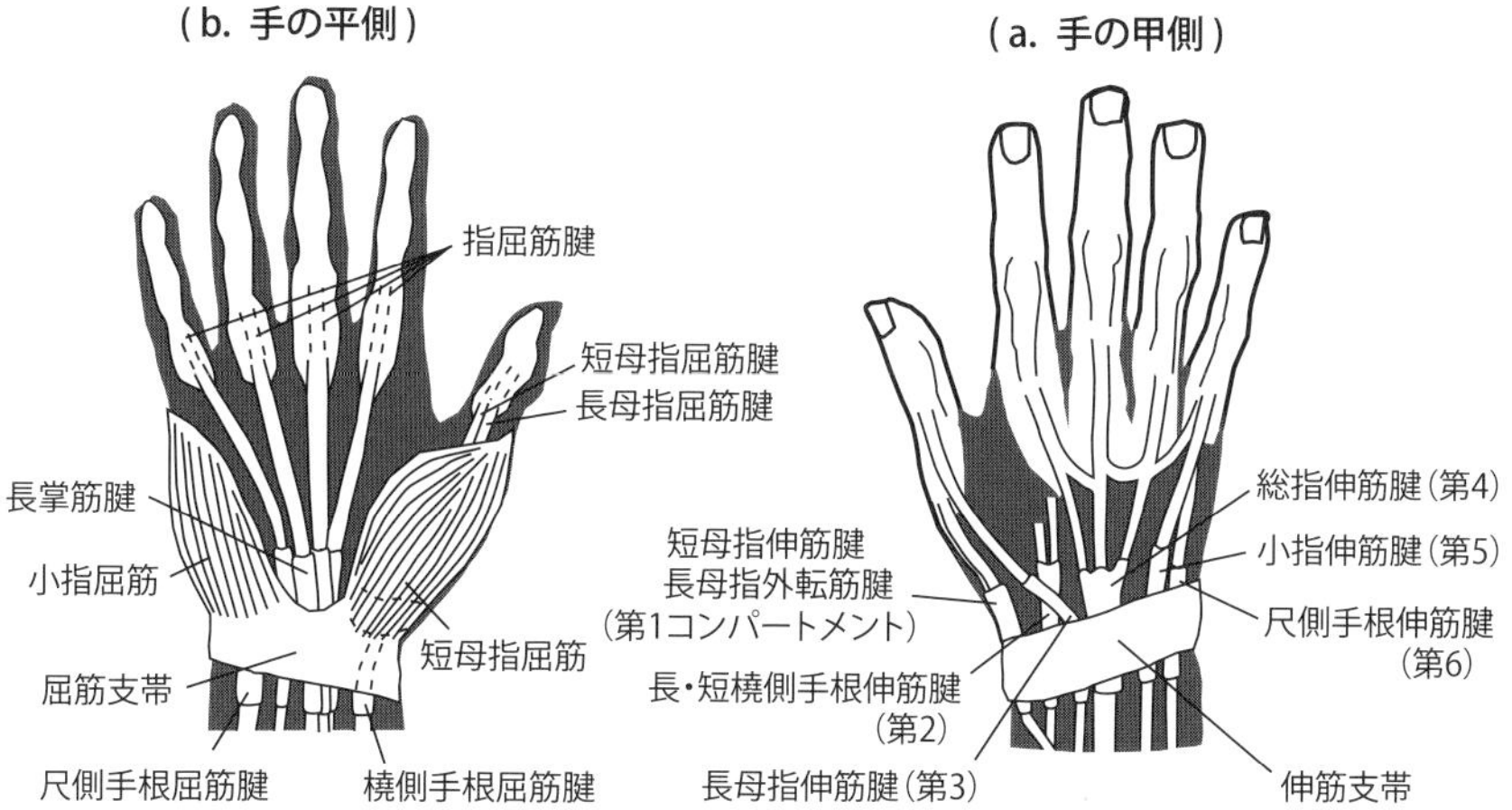

図3. 疼痛箇所別手首の障害①

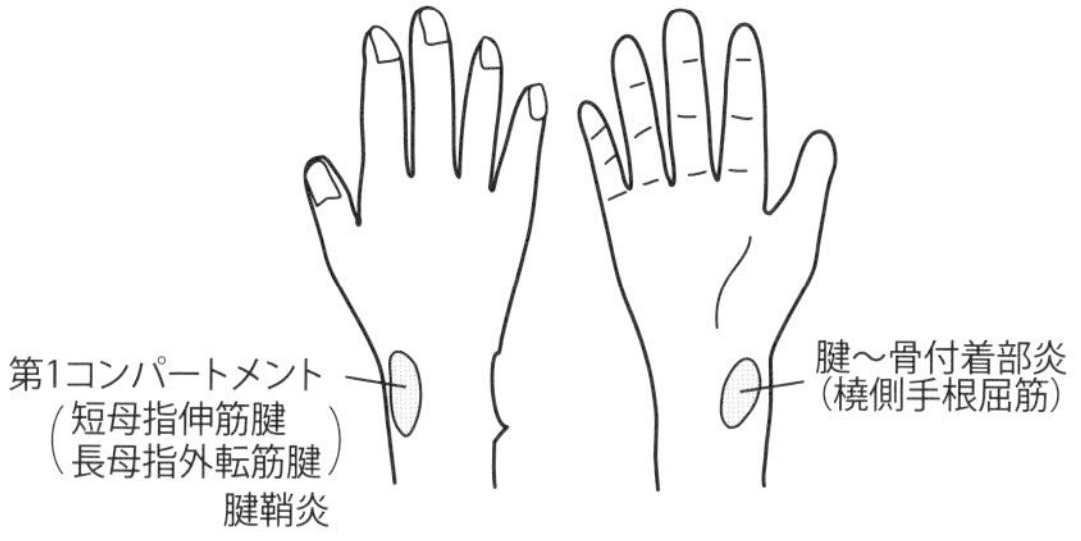

図2. 手首腱鞘炎の様子

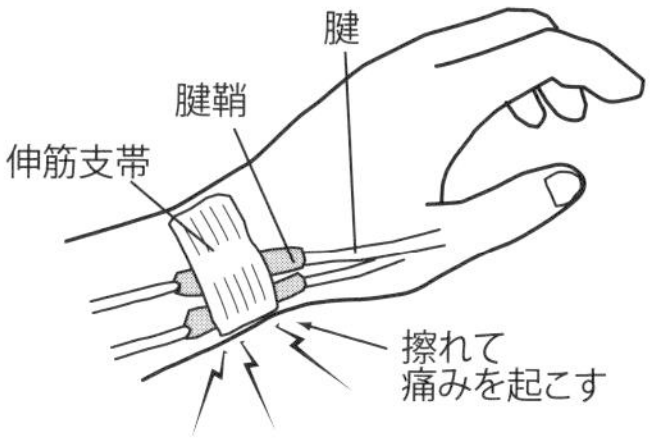

図4. 手(手根部)の靭帯 (濃い色が傷めやすい箇所)

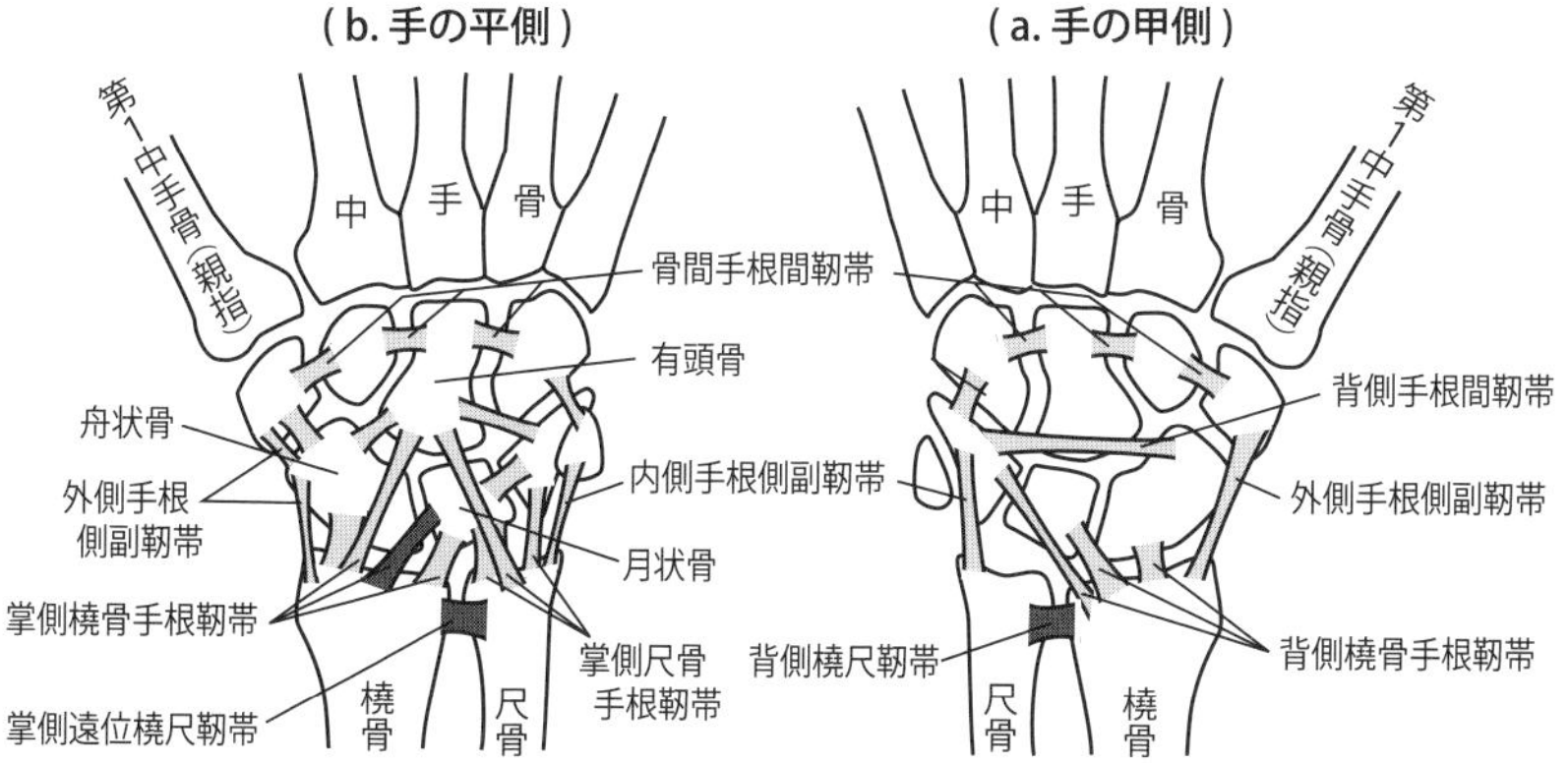

【手首の障害② TFCC障害、他】

■TFCC傷害

手首の痛みのうち、背側小指側の付け根周辺にそれが現れた場合はTFCC傷害の疑いがある（図1）。

TFCCとは手関節の尺骨側（小指側）手根部にある靱帯の複合体のことで、前ページの靭帯の図ではそのさらに内部に位置するため見えない。

ここは手を小指側に傾けるような運動（尺屈という。図2a）に対応するため手根骨と尺骨の間が広く開いており、そこに複数の靭帯と衝撃吸収のための関節円板（三角線維軟骨＝TFC）が付いている（図3）。ここに炎症などを起こすのがTFCC傷害だ。

原因は転んで手をつくなどの外圧によるものがほとんどだが、稀にベテランスポーツ選手や老練な職人などのオーバーユースでも現れることがある（ただし近年は30歳前後のクライマーにも散見するようになった。かなり驚くべきことである）。

手術に至るケースは少ないが、スポーツ障害としてはかなり深刻なものだ。痛みが1年以上続くこともあるし、手術に至った場合は以後前腕を酷使するような運動（つまりクライミングなど）は、かなり制限されることになる。

なお、このTFCC障害に関しては、人口のだいたい2割くらいの率で先天的に尺骨が長い人がおり（特に女性）、そのような人は障害を起こしやすい。その場合は尺骨短縮手術を行なうこともある。

TFCCに負担がかかるムーブは、アンダーホールドやサイドホールドの振り替えなど。防衛処置として図4のようなテーピングが有効と思われる。

■橈尺関節炎

手首の回転には尺骨と橈骨の間にある遠位橈尺関節が関係していることは126ページで述べた通りだが、実はこの時この関節には、ねじれだけでなく前後のスライドも生じている（図5）。それにより、ここに関節炎を発症する例が増えてきている。

受傷の原因となるのは特に腕が伸びた状態でのアンダー保持だ（写真）。

症状としては手をすくうような動作で痛みを生じる。手首〜肘のガタつきも感じられるが、痛みは時に治まってしまうため、そのまま済ませてしまうことが多い。しかし慢性に放置すると亜脱臼を起こし、ぶり返した痛みが数年に及ぶこともある。顔を洗うなどの動作で痛みを感じるようなら早めに医師に相談すべきだろう。

図1. 疼痛箇所別手首の障害②

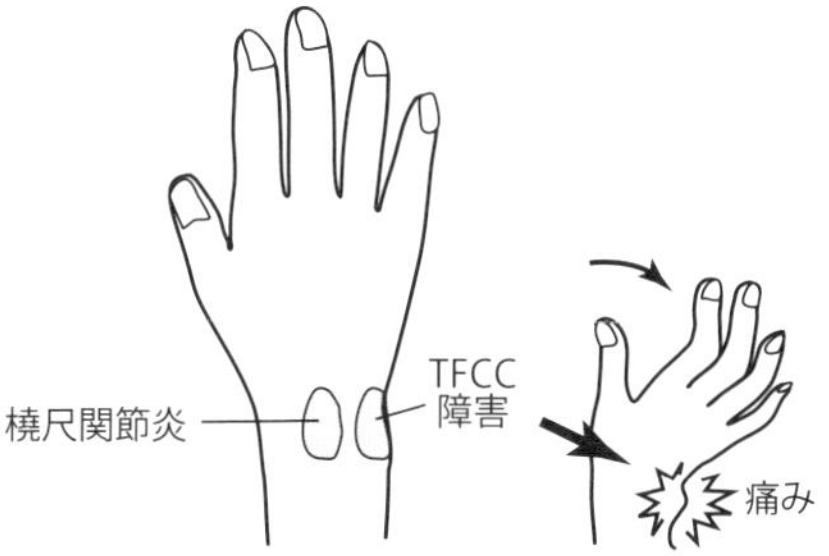

図2. 手首の屈曲

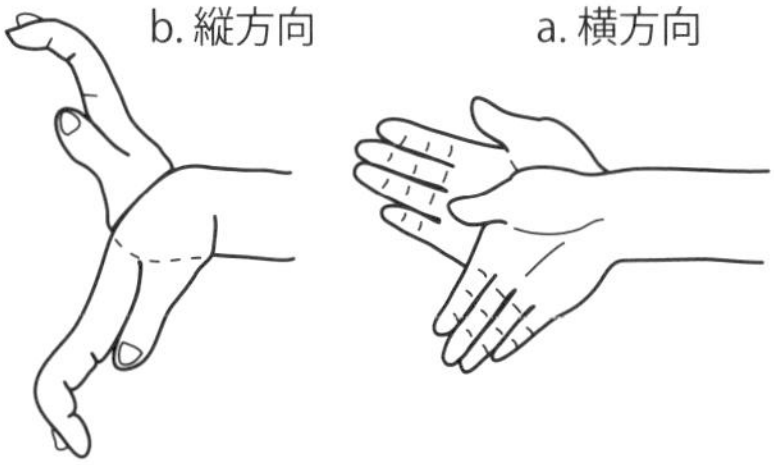

図3. 手首TFCC

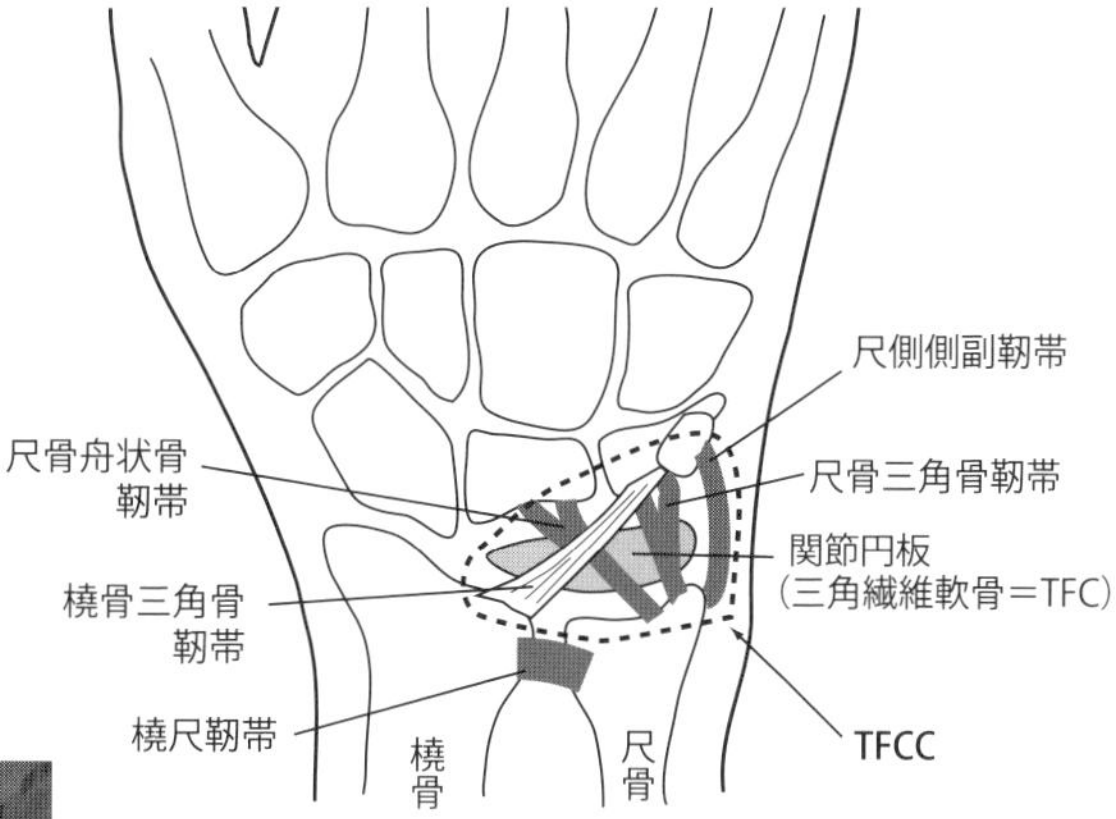

図4. TFCC障害予防のための
テーピング

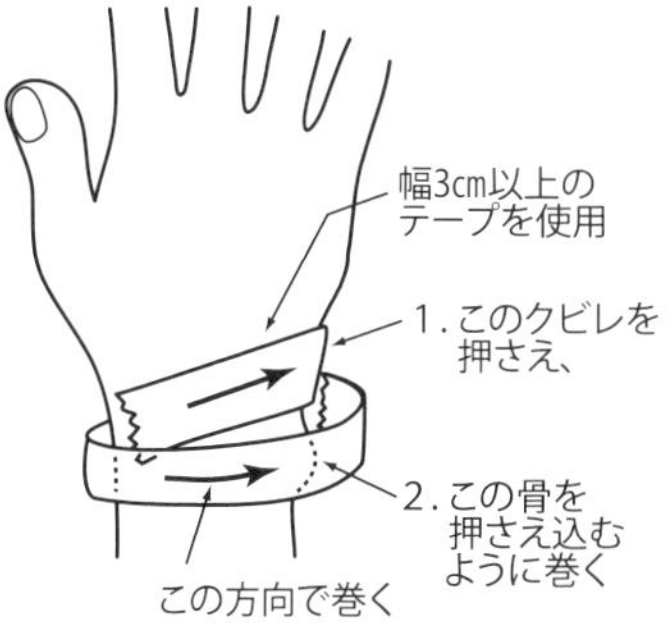

図5. 前腕回旋時の尺骨の動き

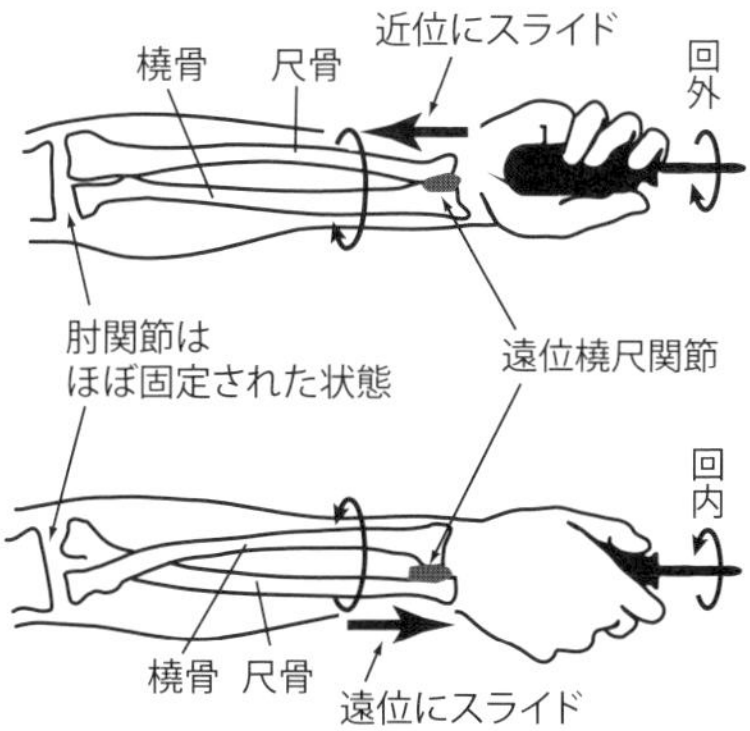

遠めのアンダーホールド保持は手首と肩に非常に悪い

治療例

〔肘〕

症例①（51歳、男、クライミング歴25年）

症状＝登っていて肘の外側に違和感を感じるようになり、徐々にピンチやプッシュで痛みが出てくるようになる。登れないほどではないが、日常でも物を掴もうとするだけで痛みが出てきた。

診断＝肘関節自体に異常はなく神経症状もないが、外上顆炎の誘発テストは陽性で、上腕骨外上顆炎（橈側手根伸筋の腱と骨の接合部の炎症）と診断。

処置＝ここが断裂に至った症例はほとんどないので、特に手術などは行なわず。必ず治ってはくるが時間がかかる（約半年〜1年）と言われ、クライミングの頻度を落とすように指示を受ける。サポーターの使用とストレッチを指導される。

経過＝約1年くらいでいつの間にか痛みはなくなった。


症例②（41歳、男、クライミング歴12年）

症状＝フィンガーボードで段違いの引き付け練習中に肘の内上顆に痛みが走る。その後、手首の外回し、尺屈での引き付けで痛みが気になって仕方がなくなる。発症後約3カ月で受診。

診断＝回内ストレスや内上顆への圧痛があるため、上腕骨内上顆炎と診断。

処置＝外科的処置はなし。自然に治るが、クライミングは3カ月は中止すべきと指示される。しかし結局、1カ月後から登り始めてしまった。

経過＝痛みが出なくなるまで1年半ほどかかったが、現在は無症状。

症例③（57歳、男）

症状＝登った後に右肘に違和感を覚える。そのままにしておいたが、だんだん肘が伸びなくなってきていることに気づき、また、そのせいでなかなかレストしづらくなった。1年ほどして受診。

診断＝変形性肘関節症。

処置＝手術（①上腕骨と尺骨の嵌合部に穴を開け関節内圧を下げる。②関節内で遊離体となっている軟骨の破片を除去）。

経過＝1年後、可動域は約半分ぐらいまでは回復するも完治はせず。また、現在左にも同様の症状が出ている。

症例④（35歳、女）

症状＝登った後に左肘に違和感。ある時カチホールドで引き付けようとして強い痛みを感じ、肘が伸ばせなくなった。

診断＝軟骨剝離→関節内遊離体→ロッキング→滑膜炎（関節炎）。

処置＝ヒアルロン酸の注射を3回。

経過＝最初の注射でロッキングは解除されたが（伸展可能となる）、その後も3カ月ほどは軽い痛みと腫れは続いた。現在も過度に登ると肘に軽い腫れが出てくる。医師にはいずれ変形性関節症に移行するのではと言われている。

〔手首〕

症例①（27歳、男）

症状＝ジムでボルダリング中、ピンチホールド保持で手首背側に強い痛みが走る。数日後に痛みが引いたが、登るとやはり痛い。登っては休みを繰り返すが、良くなる気配がなかった。

診断＝手首腱鞘炎。

処置＝特になし。

経過＝良い治療方法が見つからぬまま今に至る。

症例②（35歳、女、クライミング歴5年）

症状＝アンダーやピンチ保持、カチの単純な引き付けでも手首の小指側に痛みを感じるようになった。ドアノブを回すだけで痛みが出るようになり受診。

診断＝TFCCや遠位橈尺関節に異常はなく、尺側手根伸筋腱腱鞘炎と診断。

処置＝腱鞘内注射を1週間隔で2回。

経過＝初診から3週間はクライミングは中止。4週目から登り始め、6週目には痛みは消失。現在に至る。

症例③（40歳、女、クライミング歴6年）

症状＝登っているうち主にワイドピンチの保持で手首の親指側に痛みを感じるようになり、やがてクライミングをせず親指を開くだけでも痛むようになった。

診断＝デケルバン症（伸筋腱第1区画腱鞘炎）。

処置＝2度の腱鞘内注射をしたが軽快せず。6週目で腱鞘切開手術を行なった。

経過＝術後4週目からクライミングを再開。その後の経過は良好。

症例④（36歳、男、クライミング歴5年）

症状＝アンダーホールドの保持、サイドの押し付けなどで手首の痛みを感じるようになる。そのうちに車のハンドリング、洗顔動作などでも痛むようになった。

診断＝オーバーユースによる遠位橈尺関節炎と診断。

処置＝3週間の安静とテーピング。

経過＝仕事でも手首を酷使するためなかなか軽快せず。クライミングは週1日程度で続け、アンダーホールドを気にせず保持できるまでに1年を要した。

症例⑤（23歳、男、クライミング歴8年）

症状＝1カ月前から手首周辺の鈍痛があったが、キャンパシング時に手首全体に痛みが走り力が入らなくなった。その後なんとか登れたが、浅いオープン保持が困難で、関節がずれる感じがした。

診断＝手根不安定症。

処置＝専門病院で靭帯再建手術を施行。

経過＝術後4カ月目から軽いクライミングを再開。約半年で痛みは消えたが関節可動域が戻るまで1年を要した。

症例⑥（48歳、男、クライミング歴20年）

症状＝3カ月前から手首の小指側に違和感を感じており、マントルムーブの繰り返しで急激に痛みが強くなる。日常でもタオルが絞れないなど、不自由を感じた。

診断＝TFCC損傷。

処置＝サポーターを2カ月間、就寝と入浴時以外は徹底的に装着を指示される。

経過＝半年のクライミング中止を指導されたが、4カ月目からテーピングをして再開していた。その後も痛みは出たが、約1年で症状はほぼ消失した。

コラム・最近の故障の傾向

80年代から90年代前半にかけての、世にクライミングジムというものがなかった時代、クライマーの故障といえば「指パキ」、つまり急性の指腱鞘炎か、前腕での深指屈筋の筋腱移行部損傷が、数少ない障害の代表例と言えるものだった。いずれも外岩の悪いホールド保持によるもので、特に深指屈筋損傷はヨーロッパでのポケット保持によるものが多く、彼の地に行って初めて遭遇するものとして上級クライマーたちに恐れられていた。ちなみに指を「パキる」という言葉も、これを受傷する時の音からきている。その他のものとしては、当時のほぼ唯一のトレーニング＝懸垂のしすぎによる肘上顆炎も、「クライマー肘」と呼ばれて、よく聞くものの一つだった。

その後、日本にもクライミングジムができて人工ホールドを多用するようになると、アーケ持ちのオーバーユースによる中指・薬指近位関節の関節炎、腱鞘炎が故障の大半を占めるようになった。肘の上顆炎も徐々に増えていき、だいたい90年代いっぱいはこの2つがクライミング障害の代表的なものと言えた。

だが、クライミングがより進歩し激しいムーブが多くなると、障害は体のあちこちに及ぶようになった。その代表的なものがドロップニーによる膝の内側側副靭帯・外側半月板損傷である。さらに肩を痛める人も2000年頃から多発し出したが、この頃はクライマーたちの間に「ボディケア」という意識は低く、痛いがそれは我慢して登るしかない、程度の考え方だったように思う。ちなみにこの頃の肩痛は、腱板炎、上腕二頭筋長頭腱炎、インピンジメント症候群が主なものだったのではないかと推測される。

そして時代はコンペ全盛期。レベルもトレーニングも圧倒的に肥大化し、クライマーもそれなりにボディケアについて考えるようにはなったが、それでもこの面での意識がそのクライミングレベルに追いついているようには思えない。

そうした中、今、特に問題視されているのが、若年層での手指骨端症の多発である。これは15年ほど前に京都で初めて見つかった時、世界的にも注目すべき特異例として警鐘を鳴らしたものだが、近年これが急増している。理論的にはすべての若年クライマーに罹患の可能性があるもので、社会的な対策が急がれる。

さらにここ数年は、ヒールフックの多用による膝の外側側副靭帯損傷、ガストンの多用による肩の関節唇損傷、強い引き付けムーブの多用による肘の変形性関節症、ピンチホールドの多用による手首の関節炎が、目立って増えてきている。

これらは結局はそれらをやる側の責任ではあるのだが、そうしたムーブを多用させる設定側にも、多少の問題意識はあっていいようにも思える。両者の意識改革が多いに望まれるところである。

指

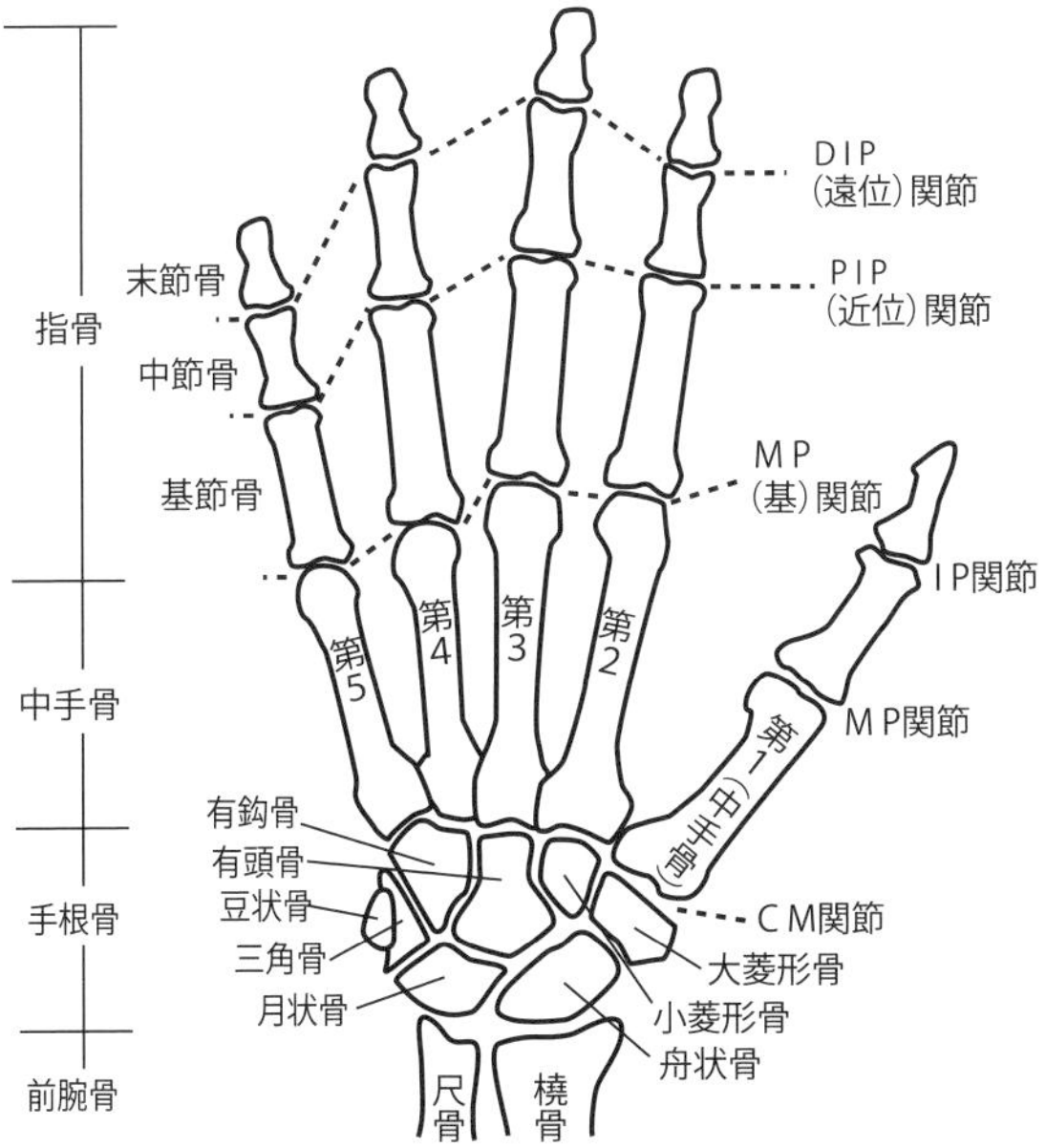

指骨
末節骨
中節骨
基節骨
中手骨
手根骨
前腕骨
DIP
(遠位)関節
PIP
(近位)関節
MP
(基)関節
IP関節
MP関節
第5
第4
第3
第2
第1(中手骨)
有鉤骨
有頭骨
豆状骨
三角骨
月状骨
CM関節
大菱形骨
小菱形骨
舟状骨
尺骨
橈骨

【指のしくみ】

指関節は、第一関節第二関節などと一般的には呼ばれているが、これは人によってどちらから数えるのかはっきりしない。医療レベルではDIP、PIP、MPと呼んでいるが、これもわかりづらいので、本書では遠位関節、近位関節と表記する。

■指を曲げるしくみ

指の屈曲は、指各骨に「腱」というピアノ線のようなものが付いていて、それが前腕部の筋肉につながっており、その筋肉が収縮することで行なわれる（図1）。そして指を曲げるのは前腕内側の筋肉（屈筋）が、伸ばすのは前腕背側の筋肉（伸筋）が行なう。

意外に単純なしくみだが、ここで注目しておきたいのは、末節骨と中節骨にはそれぞれ別の腱が付いていて、それがまたそれぞれ別の筋肉につながって指の各関節の屈曲を行なっているということだ（図2、3）。

具体的には中節骨（近位関節）の屈曲（アーケ）は前腕の浅い部分にある筋肉「浅指屈筋」が受け持ち、末節骨（遠位関節）の屈曲（タンデュ）は深い部分にある筋肉「深指屈筋」がそれぞれ受け持っている（図3、4）。

ただし後者の深指屈筋は一般的にかなり弱く、それなりにトレーニングを積んだクライマーでないとなかなか力を発揮できない。それゆえタンデュは力的にきつく、故障も起こしやすい。

■腱鞘の存在

また、これら腱は、そのままだと指を曲げた時に弓の弦のように飛び出してしまうので、それを防ぐために各骨に腱鞘と呼ばれるサヤがついており、腱はこの中を通って前腕へとつながっている（図5）。この腱鞘は強い線維質の組織でできているが、小さい面積に力が強くかかるため、特にクライミングなどでは傷めやすい。

さらにこうした骨の周囲には細かい内在筋もいくつかある（図6）。このうち骨間筋は主に指を横に動かすような動きや横方面からの負荷の固定に、虫様筋は指の根元の関節の屈曲や、指の屈曲途中での固定に使われている。これは、そもそも指を曲げる時には指の付け根の関節を伸ばしたまま、つまり伸筋腱も引っ張られた状態で、各指の腱を引っ張らなければならないためで（図7）、このあたりの関連性が、細かいホールディングの際など、各所に多様な負荷をかけることになる。

図1. 指の屈曲のしくみ

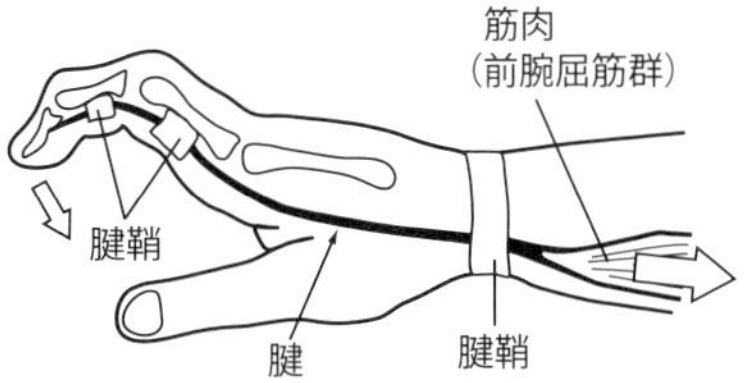

図2. 指の腱

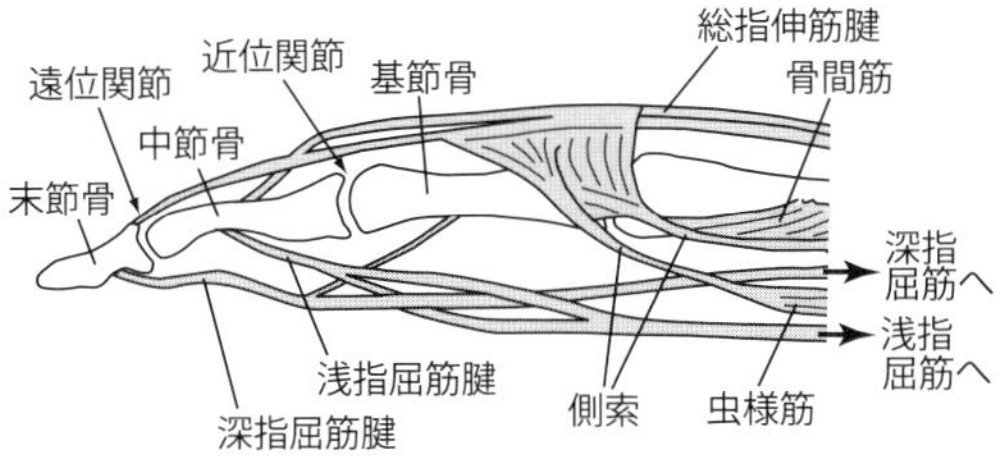

図3. 前腕(掌側)の筋肉群

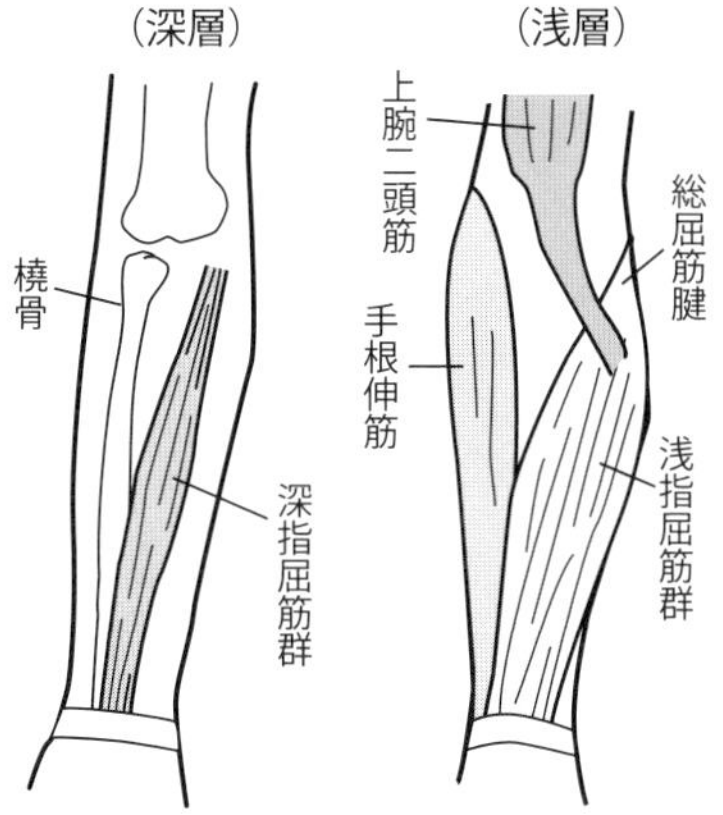

図4. 指屈曲時の腱の働き

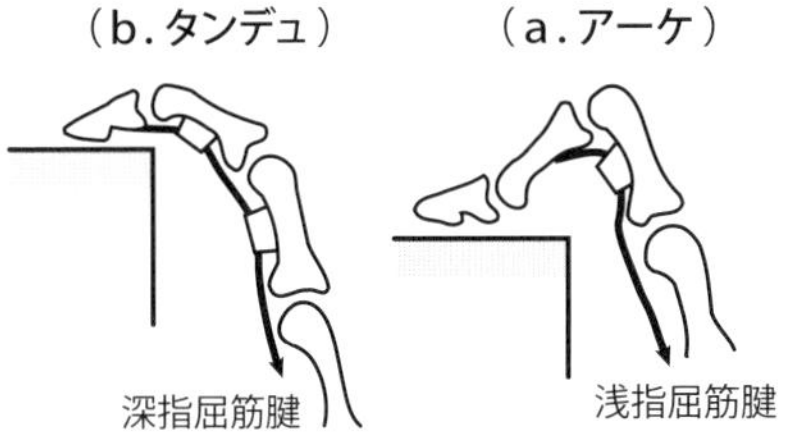

図5. 腱鞘の働き

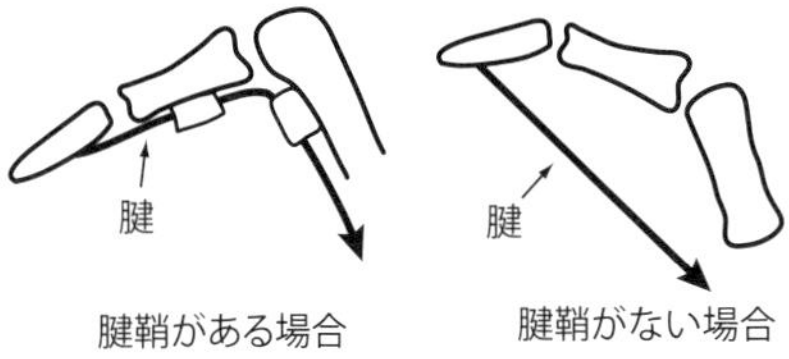

図6. 手の内在筋(手の平側)

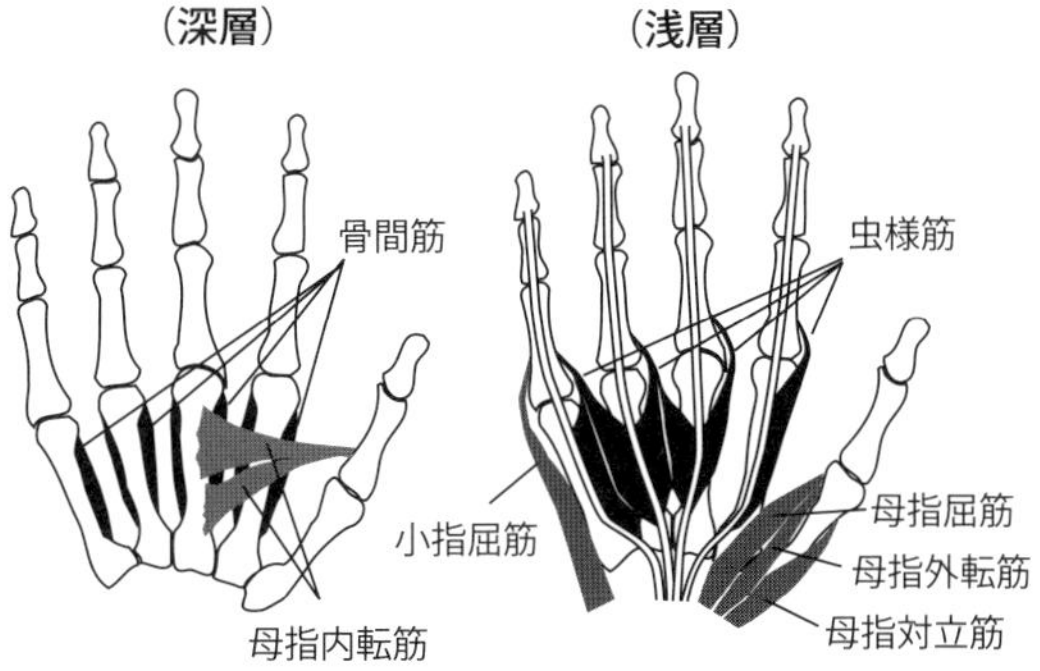

図7. 屈曲位での固定

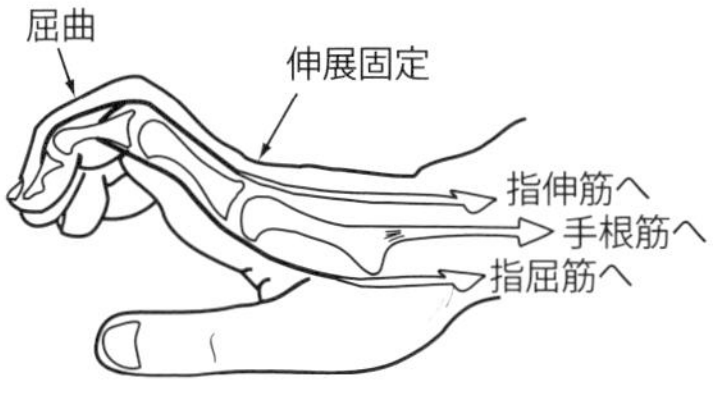

【指の障害① 急性損傷】

クライミング中、悪いホールドで体を引き付けた瞬間、「パシッ」という音がして指や手の平、前腕に猛烈な痛みが走ることがある。クライマーの間で俗に「指をパキる」と言われているもので、この原因は以下の通りだ。

処置に関しては、いずれも急性なのでアイシングを絶対とする。その対応は早ければ早いほど良い。

■靭帯損傷

屈曲位をとった関節が、かかった負荷に耐えかねて、それこそいきなり、パキッ！と過伸展したり、ねじれたりする状態（図2）。これはあきらかに関節を支えている側副靭帯や掌側板、掌側靭帯の損傷によるものである。特別大きな負荷でなくてもなり得るもので、関節部の腫脹と圧痛が著明になる。

■急性腱鞘損傷

パキリとして最も頻発しやすいと思われるこれは、次項腱鞘炎の急性のもの、つまり炎症を超えて腱鞘線維の部分断裂に至ったものと推測される。しかもこの場合は腱鞘そのものの断裂というより、腱鞘（特にA2）が、付着している骨（基節骨）から引き剝がされるものが多い（図3）。また、受傷する指は80～90％が薬指である。

こちらは前者と違い、損傷部位の痛みが滑膜性腱鞘（線維性腱鞘と違って血管、神経を有する。図4）に沿って手の平や手首、前腕や肘の内側にまで縦に放散するのが特徴と言える。

■筋腱移行部損傷

指～掌周辺ではなく、稀に前腕の内側中央部に猛烈な痛みを伴うものがある。これは屈筋腱（主に深指屈筋）が強い負荷（牽引）により筋腱移行部（筋肉と腱が接合する部分）で損傷したもので、いわゆる肉離れの一つ。ポケットや極小エッジの保持などで生じることが多い。これはやはりアーケ系の浅指屈筋よりタンデュ系の深指屈筋の方が圧倒的に細くて弱いことによる。

前腕ほぼ中央部に圧痛があり、抵抗下に指を曲げると同部に痛みが出る。

安静のみで治癒するが、完全回復には3カ月～半年を要する場合が多い。

■虫様筋損傷

手掌の中にある虫様筋（前ページ図6）が、中指、薬指間で損傷するもので、中指ポケット保持や薬指屈曲位で強く引いた時に受傷することが多い。これは人差し指～薬指の筋収縮時にそれぞ

図1. 指の靭帯

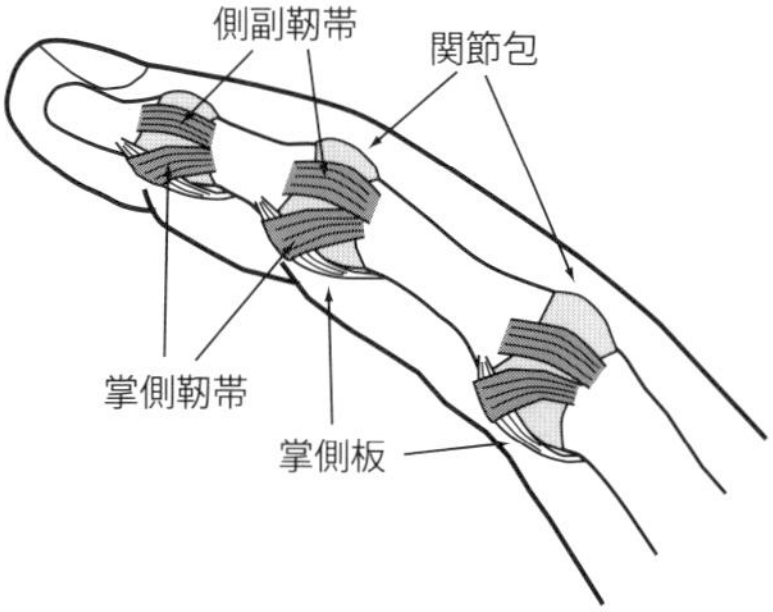

図2. 側副靭帯損傷の様子

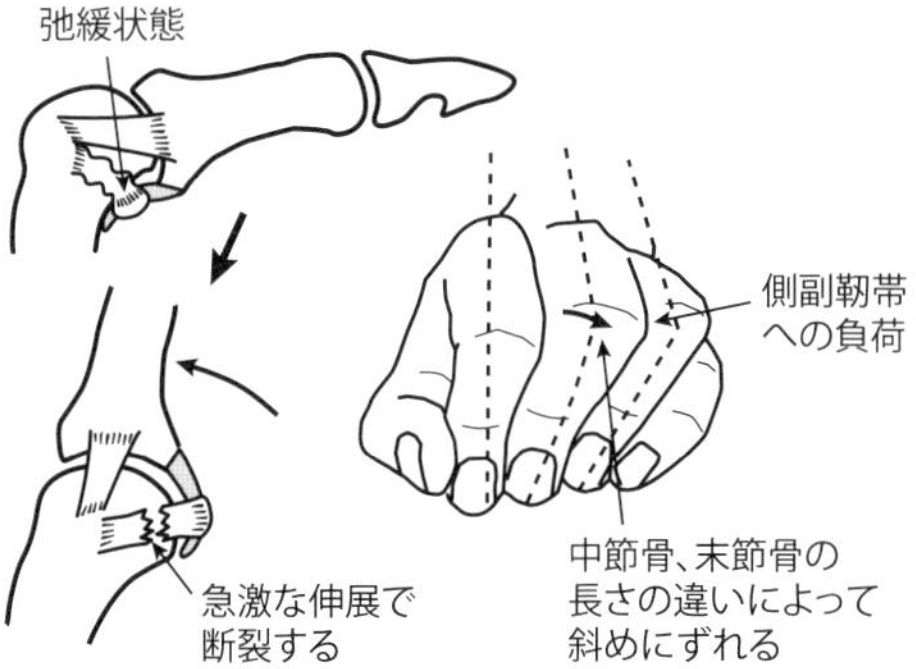

図3. 急性腱鞘損傷の様子

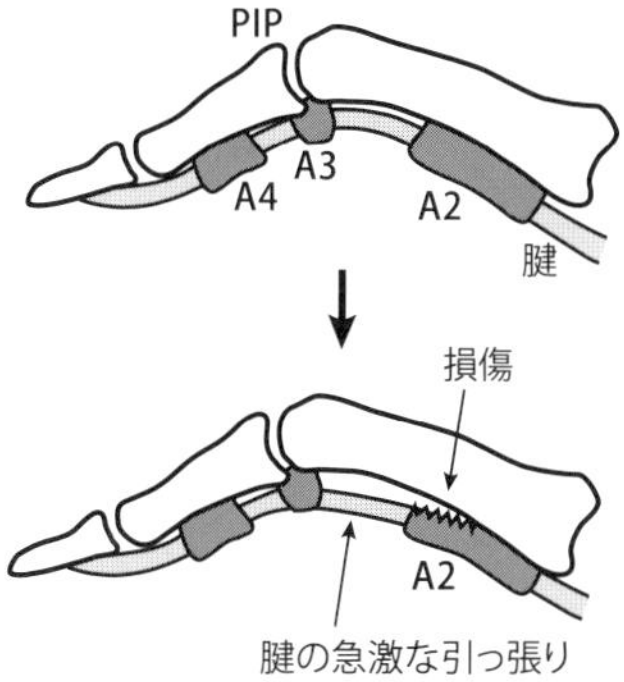

図4. 滑膜性腱鞘の配置

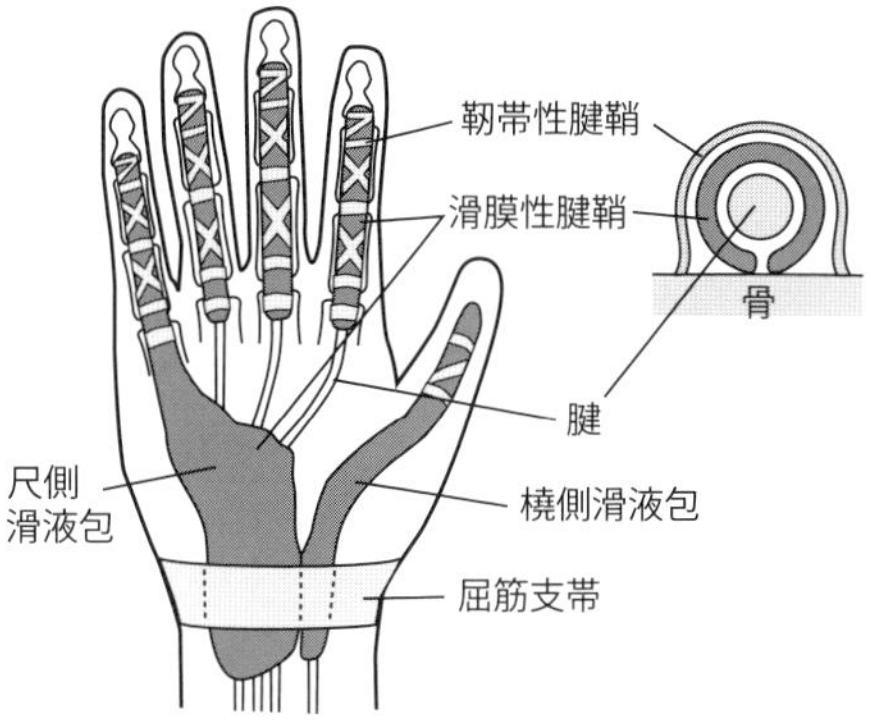

れの腱がずれ、それを補う虫様筋に負荷がかかったためだ。かつてはあまり聞かれなかったが、最近は多い。

　症状は手掌ほぼ中央の痛みだが、腕の前屈時に広く放散痛として現れることも多い。他の指を閉じた状態で中指または薬指を1本だけ伸ばすと痛みが出るが、中指と薬指を揃えて一緒に伸ばした場合は痛みが出ない。それで診断する（図5）。通常は中指と薬指を合わせたテーピング（149ページ）で安静4週間程度で回復する。予防としては1本指ストレッチなど。

図5. 虫様筋テスト

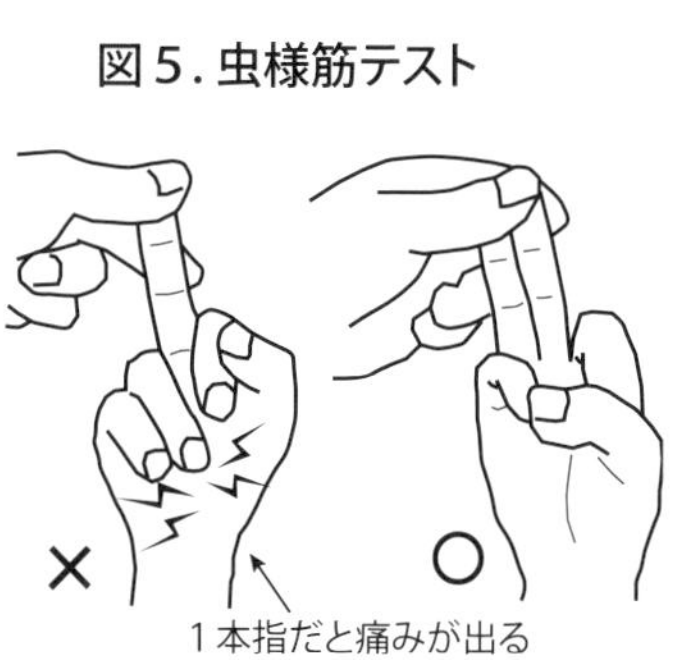

【指の障害②関節炎・腱鞘炎】

■関節炎

　クライマーで、指の関節が固まって完全な屈曲・伸展ができない、または常に痛いという人は多いだろう。その傾向は世に人工壁（ジム）が登場してから特に顕著になったようにも思われる。これらは多くの場合、アーケによる強い負荷が原因になっている。

　アーケでの力のかかり方を示したのが図1だが、ここで傷めやすいのが太矢印の部分である。指はそもそもの関節面が小さく、圧縮力を分散できない。そこにクライミングなどで強い外圧をかけると、関節面に点と点での圧縮力をかけてしまう。すると結果、軟骨表面や掌側板、滑膜の損傷などが起こる。これがいわゆる「関節炎」である。

　さらに長年の過負荷で靭帯も傷んでいることが多く、それが合わさると周囲の靭帯や腱鞘の損傷が癒着に結びついたり、側索（骨間筋からのびる腱）が関節部から外れて関節を変形させてしまったりする。クライマーの指が膨れたり曲がったままになってしまっているのは、多くはこうした理由による。

　この処置はアイシングを基本とし、極力安静。テーピング固定で登り続ける人もいるが、痛みがある場合はもちろん勧められない。カチ持ちで関節の動揺性を伴う場合は手術もあり得る。

■腱鞘炎

　前述した通り、指の屈曲は指の骨に付いた腱を前腕が引っ張ることによって行なう。その際、腱が弓の弦のように出てしまうのを防ぐために腱鞘といわれる鞘がこれを覆っているのだが（141ページ図5）、腱が引っ張られる時、この鞘の内側に強い負荷がかかる。これによって起こるのが「腱鞘炎」だ。これは特にアーケ持ちの負荷で起こしやすいが（図3）、前項の急性のものと違って慢性の場合は腱鞘そのものが疲労で破れるものが多い（図4）。

　症状は指を曲げて加重した時や、指の腹を押すと痛む。重度だと何もしなくても痛むことがある。線維組織の損傷のため治りは遅く、軽傷でも3カ月～半年は悩まされることがある。

　基本的に慢性の障害なので温めて血行改善を図るのが最良ではあるが、クライミングをした場合は事後のアイシングはやはり必要だ。軽度の場合はテーピングで保護し登り続けることもできるが、コントロールを利かせた負荷設定が絶対条件となる。広汎な完全断裂では手術を要することもある。

クライミングで最も多いホールディングのアーケ持ち。
だがこの持ち方が関節に多くの障害をもたらしている

図1. アーケでの関節への負荷

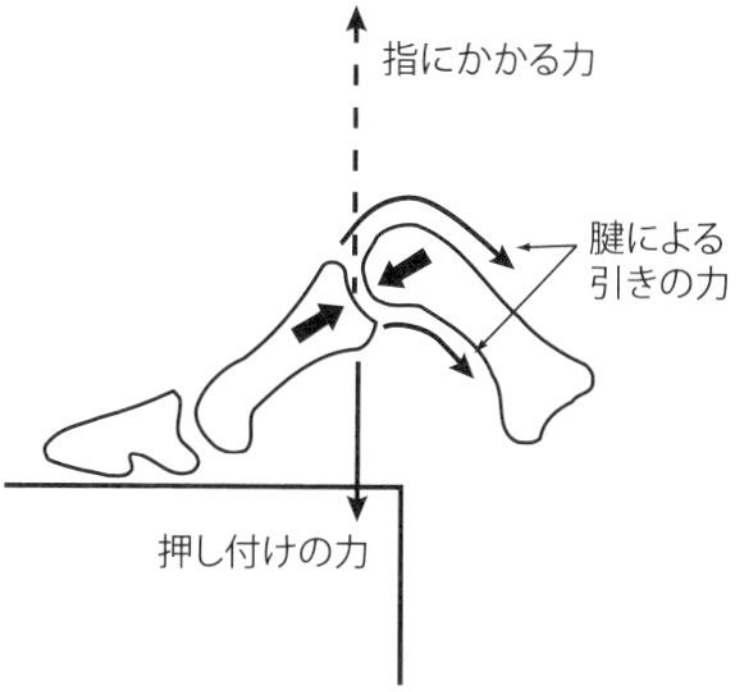

図2. 指の腱鞘

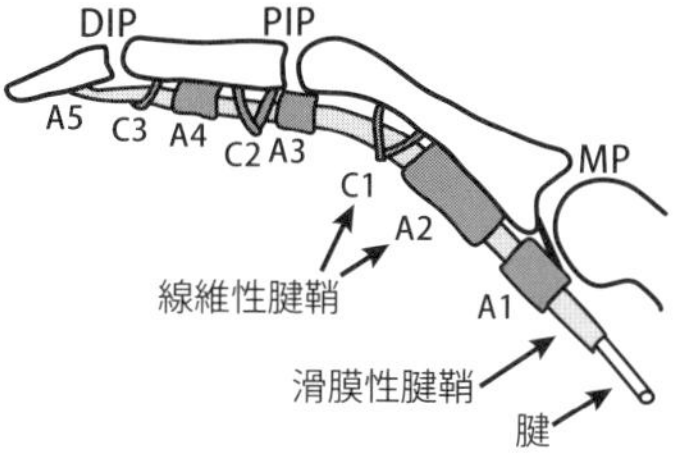

図4. 慢性腱鞘炎の様子

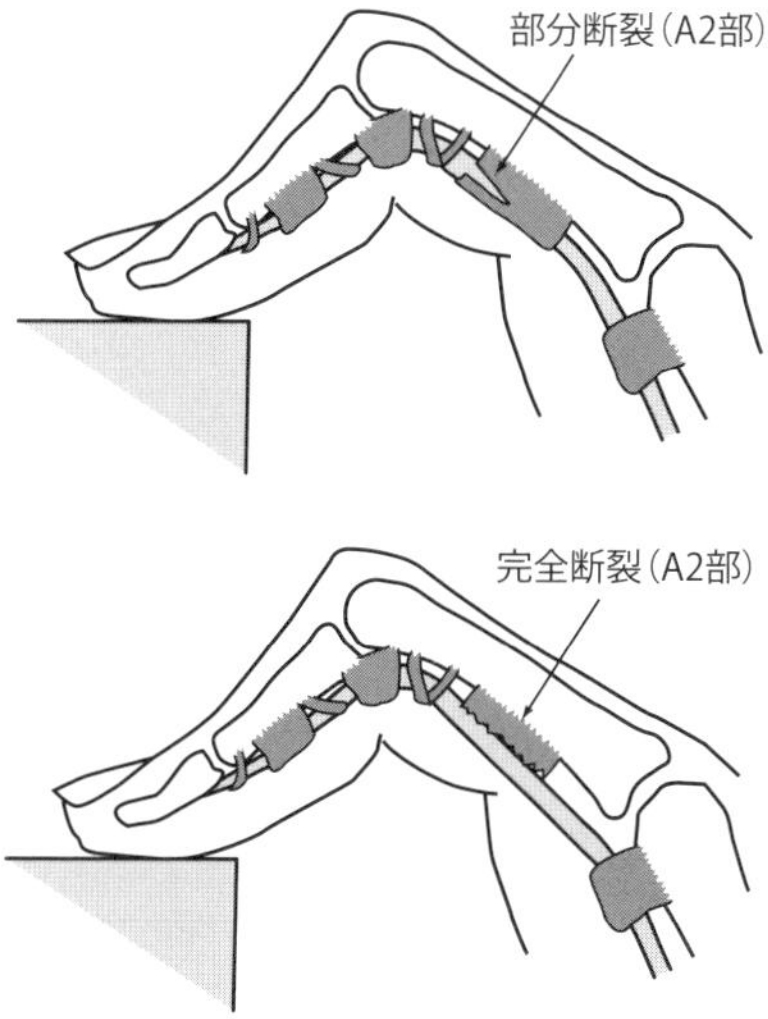

図3. 指屈曲時の腱鞘への負荷

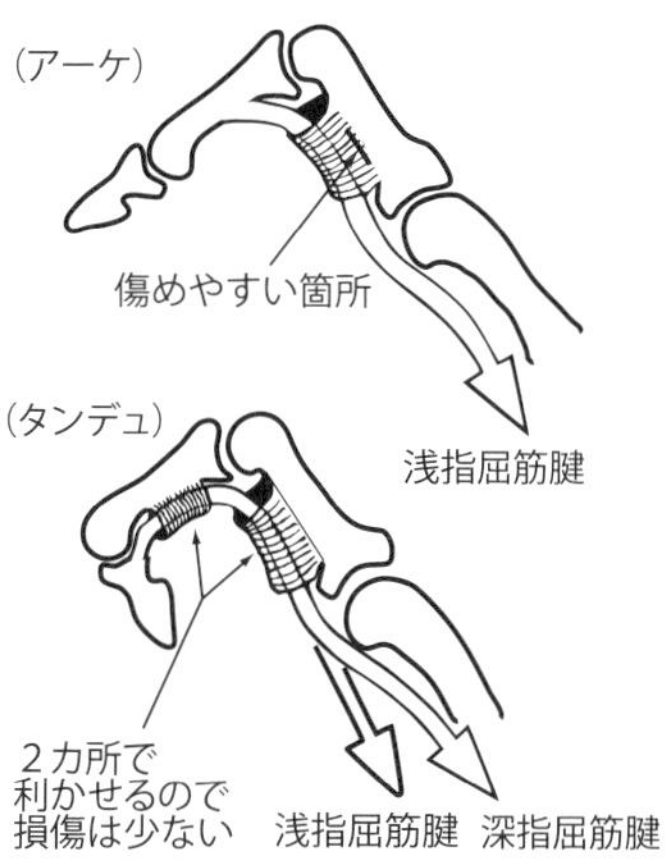

【指の障害③ 変形性指関節症 骨端症】

■変形性指関節症

関節への過負荷による骨の変性＝変形性関節症は当然指にも起こり得る。指の場合、遠位関節に生じるものをヘバーデン結節、近位関節に生じるものをブシャール結節と分けて呼んでいる。クライミングでは特に近位関節に生じることが多く、それはひとえにアーケ持ちによる過負荷に起因している。また、近年では特異例として親指付け根の関節（CM関節）のそれも増えてきており、それはピンチ持ちで生じるものと推測される。

ただし、こうしたクライミング由来の指関節の変性は、メカニズムが通常のそれとはやや違うとも見られる。

それは一般的な手指の関節症は、基本的には軟骨の摩耗による関節炎が引き金とされるわけだが、クライマーの指に生じている変化は軟骨の磨耗ではなく、骨の増殖性変化が主体となっている。極度の変形例でもX線検査による所見では軟骨が温存されている例が多く見られるのである。

よってこの2つは、病態が異なるものと考えられる。クライミングの場合は繰り返しの関節への極度のストレスが関節包と靱帯の軟骨化や骨化を生じさせているものと考えられ、刺激を受けた関節の合目的的な反応と捉えても良いかもしれない。しかし症状は通常の関節症と同じく、痛みや腫れ、硬化など。関節を両脇から押して圧痛があったらその前兆と見て良いだろう。

対処法としてはオーバーユースを避けることはもちろんだが、炎症性の症状、すなわち痛みや腫れをひかせる処置、アイシングや非ステロイド系の抗炎症剤の外用で、ある程度はコントロールが可能であると考えられる。ただし同関節の側方圧痛があるうちはクライミングはやはり控えた方が良い。

■骨端症（離断性骨軟骨炎）

これは若年層のみに見られるスポーツ障害の一つで、写真下段のように関節の骨端が骨端線から離断してしまうものを指す。一般的には極めて稀だが、ここ数年、ユースクライマーの手指（主に中指の中節骨）に非常に多く見られるようになってきた。特に成長期後期（15～17歳）に多発している（68ページ「若年層への注意点」参照）。

原因は成長過程にある未熟な骨がせん断方向へのストレスを繰り返し受けるためで、骨端軟骨部に血行障害による壊死性病変を起こすものだ。

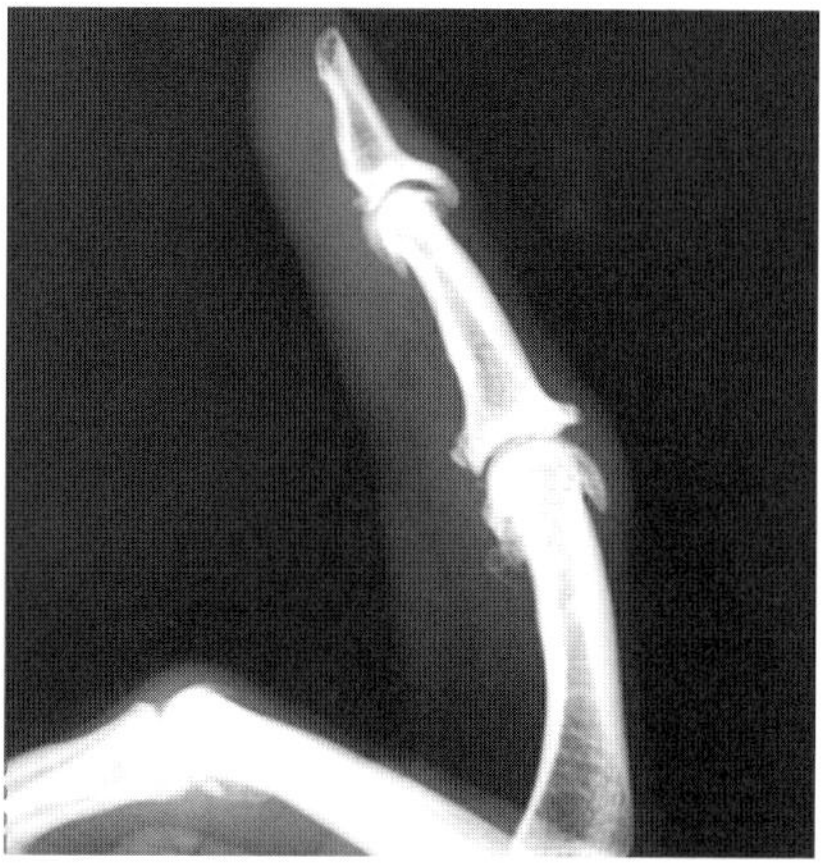

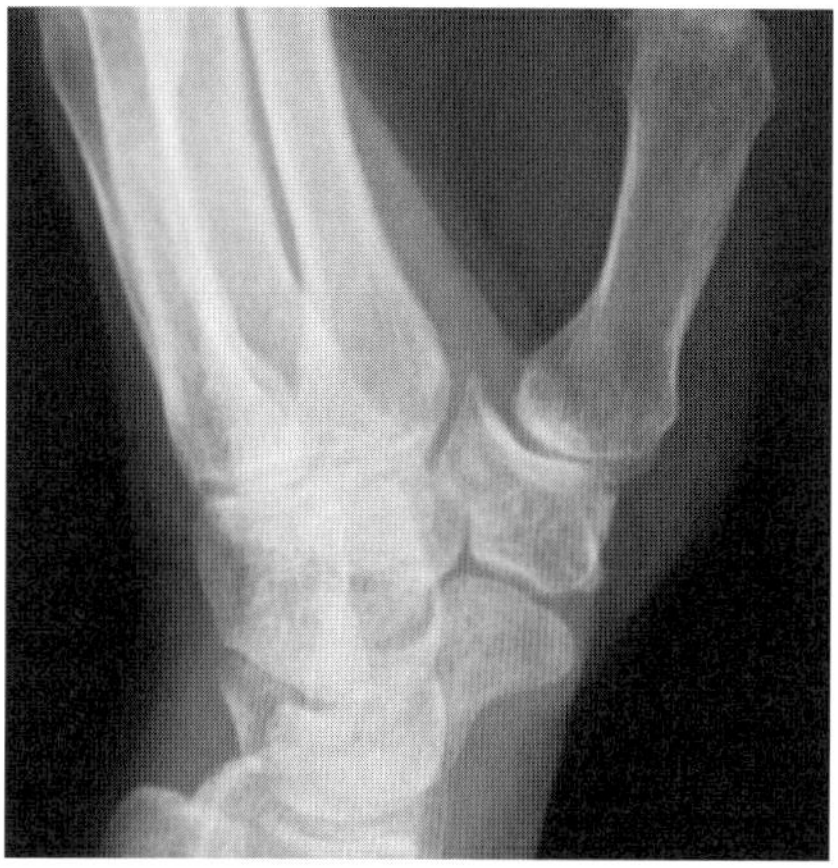

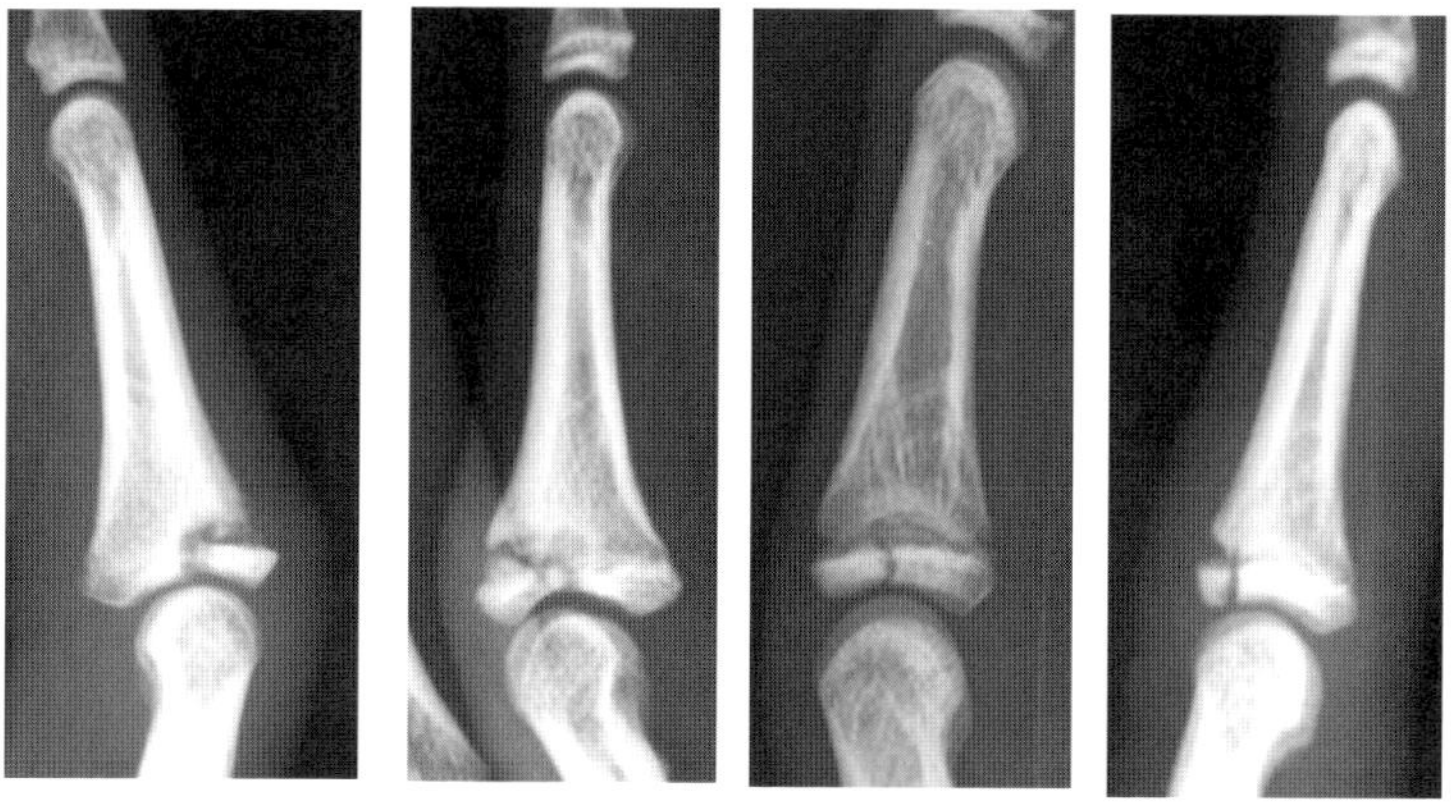

上右：指の変形性関節症（重度）
上左：CM関節の変形性関節症
下：10代クライマーの骨端症

クライミングにおけるそのストレスとは、言うまでもなくアーケ持ちによるホールディングポジション（スローパー、小さなピンチグリップも含む）である。外見的な症状は関節の腫れと痛みで、この年代でこれらがあるようならまず疑ってよい。

治療は長期安静が絶対条件だが、離断した部分が完全脱落しない段階で上手に抑えれば、3カ月〜半年程度で自然治癒する。ただし安静が充分に保てないと乖離した骨が転位してしまい、そうなると手術以外では治せなくなる。放っておくと一生涯、指運動の不都合に苦しめられることになる。

予防は、なにしろアーケ持ちを酷使しないこと、同じ負荷を同じ場所にかけ続けないこと。競技優先になるとどうしてもこれらは見逃しがちになるが、周囲で極力注意すべき事柄だ。

なお、この障害は近年IFSC（国際スポーツクライミング連盟）でも取り上げられており、国際的な懸案事項としてたいへん注目を浴びている。

【指のケア】

■受傷時の初期対応

急性の損傷（いわゆるパキリ）の場合、まず最初の処置はアイシングだ。具体的には10度前後の水または氷水に、できれば肘まで浸けて5～10分。これを2～3回繰り返す。あまり冷たい水でやらないのは、指の芯まで冷やすために皮膚が我慢できること、肘まで冷やすのは腱から続く筋線維をすべて冷やすためだ。関節炎のみなら手首から先だけでも充分だろう。

■経過処置

受傷後2日間ほどは安静と冷却を絶対条件とする。3日目くらいから軽い自動運動を始めるが、これは組織の癒着防止と血流改善のためのものなので、指の開閉程度で良い。同時に軽いストレッチも行なう。

その後の回復期間は受傷の程度にもよるが、最低でも2～3週間はクライミングは控えること。軽傷の場合はテーピング保護（図1）である程度登り続けることもできるが、強い負荷はもちろん厳禁だ。基本的に線維組織の損傷なので、完治しない状態で再び傷めると、筋挫傷と同じくどんどん傷めやすくなっていってしまう（90ページ参照）。繰り返しのパキリは絶対に避けたいところだ。一般的にこうした線維組織の修復には最短でも3カ月はかかると見て良い。

■予防

急性のパキリに関しては今のところこれといったものは思いつかない。ウォーミングアップとストレッチを入念にやるくらいだろうか。ストレッチは前腕だけでなく内在筋も行ないたい（図2）。ただしこうしたストレッチはクライミング直後はやらない方が良い。マッサージも極力軽く、やって5分程度で充分だ。

関節炎（慢性）に関しては、アーケ持ちは極力控えること。ホールドはできればオープンハンド（セミアーケ）で持つようにした方が良い（左写真）。さらに同じ場所に同じ負荷をかけ続けないこと。クライミング後のアイシングを習慣づけること、など。

また、ホールドの支持は手の平側の屈筋だけでなく手の甲側の伸筋にも同様に負荷がかかるものだから、グリップセイバープラスなどで指を伸ばすような運動をすることも効果が高いだろう。内在筋のトレーニングもできる限り行なうようにしたい。

図1. 指のテーピング

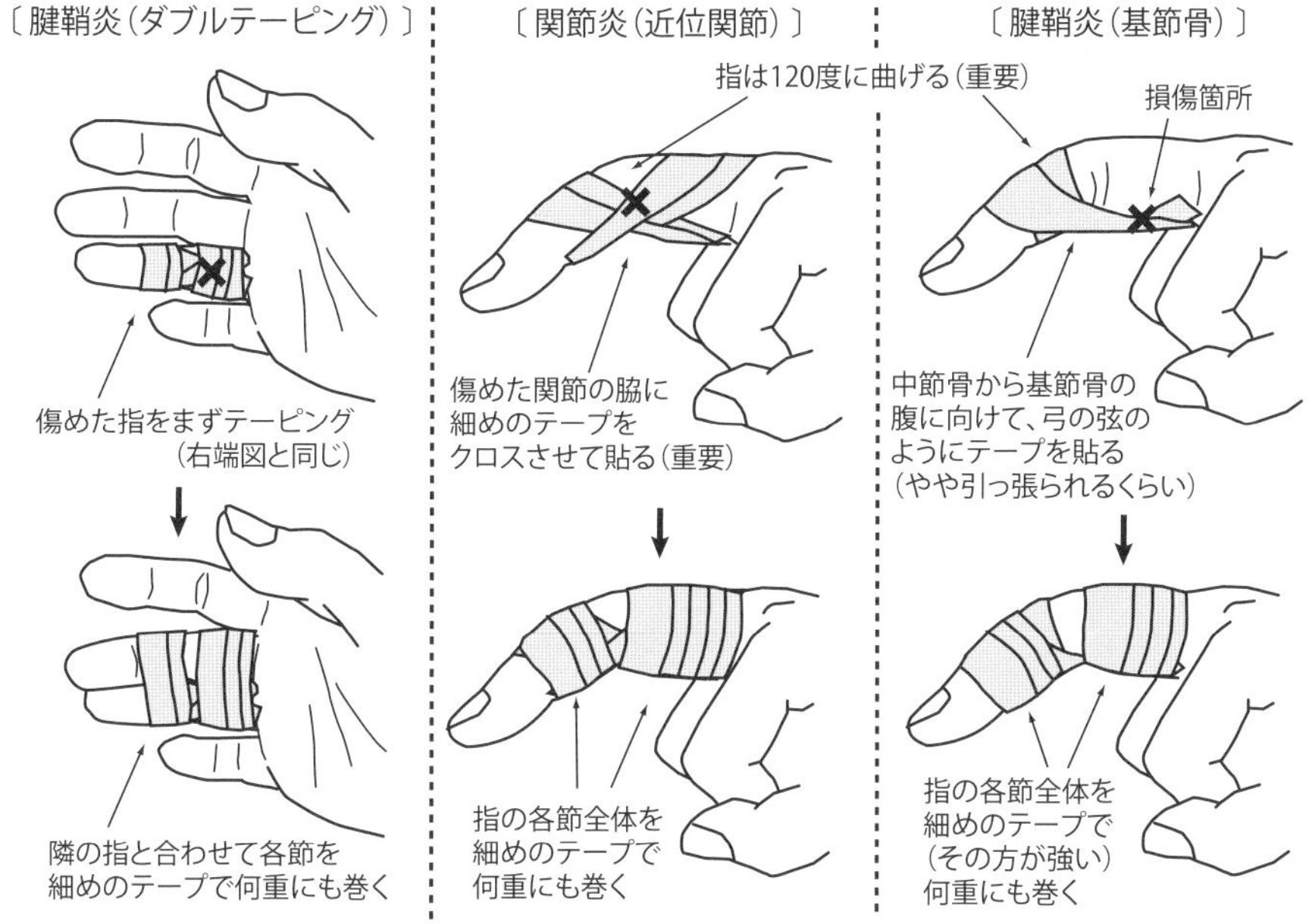
〔腱鞘炎（ダブルテーピング）〕
傷めた指をまずテーピング
（右端図と同じ）
隣の指と合わせて各節を
細めのテープで何重にも巻く
〔関節炎（近位関節）〕
指は120度に曲げる（重要）
傷めた関節の脇に
細めのテープを
クロスさせて貼る（重要）
指の各節全体を
細めのテープで
何重にも巻く
〔腱鞘炎（基節骨）〕
損傷箇所
中節骨から基節骨の
腹に向けて、弓の弦の
ようにテープを貼る
（やや引っ張られるくらい）
指の各節全体を
細めのテープで
（その方が強い）
何重にも巻く

図2. 内在筋のストレッチ

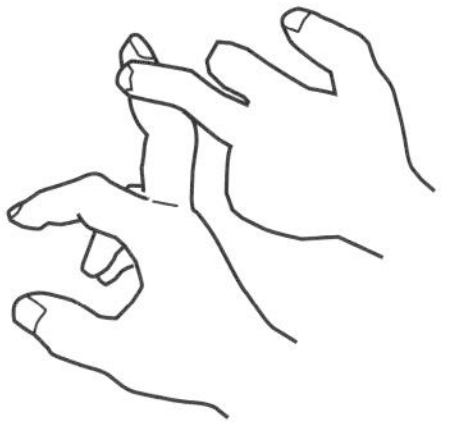

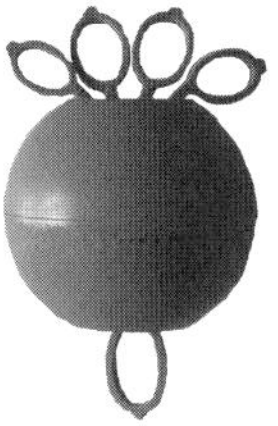

オープンハンドによるホールディング

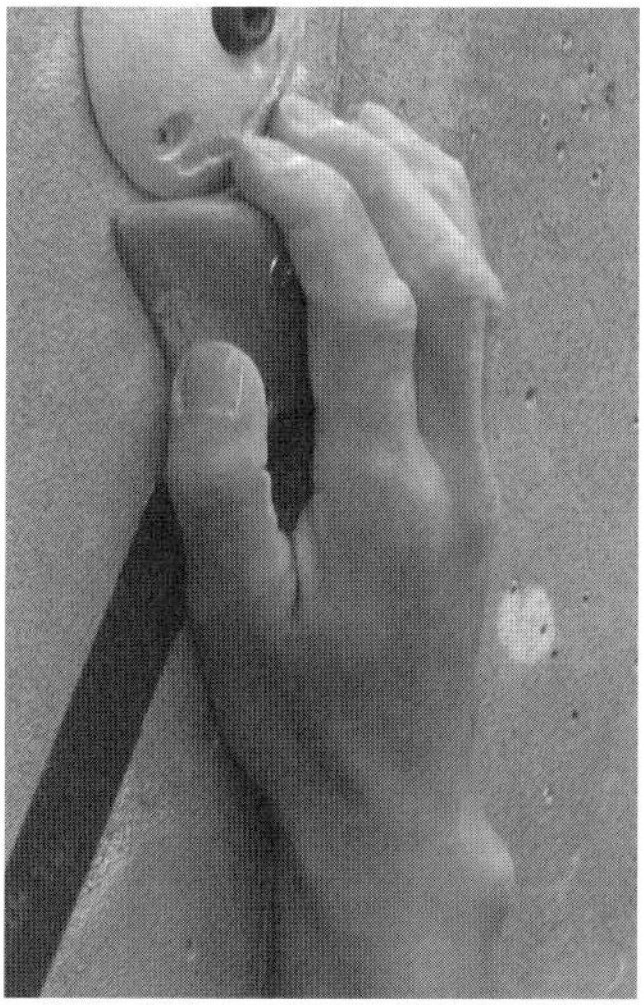

グリップセイバープラスと
それによる伸筋トレーニング

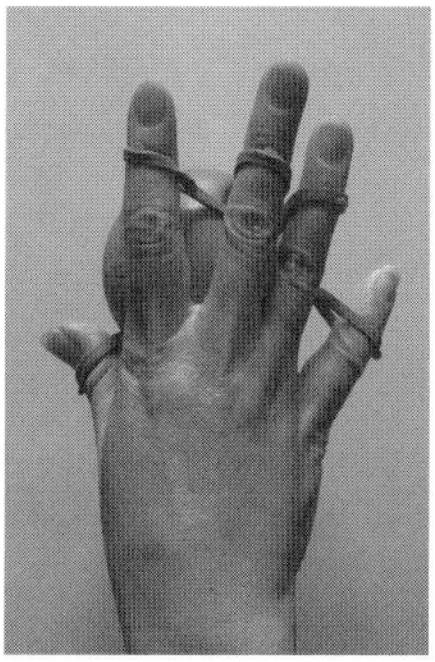

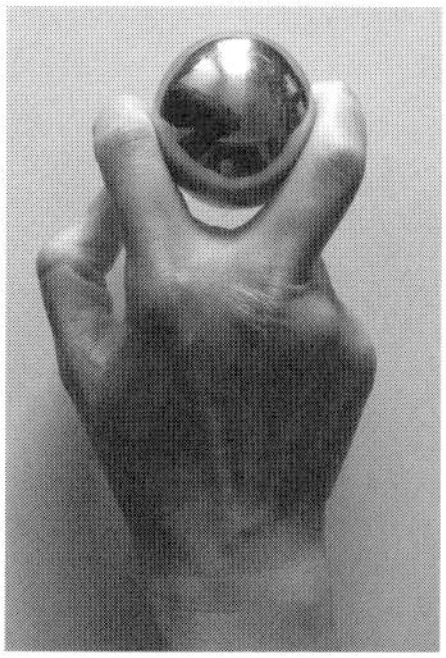

内在筋のトレーニング
（これで指を屈伸する）

治療例

症例①（27歳、男）

症状＝1本指ホールドを右中指で引き付けようとした瞬間、フットホールドが欠け、全体重がここにかかって、パキッという音とともに指がひっくり返る。

診断＝右中指近位関節脱臼による軟骨損傷＋掌側板損傷。

処置＝脱臼を修復後、2週間の副木固定を行なう。

経過＝3週目から復帰、その後も痛みは約3カ月続いたが、登る分には支障はなかった。5年後ぐらいから変形性関節症に陥り、背屈制限（まっすぐに伸びない）はあるが、日常生活で特に問題はない。

症例②（29歳、男）

症状＝かかりのよいポケットホールドをクロスムーブから右中指1本で引き付けようとした瞬間、パシッという音とともに右前腕中央部に猛烈な痛みが走る。

診断＝海外ツアー中のため特になし。

処置＝とりあえずクライミングは中止。

経過＝3〜4日後からアーケホールドは扱えるようになったが、タンデュ系はまったくダメで、日常生活にも支障をきたす（ズボンを引っ張り上げられない）。結局、前腕の痛みは1年ほど続いた。

症例③（25歳、男）

症状＝甘い2本指ポケットで体を引き付けようとしたところ、指が耐えられずフォール。その瞬間、掌中央でパキーンと大きな音がする。直後は痛みはなかったが、力が入らず、10分くらいでみるみる腫れてきて、焦ってアイシングを施す。

診断＝手掌腱膜一部断裂。

処置＝抗炎症薬塗布で経過観察。

経過＝3カ月くらいでクライミングに復帰。その後同じ箇所を3回ほど傷め、その都度1週間〜1カ月ほど休養する。しかし徐々に痛みも薄れていって、現在に至る。


症例④（35歳、女、クライミング歴3年）

症状＝週4日、ジムで登っていたが、左右とも中／薬指の近位関節が腫れている自覚はあった。そのうち寝ていても痛みで目が覚めるようになった。

診断＝X線検査上、明らかな変形性変化はなかったが、右中指の近位関節に側方圧痛があり、亜急性の関節炎と診断。

処置＝6週間の安静。また、再開時には徹底したタンデュ保持を勧められる。

経過＝4週間ほどで痛みはなくなったのでクライミング再開。1年を経過して時々は痛むが、登っていての支障はない。

症例⑤（32歳、男）
症状＝ジムで浅いポケットを中／薬指で引き付けた時に、鋭い痛みが薬指の掌側付け根に走る。しばらくしてまた登ろうとしても痛みが手首あたりまで広がり、クライミングを中断。1週間ほど様子を見ていたが軽快しないため受診。

診断＝中節骨末梢（指先側）に明らかな圧痛はあるが、腫脹は軽度。指の屈伸に伴う屈筋腱の浮き上がりは認められない。Ａ２腱鞘の部分断裂と診断。

処置＝２カ月間クライミングを中止。

経過＝受傷７週目からダブルテーピングをした上で、クライミングを再開。その後、３カ月ほどで痛みはなくなり、テーピングもせずに登れるようになった。


症例⑥（36歳、男、クライミング歴18年）

症状＝ジムで小さなアーケホールドで思いきり引き付けたところ、右手中指にパンという音がして指が跳ねてしまった。強烈な痛みで当然クライミングは中止。その後、日常生活でも指を使うことは何もできず、２カ月ほど圧迫と冷却をひたすら繰り返す。

診断＝腱鞘（Ａ２）の完全断裂。

処置＝再建手術を実施。

経過＝半年ほどは完全に安静状態で、その後、徐々にクライミングは再開するも、強いアーケはいまだにできない。

症例⑦（20歳、男）

症状＝ガストン気味のエッジをアーケ保持で引き付けようとして、小指が外れた瞬間に薬指の掌側付け根に痛みが出現。受傷時に患部に破裂音を感じた。

診断＝Ａ２腱鞘の部分断裂。

処置＝２カ月間クライミングを中止。

経過＝受傷６週目からダブルテーピングにてクライミングを再開。再開後、３カ月で痛みはなくなった。しかし、患部にエッジが当たった時の痛みは1年くらいは続いた。

症例⑧（16歳、男、クライミング歴2年）
症状＝左中指近位関節に徐々に関節痛、腫脹が出現した。
診断＝X線検査により中節骨背側の骨端損傷が見られた。
処置＝クライミング中止と安静。
経過＝発症1年目の最終経過観察時にも骨癒合は見られず軽度疼痛を残した。

症例⑨（14歳、女、クライミング歴10年）

症状＝13歳の時に左中指近位関節に、14歳の時に右中指近位関節に関節痛が出現した。初診時には同部の腫脹、圧痛も認められた。

診断＝X線検査により中節骨背側の骨端損傷が見られた。

処置＝最初のもの（左手）は3カ月間のクライミング中止、安静で骨癒合を得た。しかし2回目のもの（右手）は、4カ月間のクライミング中止、安静を指示され、一時的に疼痛、腫脹は軽減したものの、5カ月目で骨片が転位。そのため手術（骨移植。左写真）となった。

経過＝術後4週で骨癒合が確認され、固定ワイヤーを抜去し、可動域練習を開始した。術後3年の現在、疼痛腫脹はなく、ユース選手として活躍中である。

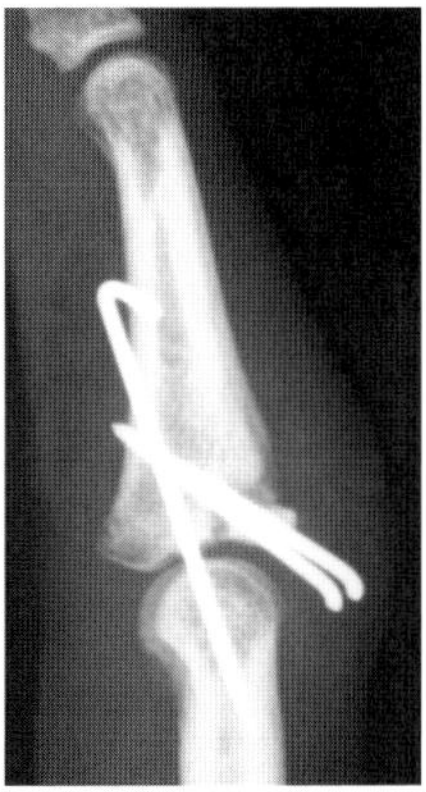

症例⑩（16歳、男、クライミング歴4年）

症状＝左中指近位関節に徐々に腫脹、疼痛が出現した。

診断＝X線検査により中節骨背側の骨端損傷が見られた。

処置＝3カ月間のクライミング中止で骨癒合を得た。

経過＝その後の疼痛、腫脹はなく、競技クライミングに復帰した。発症後1年の現在、ユース選手として活躍中であるが、骨端線はまだ閉鎖しておらず、引き続き経過観察中である。

症例⑪（45歳、女）

症状＝約半年ほど、薄いフレークやコルネを持つたびに親指の付け根に痛みを感じていた。気にせず登り続けていたが、そのうちペットボトルの開栓や皿の持ち運びにも支障をきたすようになった。

診断＝親指の付け根（CM）関節の初期の変形性関節症と診断。

処置＝3週間のクライミング中止とストレッチ指導、日常生活でのサポーター使用を勧められる。

経過＝痛みが気になって3カ月ほど登らずにいたら症状は軽くなった。4カ月目からクライミングを再開。発症から2年を経て、特に支障はない。

症例⑫（18歳、男）

症状＝ポケットを多用する課題を集中的に練習していた時、両側手の平に痛みが出た。中指、薬指を曲げると痛い。

診断＝手掌の中央に圧痛あり、両側ともに虫様筋テスト陽性。両側の虫様筋損傷と診断。

処置＝中指／薬指を3週間テーピングで固定してクライミングを継続。

経過＝約1カ月で痛みは改善した。

症例⑬（43歳、女、クライミング歴3年）

症状＝25歳の時、フィンガージャムの足外れで中指遠位関節を痛めた。その後、同関節のずれる感じと痛みはあったがテーピングでなんとか登れていた。1年前からカチを保持できなくなってきたので受診。

診断＝診察上、明らかに中指遠位関節の小指側の側副靭帯が損傷している。また、薬指遠位関節にも軽度の動揺性が認められる（左写真）。

処置＝手術が必要と判断され、専門医のもとで靭帯再建手術を受ける。

経過＝術後2カ月のクライミング中止。その後、テーピングをして登り始める。現在、術後7年を経ているが、術前の30％程度の動揺性は残り、テーピングは必ずするよう指示されている。

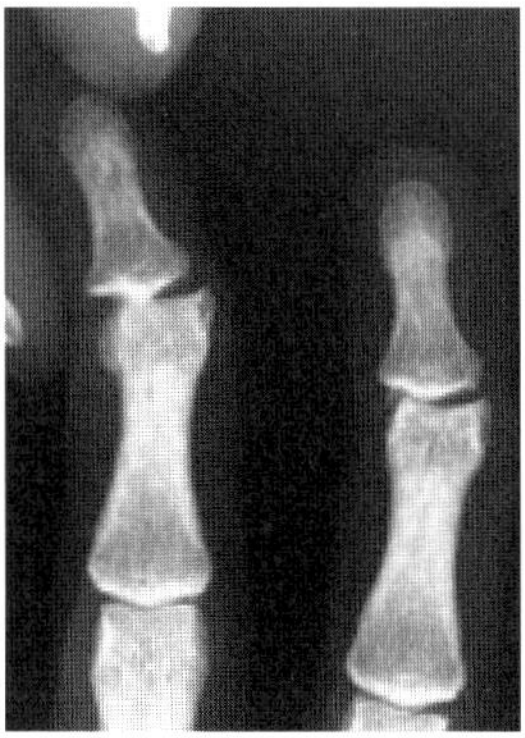

腰

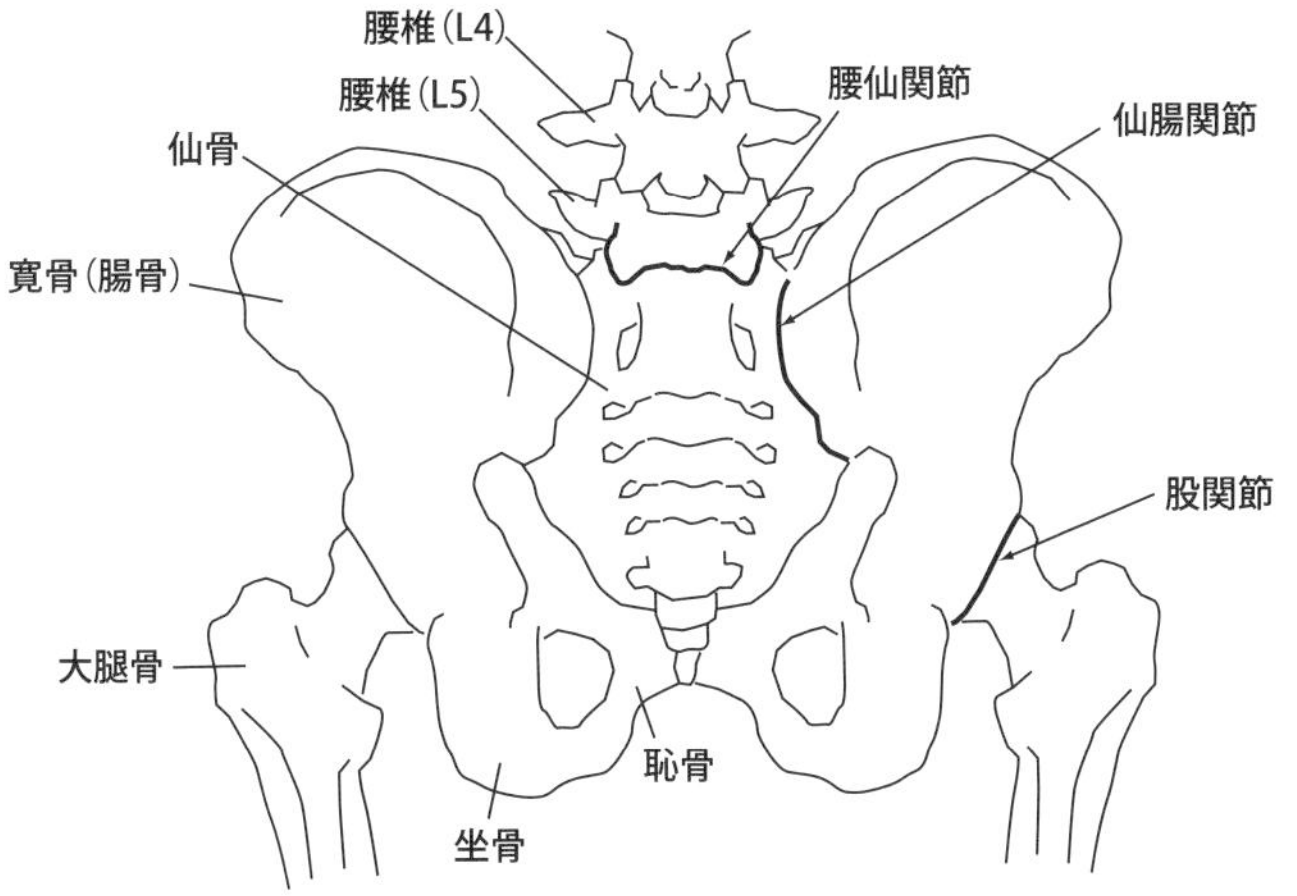

【腰の骨と筋肉】

体のいわば柱としての骨、脊椎は、計24個の椎体+仙骨、尾骨からなっている（図1）。そしてそのそれぞれの間に椎間板と呼ばれる軟骨が緩衝材としてあり、この連続帯の安定性と自由な動きを支えている。

しかしここで問題なのは、人間の場合、それが縦に連なっているということだ。つまり体の重みがこの連続体に、余さず、間断なくかかり続けているということで、それゆえここにはもろもろの障害や弊害が起こりやすい。その代表格がいうまでもなく腰痛だ。これはクライミングに限ったものではないが、すべてのスポーツの例に漏れず、当然クライミングにも多い。多くの人が苦しめられているであろうこの障害の実態を理解するために、まずは脊椎～腰全体の構造を見ておきたい。

■脊椎を補う筋肉群

脊椎の安定性を保つ筋肉群、つまり胴体の筋肉群は、背から腹にかけ、何層にも複雑に張り巡らされている。

まず上部表面近くには広背筋と僧帽筋が外殻のように背中を覆っており、その奥では脊柱起立筋が脊椎を支えている。またその両サイドには、外腹斜筋、内腹斜筋、腹横筋が3層になってコルセットのように腰を包んでいる（図2、3）。

さらにこの奥、脊椎に直接付随したものとして、多裂筋、回旋筋などの微細な筋肉群が脊椎の安定性を補助するように付いている（157ページ図1右下）。また、この脊椎各骨（椎体）の間には微細な靭帯も数多く存在していて（157ページ図1左下）、脊椎の複雑な動きに対応している。

■腹筋その他の働き

一方、腹側の筋肉も、脊椎の安定性＝体の姿勢の維持に大きな役割を担っている。ここでも表面中央に硬い腹直筋があって外殻的な役割を果たしている他、外腹斜筋、内腹斜筋、腹横筋が幾層にも脇腹を覆っている（図4）。

また、そのさらに奥、骨盤の周辺には、脊椎から腰、下肢にかけての運動性と骨盤の安定性に関わる深層筋、すなわち腸腰筋（大腰筋、小腰筋、腸骨筋を合わせた総称）や腰方形筋などが、脊椎、骨盤から大腿骨につながっている（図5）。これらはいわゆる腹筋と言われるものではないが、主に脚を引き上げるような運動に対応しており、下肢の力を要するような（つまりほとんどの）運動や骨盤の安定性を保つうえで重要な働きを担っている。

図2. 背中の筋肉

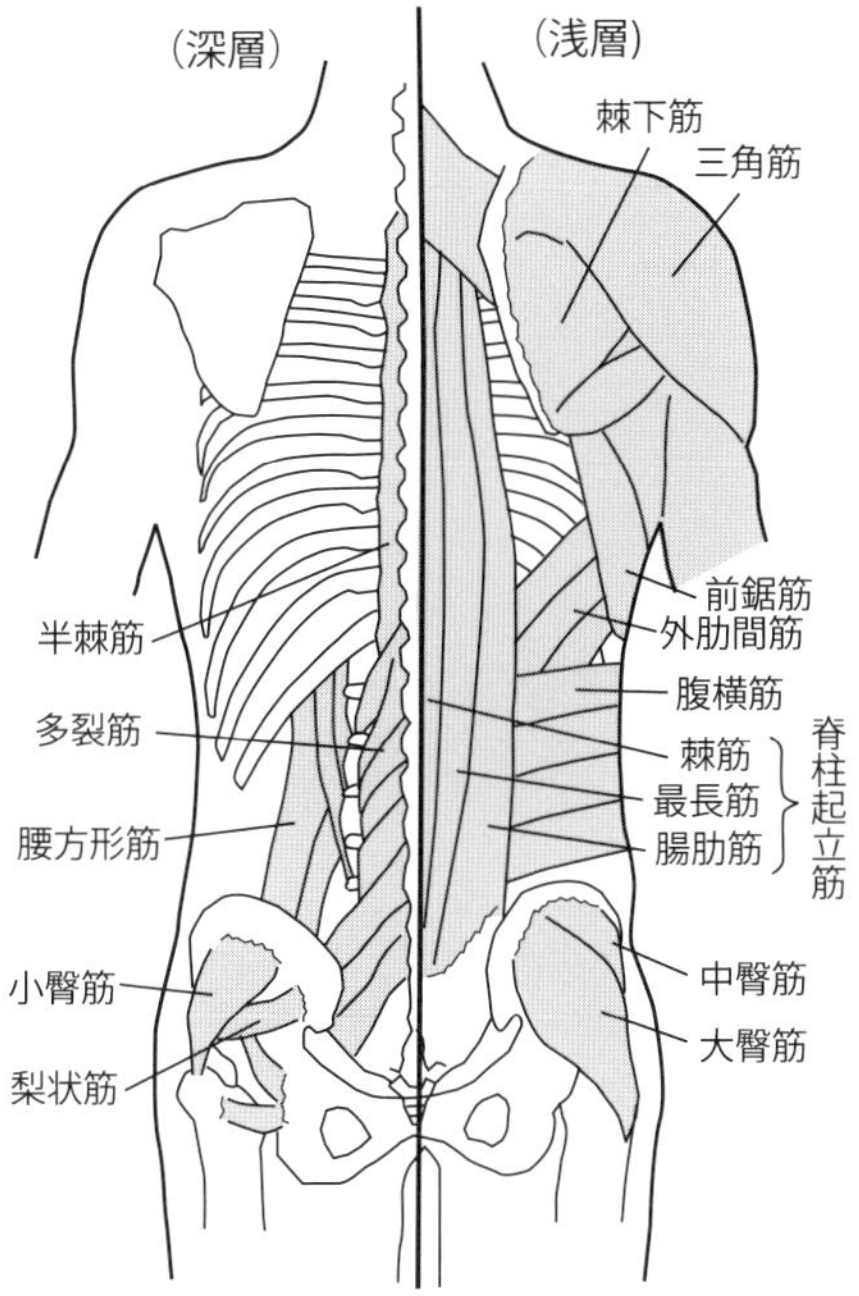

図5. 骨盤周辺の筋肉

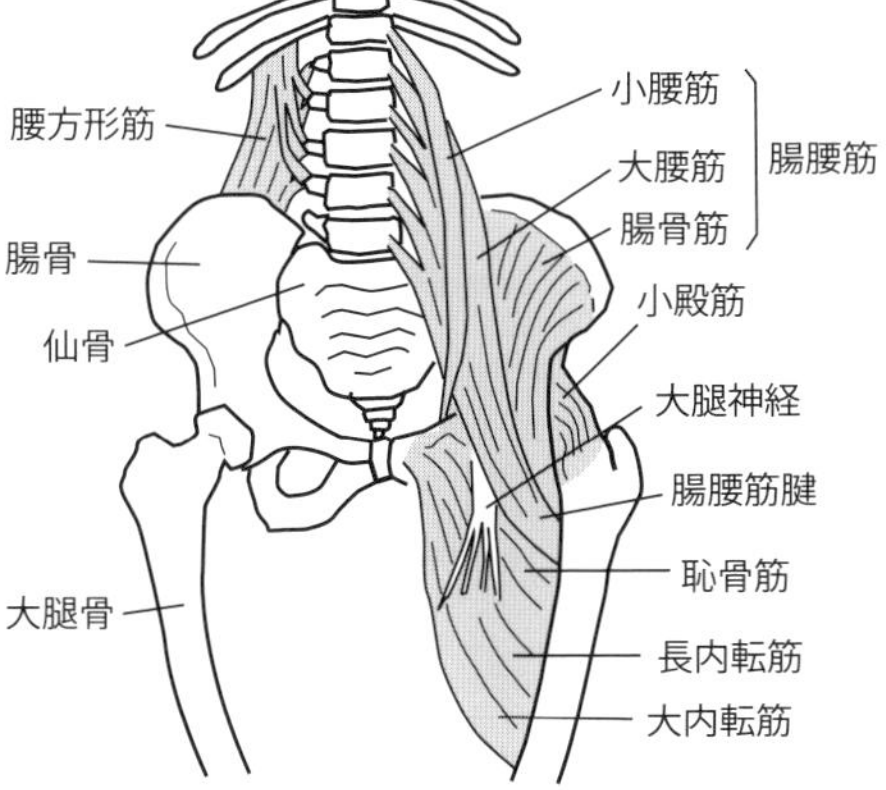

図1. 脊椎

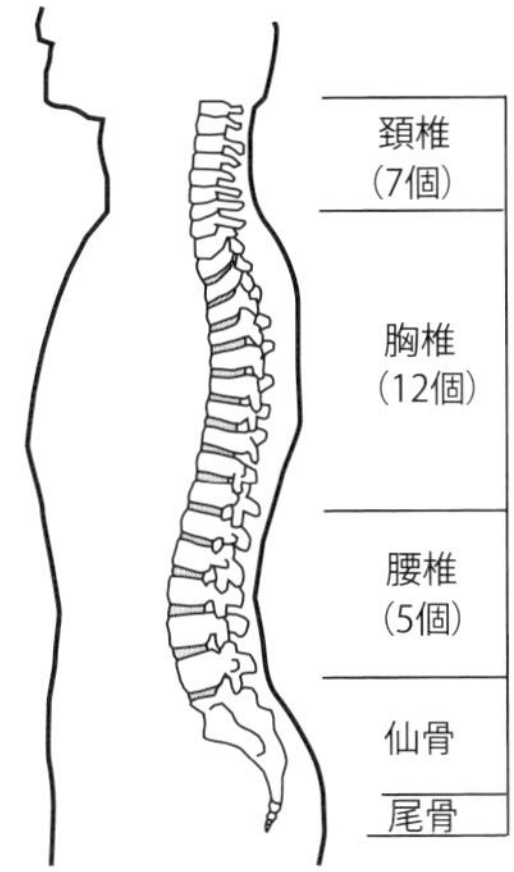

図3. 腰の筋肉

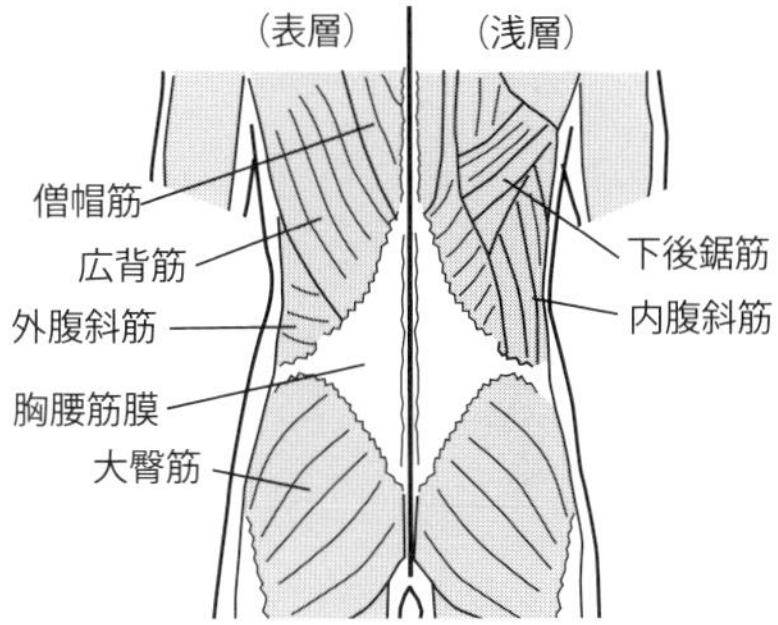

図4. 腹の筋肉

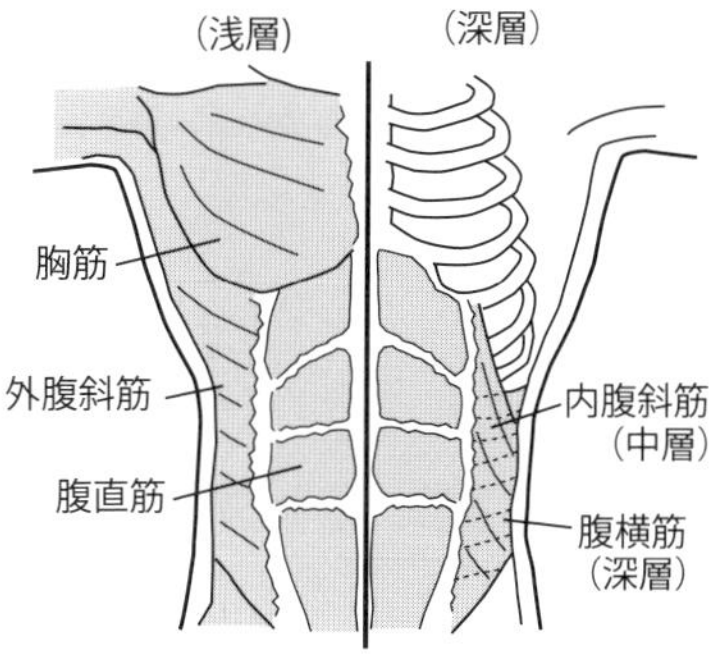

【腰痛の原因①ぎっくり腰】

■急性のもの

「腰痛」の最も劇的な症状といえば、突発性のいわゆる「ぎっくり腰」だ。その痛みはまったく信じられないほどで、ひどい時にはその場に崩れ落ちたまま腰をピクとも動かせなくなってしまう。この原因を特定することは実は難しいが、おおよそ以下のようなものが考えられている。

①背筋（脊柱起立筋など）の一部挫傷または筋膜挫傷（図1a）
②胸腰筋膜の挫傷（同b）
③腸腰筋、腰方形筋などの背部付着部付近の挫傷または筋膜損傷（同c）
④脊椎周辺の微細筋肉の損傷（同d）
⑤脊椎周辺の靭帯の捻挫（同e）
⑥椎間板の変形初期による炎症、または損傷

このうち⑥以外は、要は「捻挫」または「肉離れ」である。よってこの場合の処置はアイシングが基本となる。その後は温めることが最近は推奨されているが、いずれも痛みが治まるまで安静は絶対だ。ストレッチや今さらながらの腰痛体操は、かえって筋肉を傷めることになるので逆効果だ。

■慢性のもの

右のような急激なものではなく、なんとなく徐々に腰が痛んできて、どうにもならなくなってしまうというケースも多い。しかし検査を受けても何も見つからない。というこれこそが、実は腰痛で最も多い「腰痛症」だ。

ずいぶんアバウトな名称だが、要するに脊椎を支える数多の筋肉がどこかしらで過負担を起こし、緊張したり血行を悪くしたり、時には損傷したりして痛みを感じるというものだ。傷める筋肉は浅層も深層もあるし、傷め方も一部挫傷、筋膜挫傷など多岐にわたる。そしてそれが次から次へと周りに影響を与え、さらに悪循環に陥ってしまう。時には脊髄に過負荷をもたらして、椎間板ヘルニアや脊椎すべり症などといった病症に結びつくこともある。

対処法については、この場合は急性のものと違い、慢性のものへの対処、つまり温めることが原則になる。

動く場合はコルセットに頼ることになるが、これは単に腰～腹を包み込むだけでなく、腹を締め上げて腰に内圧をかけられるものの方が良い（写真）。ただし基本的にこうした補助具は血行を阻害するので、長時間や習慣的な使用はできれば避けるようにしたい。

図1. 腰周辺の筋肉・靭帯挫傷

腸腰筋腱付着部

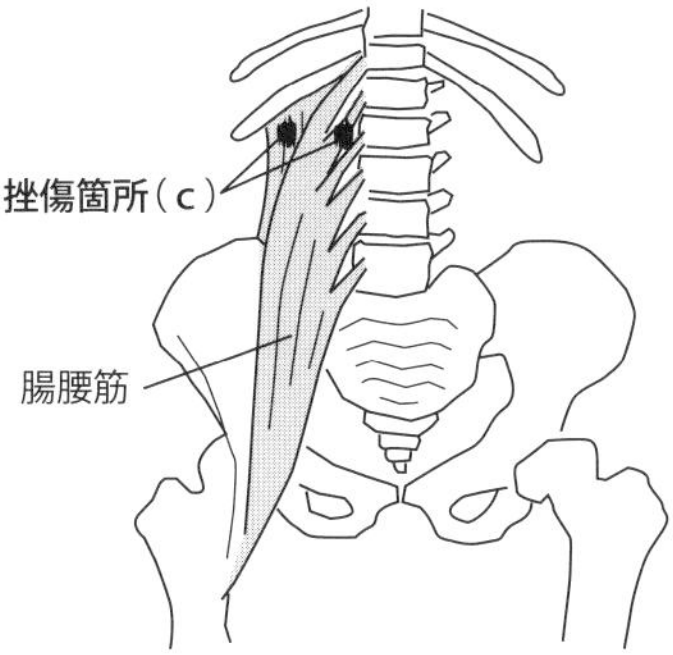

背〜腰筋周辺

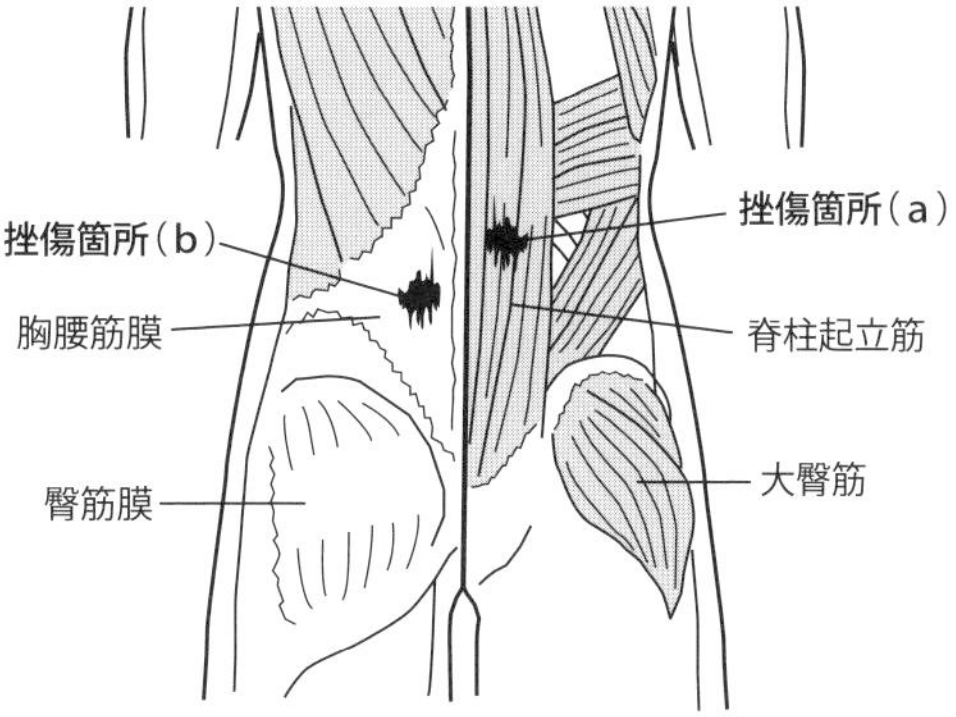

脊椎周辺の靭帯

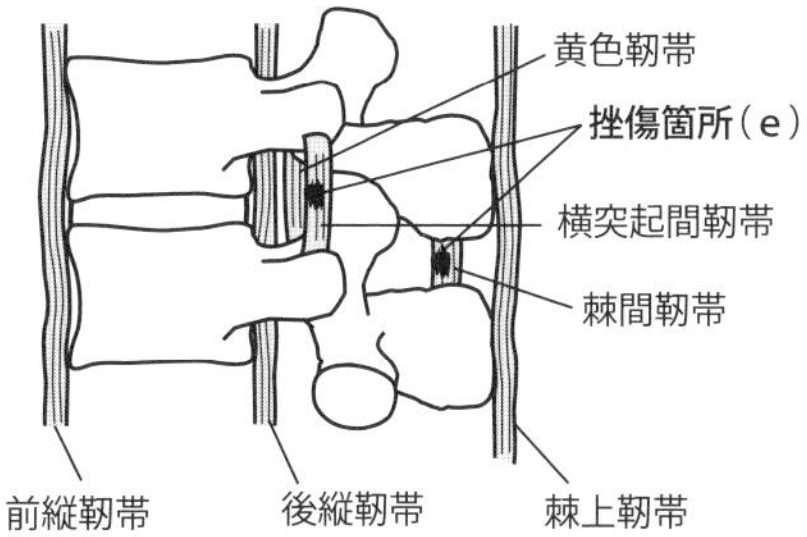

脊椎間の筋肉

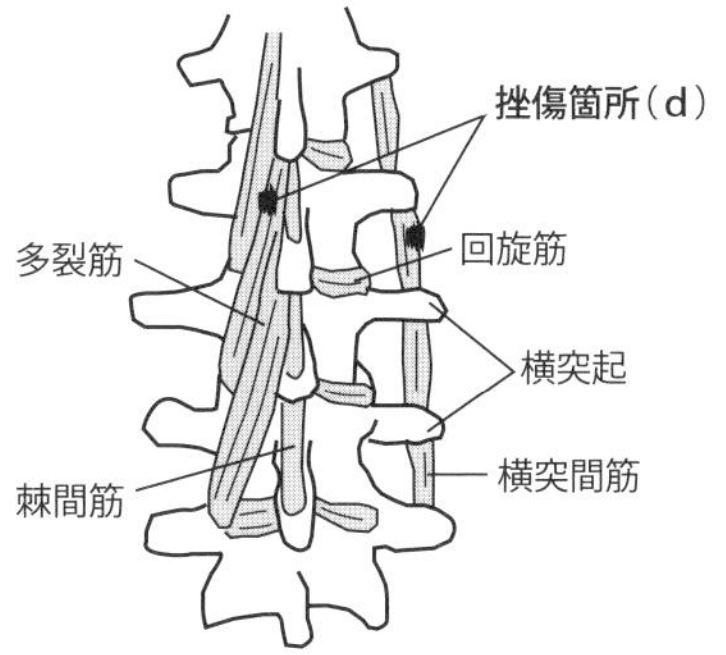

締め上げ式コルセット

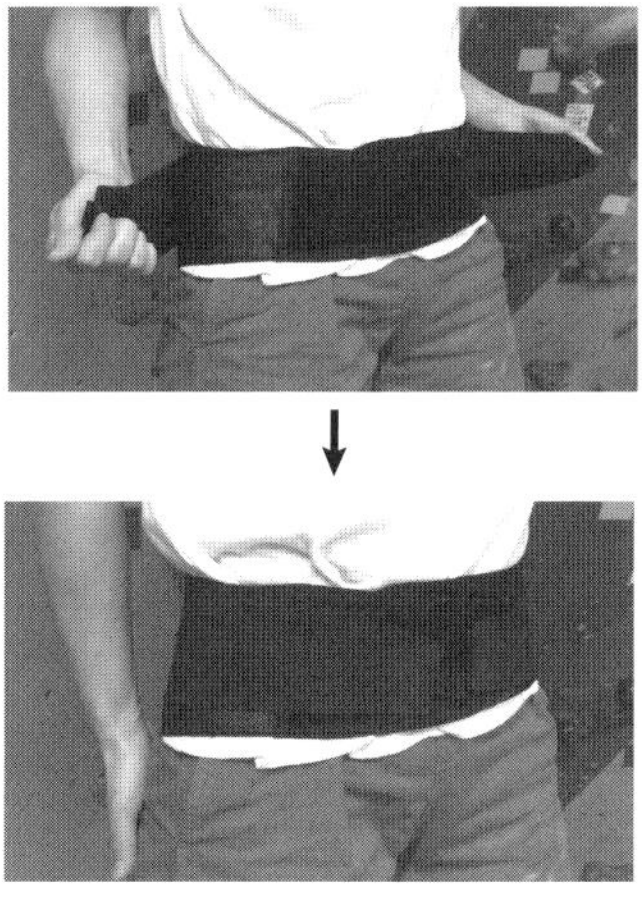

図2. 腰痛時の寝かせ方

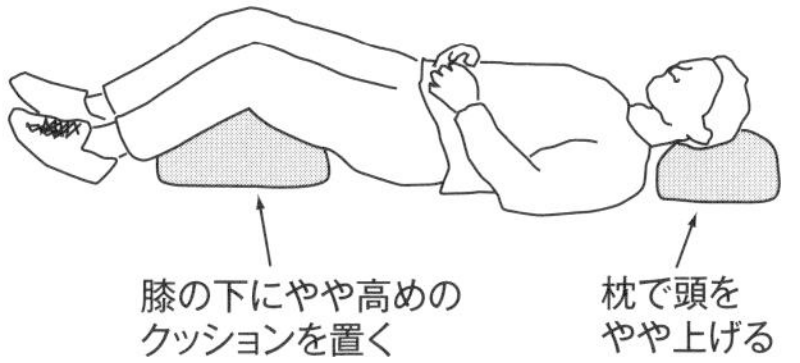

腰

【腰痛の原因② 椎間板ヘルニア】

■椎間板ヘルニア

腰痛で病院に行くと、まずたいていはX線検査にて「椎間板ヘルニア」を疑うことになる。そのくらいこれは腰痛の原因として代表的なものだ。

これは脊椎間のクッションである椎間板が度重なる負荷や加齢で潰れて出っ張り、脊椎の後方を走る神経を圧迫するというものだ（図1a）。この椎間板の変性はある程度の年齢になるとだいたいの人が起こしているものだが、特にボルダリングなどで長年飛び降りを繰り返してきたような人は進行が早いであろうと推測される。

なおこの疾患は神経への刺激なので、初期は腰痛として現れるものの、悪化すると臀部から足にかけての痛み、シビレへと進むことが多い（図2）。治療法としてはブロック注射が代表的だが、ヘルニアの部位によっては手術になることもある。

■脊柱管狭窄症

脊椎には脊髄が頭から腰まで通っているわけだが、それは脊柱管と呼ばれる管によって保護されている。この管が加齢などで狭窄変性を起こし、ここを通る脊髄神経や神経根を圧迫するのが脊柱管狭窄症だ（図1b）。症状は腰痛、足のシビレ、歩行困難など。特に背中を反らすと強い痛みが出、逆に丸めると一時的に痛みは軽減されることが多い。その点がかなり特徴的といえる（椎間板ヘルニアは逆）。

完全な治癒には外科的方法以外にはないが、よほどの重度以外は手術はあまり行なわない。投薬（常用）で痛みを取るのが一般的だ。

■脊椎分離症・すべり症

椎弓と椎体が折れて離れてしまうもので、分離した椎体がさらに前にずれると「分離すべり症」となる（図1c）。これは激しいスポーツをした人によく見られるとされているが、分離症自体は基本は成長骨の問題なので20代までの若年層にしか起こらない。ただし「すべり症」は高齢者に多い。

上記2つの疾患と同じく、症状は腰自体の痛みよりも、足のシビレ、麻痺として出ることが多い。いずれも重度の場合は外科的処置が必要となる。

＊　＊

なお、この他の腰痛の原因には心因性や内臓疾患によるものなどがある。特に後者は意外と多いので、あまりに痛みが長引くようならやはり病院でしっかり検査を受けるようにしたい。

図1. 脊椎神経圧迫の進行

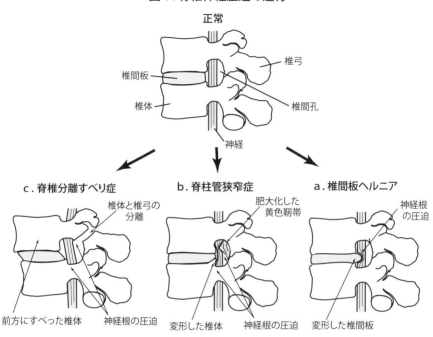

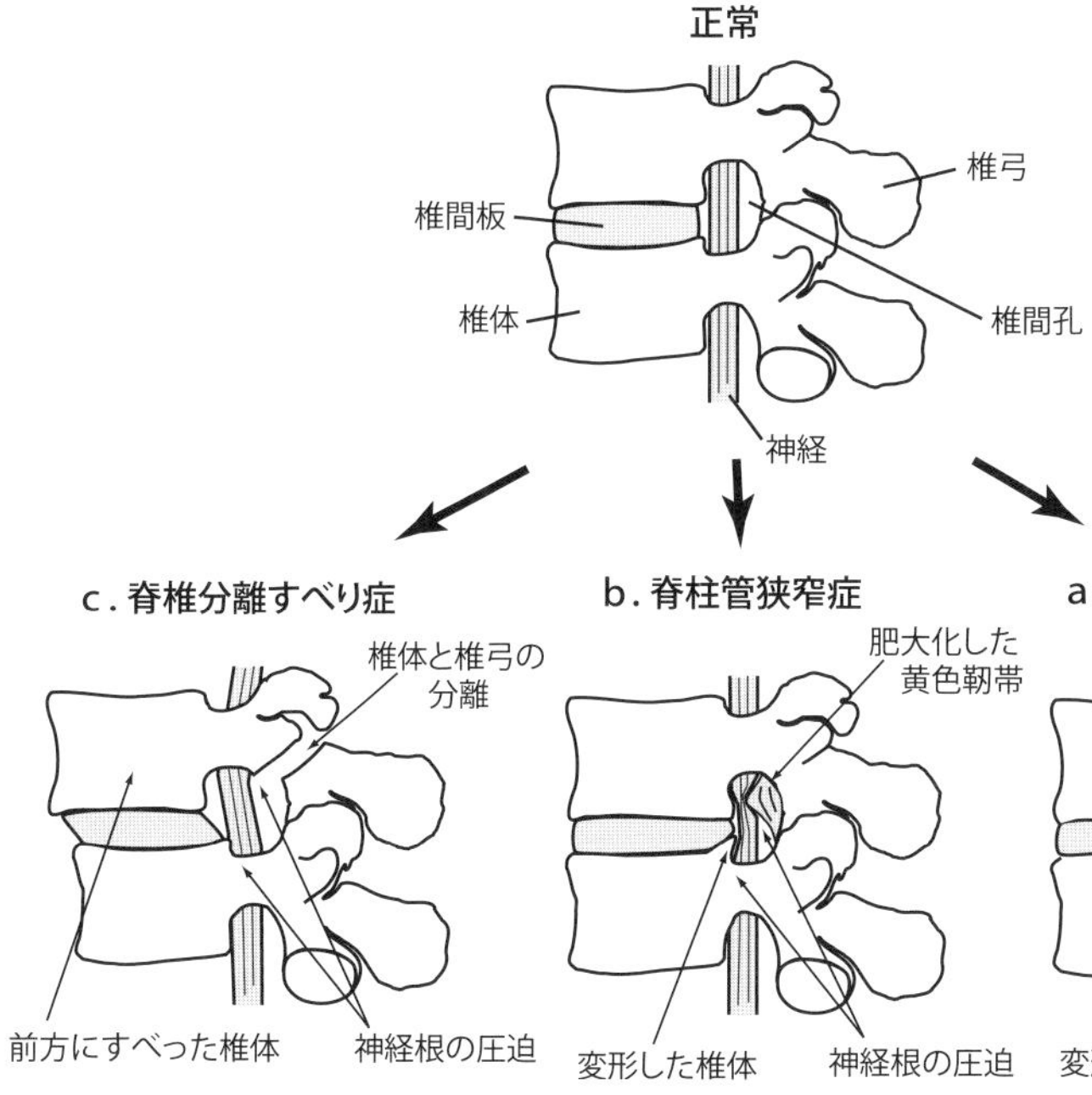

図2. 坐骨神経圧迫の影響

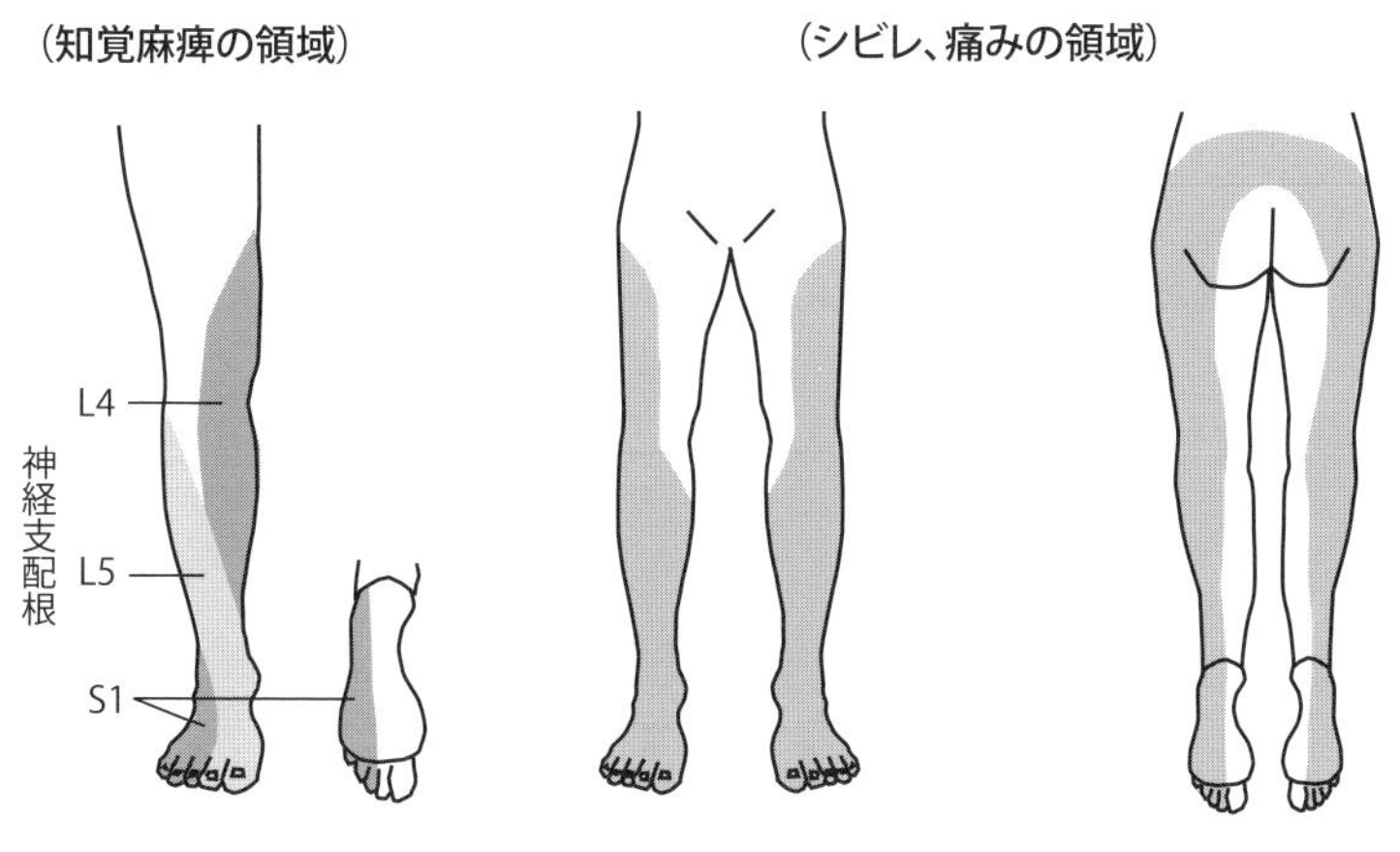

【腰痛の予防法】

■骨盤のケア

腰痛の根本的な原因の多くは腰椎の歪みだと言われている。そもそも脊椎は頭から腰にかけてS字形のカーブを描いており、これが絶妙に腰への負担を分散している。しかしこのカーブがきつすぎたり左右にずれていたりすると腰部の筋肉に余分な負荷をかけ、腰痛を引き起こしてしまうのである。

脊椎のこのような適切でないカーブが起こる理由は、多くの場合、骨盤が前傾することによる。この骨盤の前傾は、一つには腹筋が弱化し、骨盤前部を上に引き上げられなくなっていることが大きな要因である（図1）。

よって腰痛対策には、腹筋を鍛えることがまず第一となる。腹筋が適切な強度を持っていれば、骨盤前部を引き上げて骨盤の前傾を防ぐ他、内臓側から後部に圧力をかけることで脊椎の湾曲も押しとどめてくれる。それにより、脊柱関節や脊柱起立筋群への過負荷も減らしてくれるのである。

また、腹筋の強化とともに大腿部〜臀部にかけての筋肉（ハムストリングスと大臀筋）のストレッチも、それらが硬化すると骨盤の動きを阻害するので、ぜひやっておきたいものだ（図2）。

■深層筋のケア

ぎっくり腰をはじめとした腰痛の原因で意外と多いのが、156ページ③の、腸腰筋、腰方形筋の脊椎付着部付近の挫傷である。

この2つの深層筋は、脚（大腿骨）を上に引き上げる運動（前に上げる運動とは若干異なる）に対応しており、実はクライミングでも非常に重要、かつ酷使する筋肉の一つである。そしてここを酷使した後にストレッチなどをしないでいると筋肉が硬化し、ちょっとした動きで脊椎付着部を引っ張ってしまうことになる。そして筋肉はこうした骨との付着部が最も弱いため、腰という意外な場所に挫傷などを負ってしまうのである。

これを予防するには、何よりこの腸腰筋の強化とストレッチが大切になる（図3、4）。ストレッチの多くは開脚をベースにするもののため腰とはやや無関係に思えるが、単なる開脚能力のアップのためではなく、腰への負荷を減らすための深層筋への働きかけとして、腰痛対策には必要不可欠といえるものだ。その他ドロー・イン（息を吐き切って腹をへこませる）も、それだけでも腰痛対策に充分効果がある。

図２. 腿裏柔軟性の違いによる 腰への負荷のかかり方

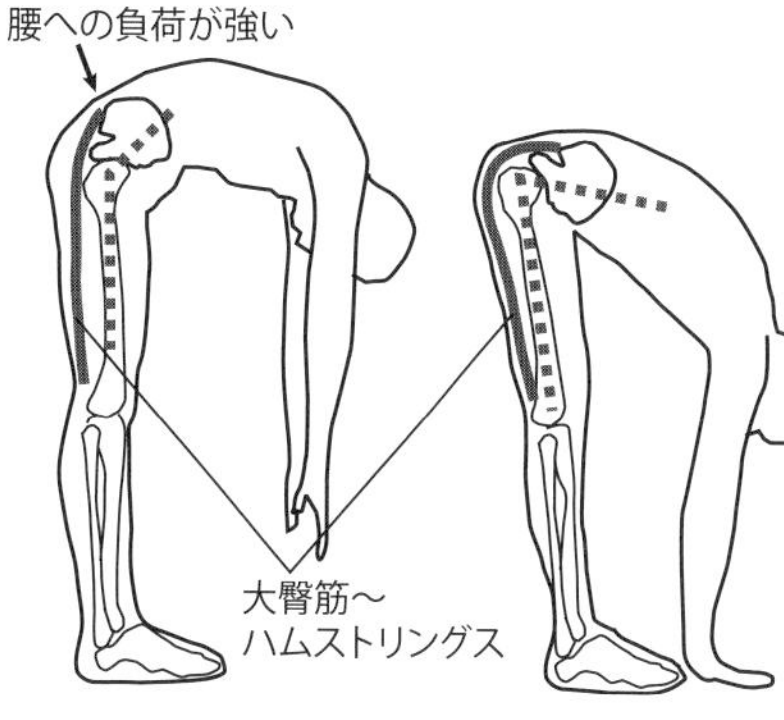

図１. 腰椎の湾曲と筋肉の関係

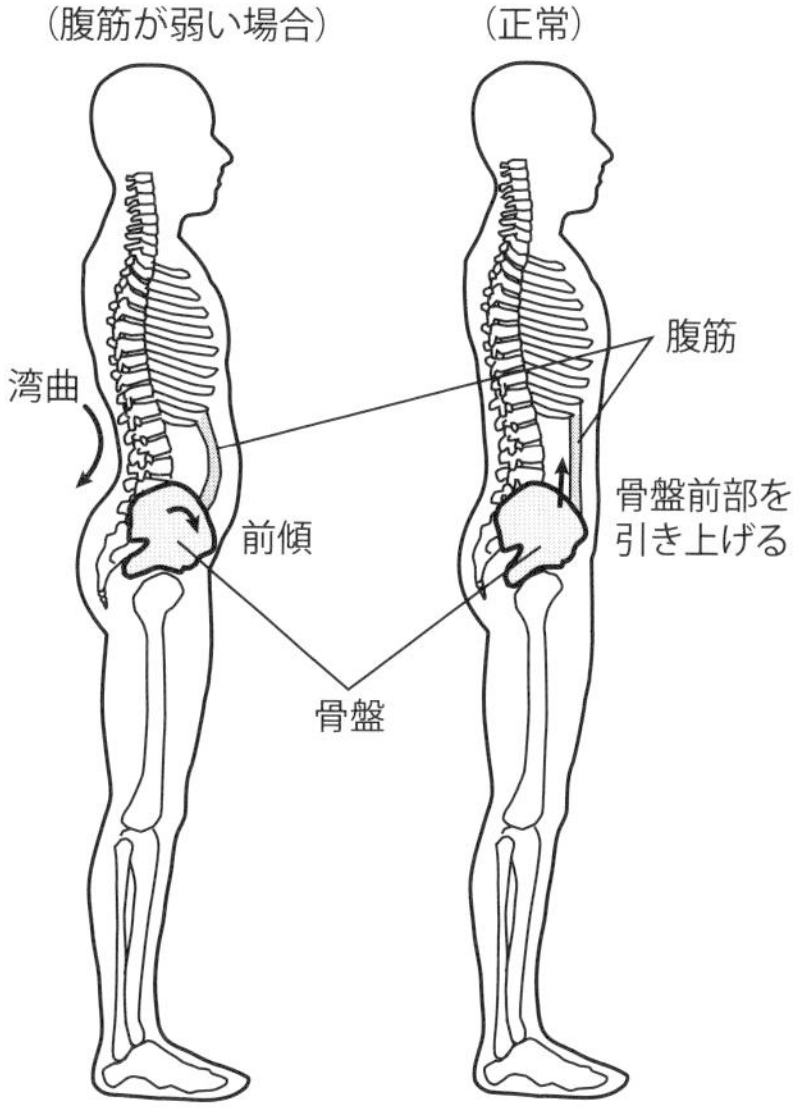

図４. 腸腰筋のストレッチ

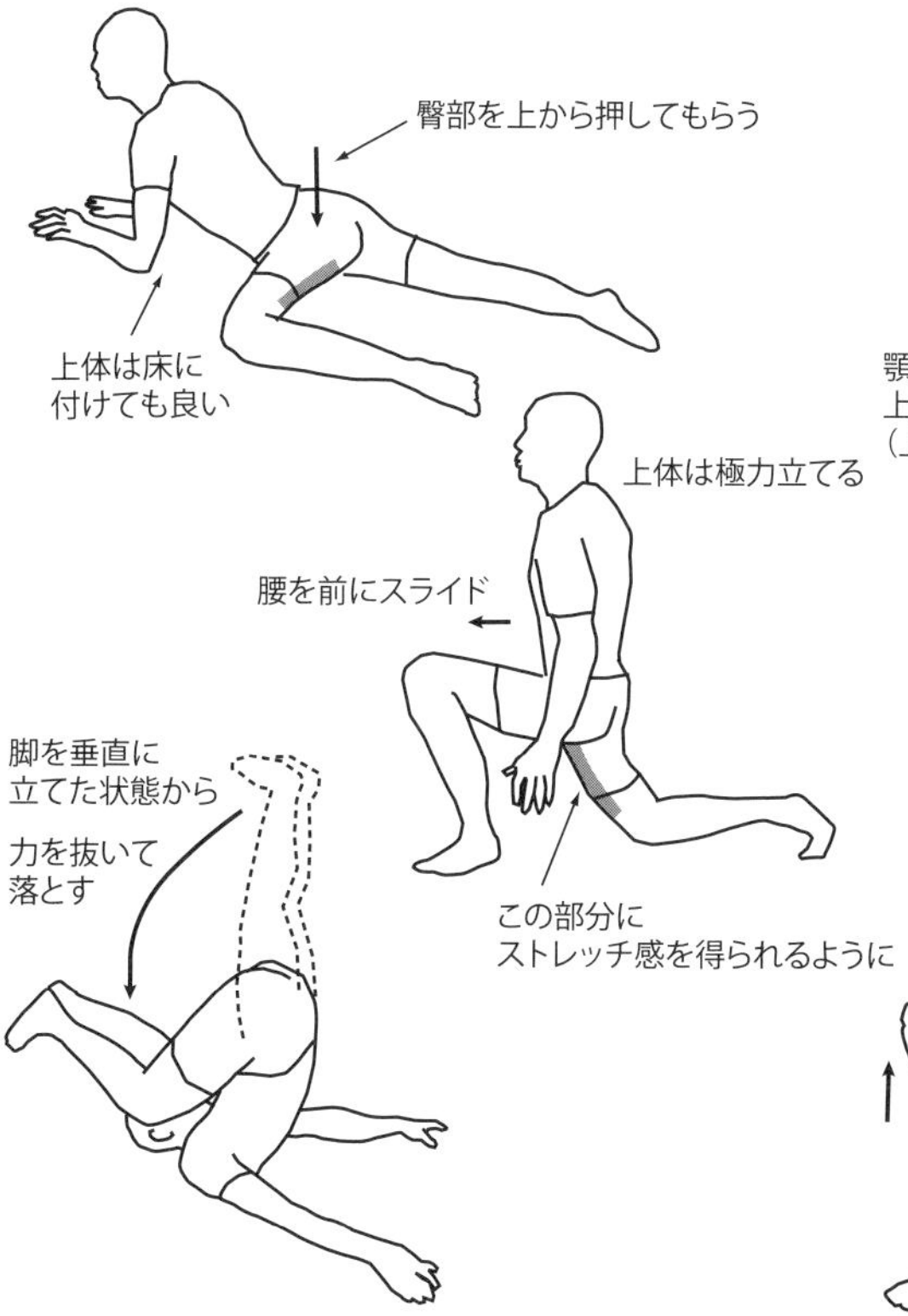

図３. 腸腰筋のトレーニング

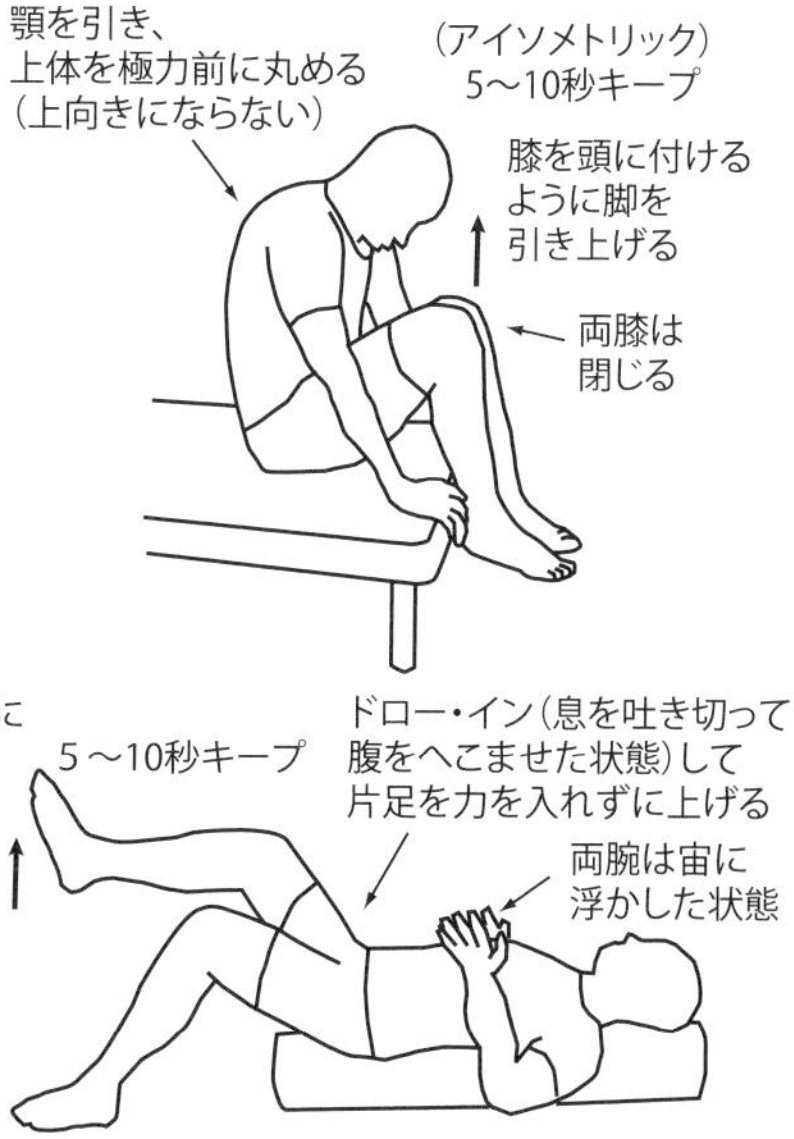

治療例

症例①（46歳、男）

症状＝長スリングにてセルフビレイをかけてハングドッグ後、これを外さないまま登り出した。スリングがいっぱいになったところで墜落。ハーネスでさば折のように腰に衝撃が加わった。直後より腰痛あり。しばらく放置していたが、3カ月後、体動時の疼痛が続くために受診した。腰部右に圧痛あり。

診断＝X線検査にて第3腰椎横突起の骨折が認められた。

処置＝既に癒合しつつあり、そのまま経過観察とした。

経過＝1カ月ほどで疼痛は消失した。

症例②（54歳、男）

症状＝長年腰痛に悩まされていたところ、数年前から腿の裏側に鈍痛を感じるようになり、そのうち立っているだけで辛くなった。極期は朝起きた時は痛くて歩けないほどだった。

診断＝屈伸テストおよびMRIにて脊柱管狭窄症と診断。

処置＝投薬にて経過観察。

経過＝薬を飲み始めて1カ月ほどで痛みは改善された。しかし3年ほどでまた痛みがひどくなり、再度受診。

再診断＝脊柱管狭窄症はかなり進行しており、さらに脊椎すべり症も重度のものが見られた。

処置＝手術で脊柱管を広げ、前にずれた脊椎をネジと骨移植にて修復固定（写真）。入院は2週間ほど。

経過＝退院後すぐに散歩などでリハビリ開始。1カ月でクライミング再開。5・7くらいからはじめ、3カ月ほどで5・12まで復帰。1年後には元のレベルまで戻っている。神経損傷を我慢していた期間が長かったため左足に若干の麻痺が残ったが、特殊なムーブ以外はほぼ問題ない。ただしボルダリングなどの飛び降りは極力しないようにしている。

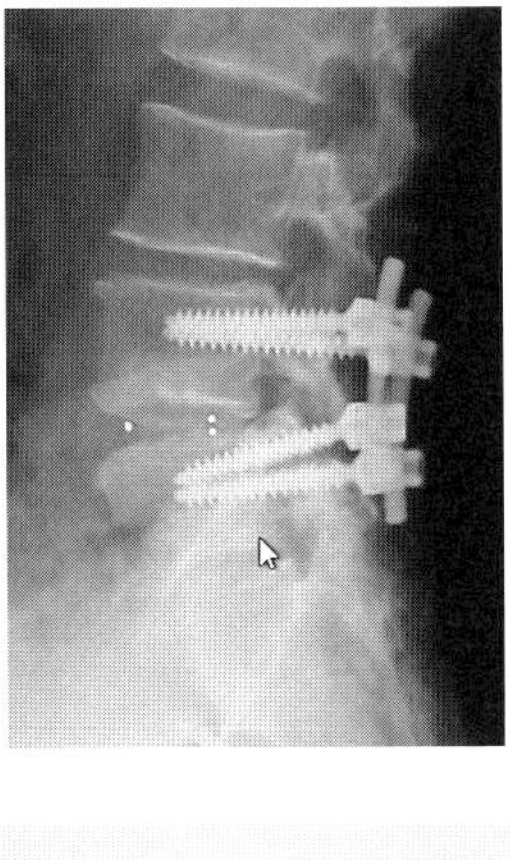

膝・足

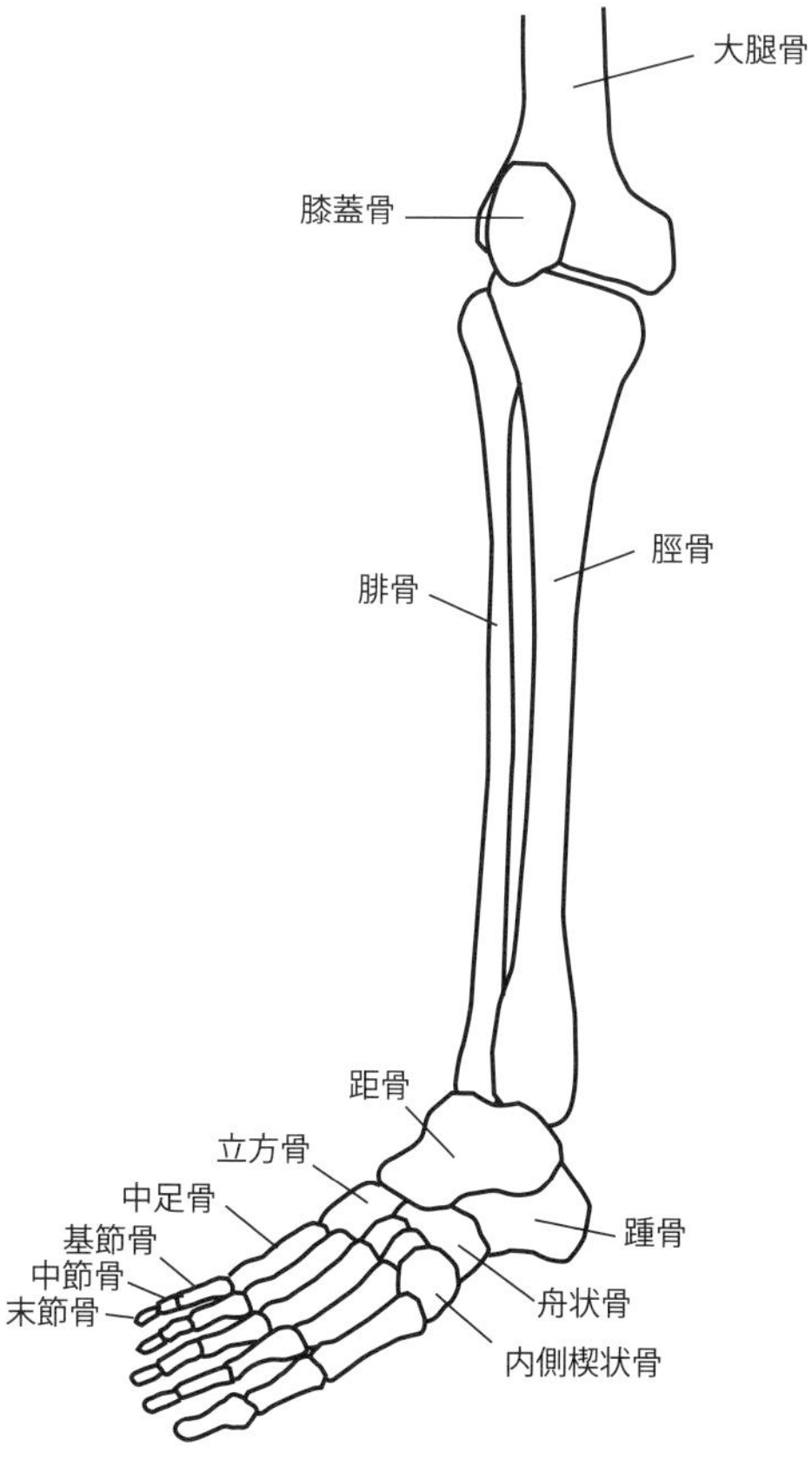
大腿骨
膝蓋骨
脛骨
腓骨
距骨
立方骨
中足骨
基節骨
中節骨
末節骨
踵骨
舟状骨
内側楔状骨

【膝関節のしくみ】

膝を他の関節と比べた場合、まず言えるのは、加わる力が非常に大きく、またその頻度も高いということだ。それゆえこの関節は「荷重関節」とも呼ばれている。スポーツに限らず加齢などによるトラブルも当然ながら多い。

その膝関節の大きな特徴は、一般的な関節のように骨頭が関節窩に包まれるようには収まっておらず、片側が球体、片側が平面という非常に不安定な形をしているということだ（図1）。そしてこうした安定性の悪い形で、この関節は二次元的な動き、つまり一方向への屈曲だけを行なっている。

■靭帯

右に述べたような形状では、普通なら骨が簡単にずれてしまう筈なのだが、それを防いでいるのが、内側外側の両サイド2本と、関節内部に前後にクロスするように走った2本、計4本の強固な靭帯（図2）だ。

このうち両サイドのものは内側、外側側副靭帯で、これは主に膝が横にずれるのを防いでいる（図3a）。一方、関節内部でクロスしているのは、前十字靭帯と後十字靭帯で、これは主に膝が前後にずれるのを防いでいる（図3b）。またこれら4本の靭帯は同時に、本来この関節にはない筈の回旋運動（ねじり）を起こすのも防いでいる。

■半月板の存在

膝の安定性に関わるもう一つが、左右二頭状になった大腿骨骨頭を包むように位置した2つの半月板だ（図4）。

これはそれぞれ三日月形をした軟骨組織で、軟骨同様ショックアブゾーバーの役割も果たしている。ただしこれは軟骨のようには骨本体に密着しておらず、半ば浮いた状態で、関節の屈伸によって前後にずれるようになっている（図5）。このため膝の関節は可動域が広いのだが、同時にこの半月板自体の損傷や挟み込みなどのトラブルも起こしやすい。

■関節包と膝蓋骨

そして関節包。これも膝の場合、非常に強い線維性組織からなり、強力にこの関節を安定させている。

さらに膝蓋骨（お皿）が大腿骨の骨頭前部の溝に連動しており、比較的多方向から引かれる大腿四頭筋の強い力をまっすぐ脛骨に伝え、膝の屈伸を一方向のみに上手く抑える働きをしている（図6）。

図1. 膝の骨格

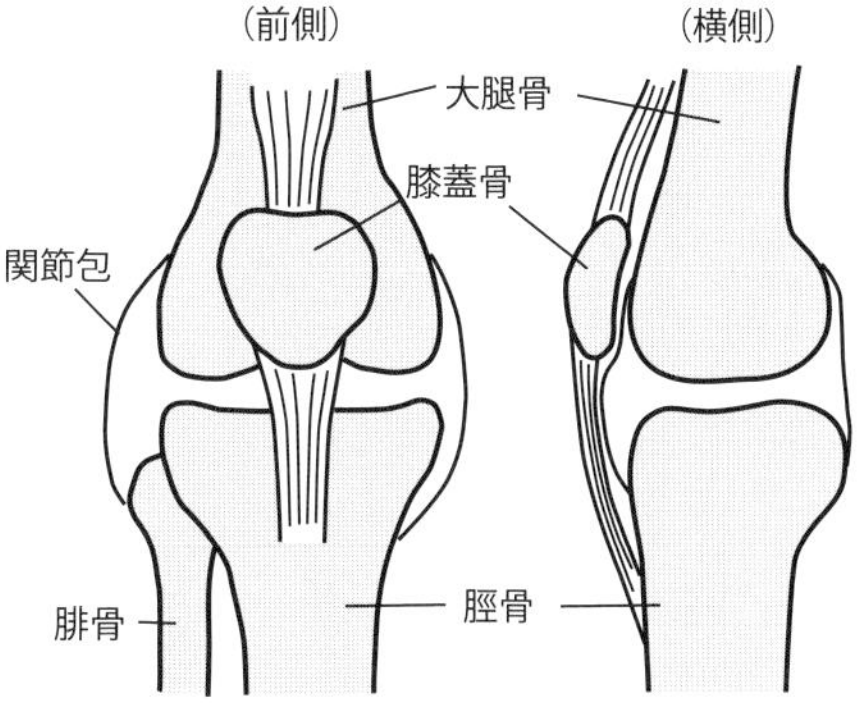

図2. 膝関節の靭帯(前面)

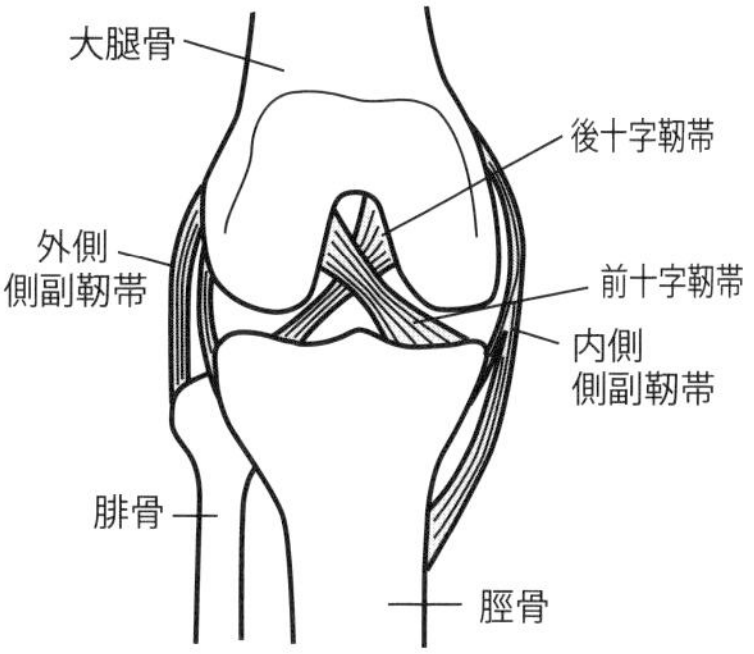

図3. 膝の靭帯の働き

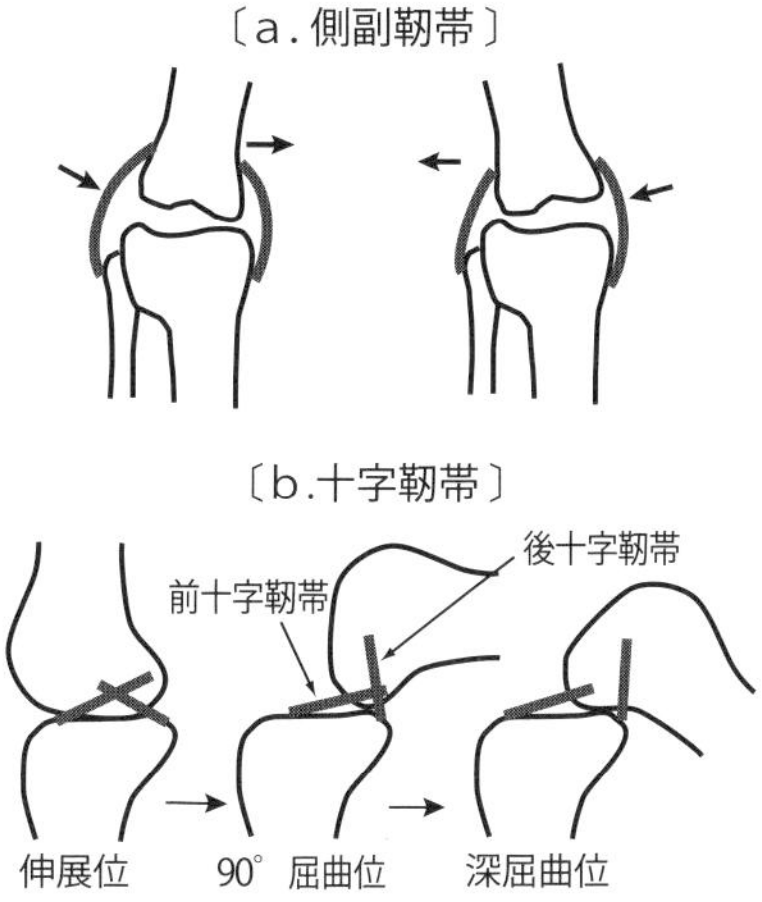

図4. 半月板の配置

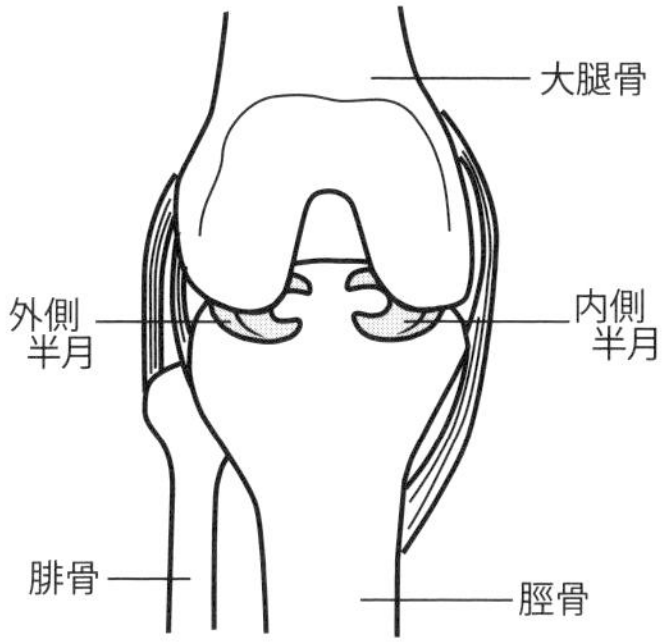

図5. 半月板の動き

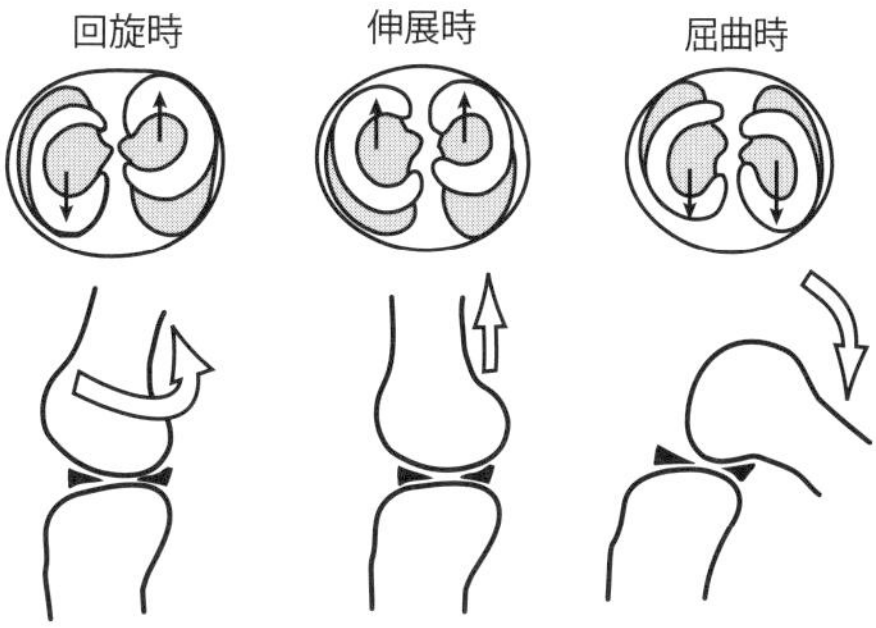

図6. 膝蓋骨のしくみ

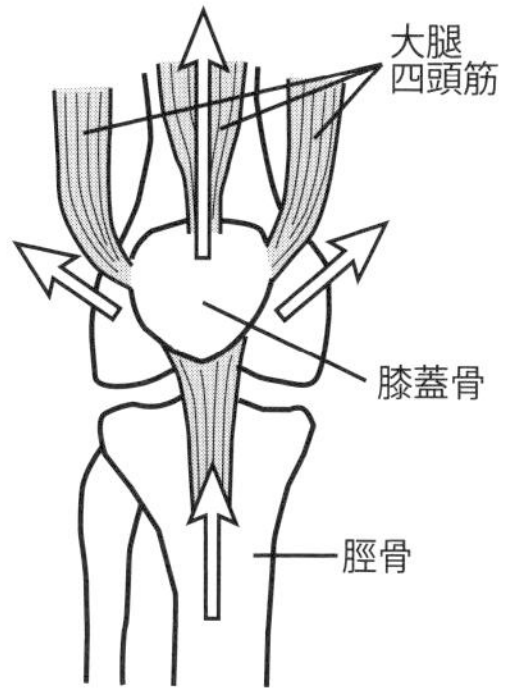

【膝痛の原因① 靭帯損傷】

前ページで述べた通り、膝は本来二次元的な動きのみをするようにできている。だが多くの運動ではそれが守られないことがある。そのような時に傷めるのが、この膝本来の動きを守っている靭帯だ。これは膝のスポーツ障害の代表とも言えるもので、側副靭帯損傷と十字靭帯損傷のそれぞれがある。

いずれも一部損傷から完全断裂まで様々な程度がある。断裂になると膝がグラグラして安定性をまったく欠いてしまうが、一部損傷程度だと、受傷直後は激痛や腫れを伴うものの、しばらくすると治まってしまうことが多い。そのためそのまま放置してしまいがちだが、当然ながらまともな運動はできないし、特に十字靭帯を傷めた場合はいずれ運動機能を失うことにもなりかねない。早急の受診は絶対である。

■側副靭帯損傷

膝が本来は前後（縦方向）への動きしか持っていないところへ、横への荷重が加わったことによる損傷である。

中でも外側からの外圧や、膝を閉じた状態で脛を外にひねったことによる内側側副靭帯の損傷がやはり多い。クライミングではドロップニー、いわゆる「キョン」でよく受傷する（写真1）。

一方、外側のものは以前はクライミングではあまり聞かないものだったが、近年これが思いのほか増えている。それは写真2のような〝手に足〟ヒールフックによるもので、屈曲した膝を胡坐をかくような姿勢で加重した際に受傷しやすい。特に筋肉のしっかりしていない女性や若年層に多く報告されており、この障害の周知が求められるところである。

■十字靭帯損傷

十字靭帯は膝本来の前後縦方向への動きに対応したものだが、これもその角度が急すぎたり負荷が強すぎると思わぬ損傷を起こすことがある。

このうち前十字靭帯は、着地の瞬間や転倒などで膝が急に伸びるような動きか、膝が内側にねじれるような動き（ドロップニーなど）で、後十字靭帯はヒールフックからの強い乗り込みなど、脛が急に後ろに動くような動きで傷めやすい（写真3）。

いずれも運動障害としては深刻で、処置は再建手術が前提になる。

また、最近写真4のようにぶら下がって力を入れるヒールフックで、股関節後ろのハムストリングスや、膝裏の膝窩筋を損傷するケースも多い。いずれも完治には3週間程度を要する。

膝靭帯損傷の様子

d. 後十字靭帯損傷　c. 前十字靭帯損傷　b. 外側側副靭帯損傷　a. 内側側副靭帯損傷

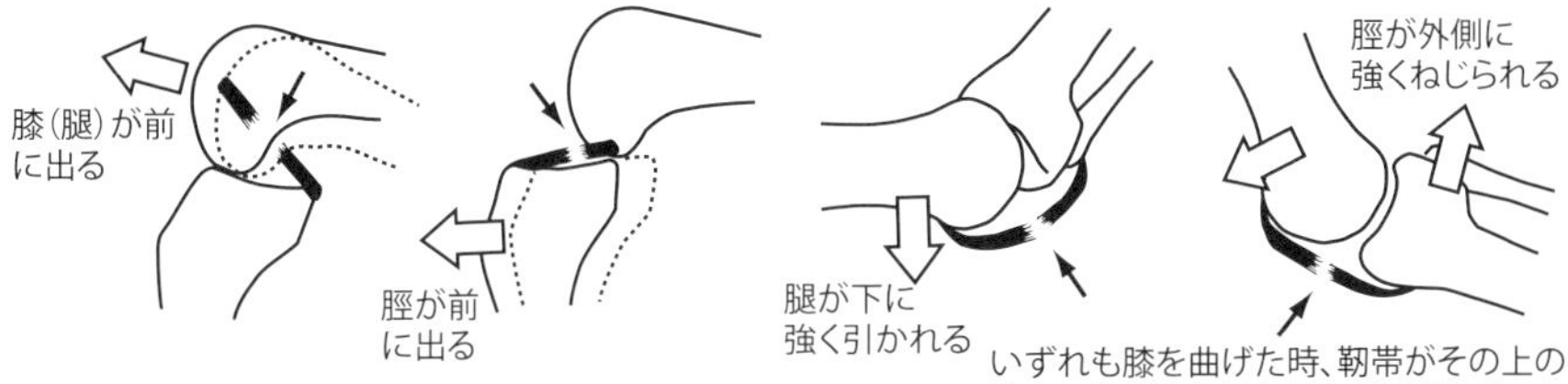
膝(腿)が前
に出る
脛が前
に出る
腿が下に
強く引かれる
脛が外側に
強くねじられる

いずれも膝を曲げた時、靭帯がその上の
筋肉の保護から外れるため受傷しやすい

写真1：ドロップニー

写真2：手に足ヒールフック

写真3：深いヒールフックからの乗り込み

写真4：ぶら下がりヒールフック

【膝痛の原因② 半月板損傷、他】

■半月板損傷

半月板損傷も、膝のスポーツ傷害の中では典型的ともいえるものだ。

半月板は膝の屈伸に伴って微妙にずれるが（165ページ図5）、ねじれが急激すぎたり大きすぎたりすると、これが関節の動きについていけず、骨間に挟み込まれて断裂したり剥離したりする（図1a、b）。受傷のタイミングとしては、ねじって元に戻る時や、そのまま力が加わった時（ドロップニーなど）に損傷するケースが多い。

一般にこの損傷時には痛みや腫れがあるが、半月板自体に神経があるわけではないので、しばらくするとこれは治まってしまう。運動機能においても靭帯ほどの影響がないので放っておくケースが多い。しかしことあるごとに痛みは伴うし剥離した破片が靭帯など他の組織を傷つけることもあるので、やはり早めに治療したい。稀に剥離してめくれ上がった半月板が大腿骨骨頭の二股の間に挟まってしまう場合もある（ロッキング現象。図1c）。こうなると手術した方が良いが、いずれもこうした半月板は再生手術をするということはほとんどなく、内視鏡で剥離部分を削除する程度である。

■軟骨損傷

これは大きな衝撃というより、オーバーユースや組織の老化によってだいたいはもたらされる。特にボルダリングなどの伸展位での飛び降りを繰り返すと進行しやすい。

軟骨はそれ自体には痛みを感じないが、動きの中で激痛が走ったりゴワゴワした感じがすることもある。さらに症状が進むと損傷が下部組織に達して激痛を起こす。また剥離した破片が他の組織を傷つけることがあるので、場合によっては削除する必要がある。

削除は通常内視鏡で行ない、それほど難しい処置ではない（回復も早い）。が、軟骨はある年齢（20代後半）を超えるともう再生しない。そのため薄くなった状態で維持することになり、変形性膝関節症にも進みやすくなる。

■変形性膝関節症（OA）

これは荷重関節の宿命とも言えるもので、スポーツ選手、一般人を問わず、圧倒的に多い。

一般的には大腿脛骨関節の軟骨がすり減るものが多いが、大腿膝蓋関節（膝のお皿の裏側）の軟骨がすり減るものもある。前者は階段の下りなどで痛み、

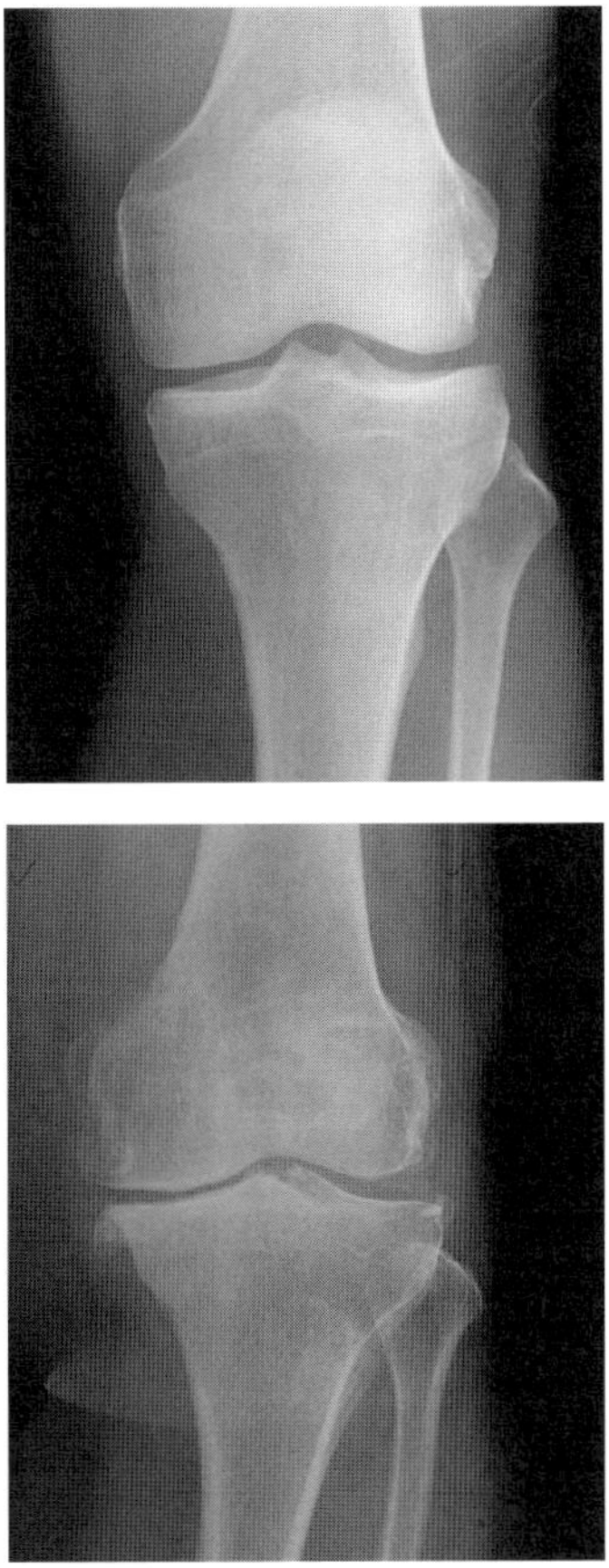

上は比較的健康な膝。下は軟骨がすり減ってしまった膝
（軟骨はX線写真に写らないので、隙間の広さで判断する）

図1．半月板損傷の様子

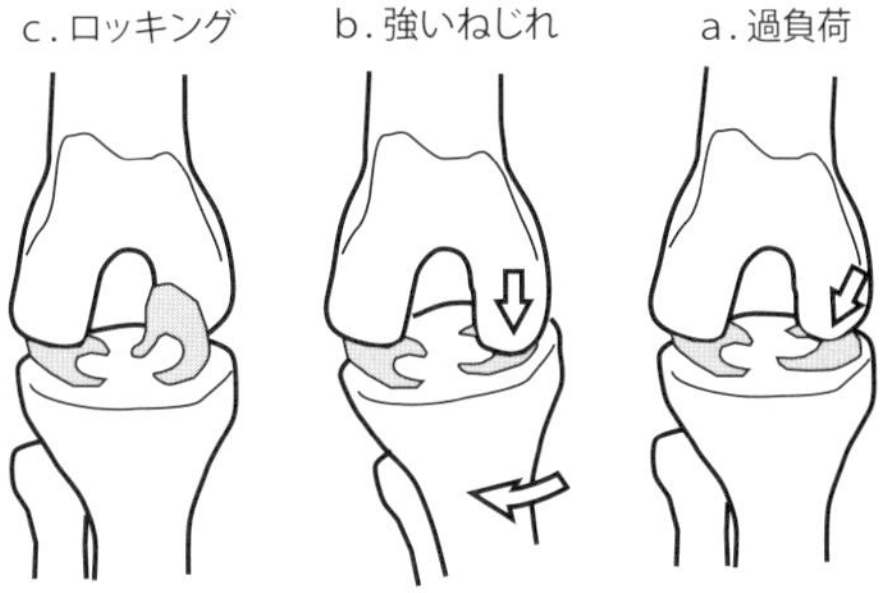

図2．半月板断裂の進行

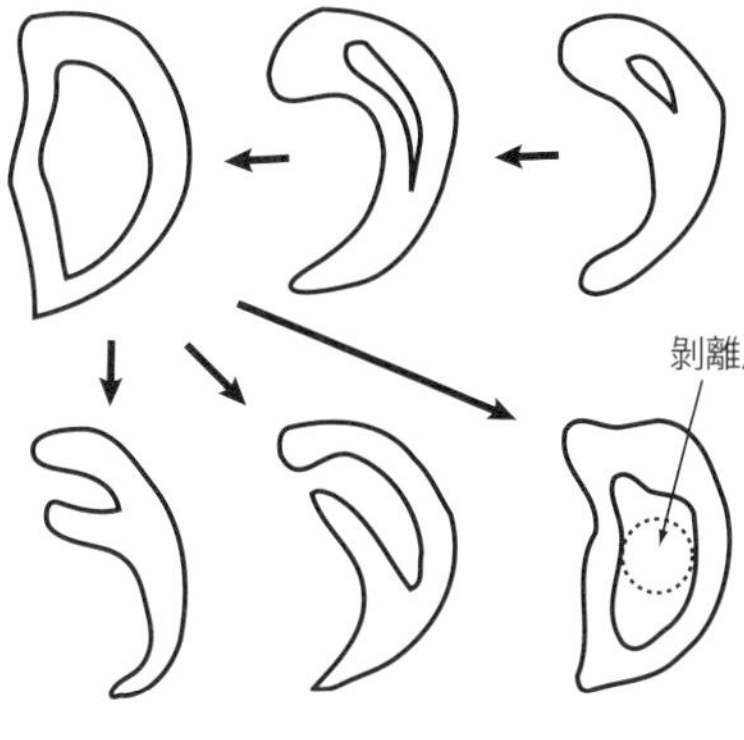

後者は上りで痛むことが多い。また膝蓋骨（上側）に腱の付着部炎症による変形性変化＝棘化が起きて、大腿四頭筋を刺激して痛むこともある。

いずれも症状は痛みと腫れ、水が溜まる、など。この引き金になるのは多くは加齢による軟骨変性だが、当初はそれだけでは痛みを感じない。しかしやがては損傷が軟骨層最深部の細胞層に達し、これが破壊されてその層の下の骨（軟骨下骨）が露出するに至る。そうなると痛みを取るのは難しく、クライミングどころではなくなってしまう。日常的な歩行にも困難をきたすことさえある。

原因は言うまでもなく度重なる加重だが、こと膝に関しては、加齢によってだいたいの人が多かれ少なかれ罹患している。そしてこうした軟骨は一度減ると元に戻ることはない。それゆえこうした関節症は多くの人の悩みでもあるのだが、特に運動をする人は靭帯損傷を受傷後、それを放置したことで不安定性が続き、罹患する場合が多い。

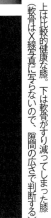

【膝痛の予防法】

膝痛（主に慢性のもの）に対する予防法を考えつくままに列挙する。

①筋力アップ

膝の安定に筋肉（大腿四頭筋）の役割は重要だ。この部分の筋力が弱り、膝を支えきれない状態で不安定な屈伸運動を繰り返せば、関節面に余計な負荷をかけることになる。逆に、充分な筋力があり安定した動きができれば、軟骨や半月板にかかる負荷は最小限に抑えられる。いったん膝のＯＡの症状が出るようになったら腿の筋力トレーニングは必要不可欠だし効果も高い。ただしこの症状は関節面が傷んでいるのだから、発症時のトレーニングはスクワットのような体重をかけるものは良くない。図1のようなものが関節への負担が少なくて勧められる。

②ストレッチ

膝も腰同様、大腿四頭筋とハムストリングス（大腿二頭筋、半腱様筋、半膜様筋など、腿の裏側の筋肉の総称）の柔軟性が重要だ（図2、3）。ただし側副靭帯損傷に備えてのねじるようなストレッチはあまり推奨されない。

③体重増加を抑える

④テーピング、サポーター

主に側副靭帯のサポートのために行なうが、この場合は補助したい側に逆側から強いテンションがかかるよう、かなり強く引っ張りつつ固定する必要がある（図4）。サポーターも同じ。

⑤ヒアルロン酸の使用

軟骨変性による変形性膝関節症の場合、ヒアルロン酸の関節内注射が明らかに有効である。ヒアルロン酸は関節栄養液（滑液）と成分が同じで、関節軟骨のスライドの強力な潤滑剤になる。膝へのこれは医療保険が適用されるので、ＯＡの進行度が初期（軟骨の損傷が深部細胞層に達していないもの）ならばぜひ勧めたい。

通常は受傷直後は1週間に1回×5回程度を、1カ月ほどの間をあけて2～3ステージ繰り返し、その後は痛みに応じて1カ月に1回程度行なう。

⑦アプローチシューズの工夫

日本人のＯＡは90％が内側型である。したがってこの内側荷重を軽減するために、シューズのインソールの外側を高くするという方法がある（図5）。これは軽症程度ならかなりの効果を得られ、登山などにも有効だ。

図2. ハムストリングスのストレッチ

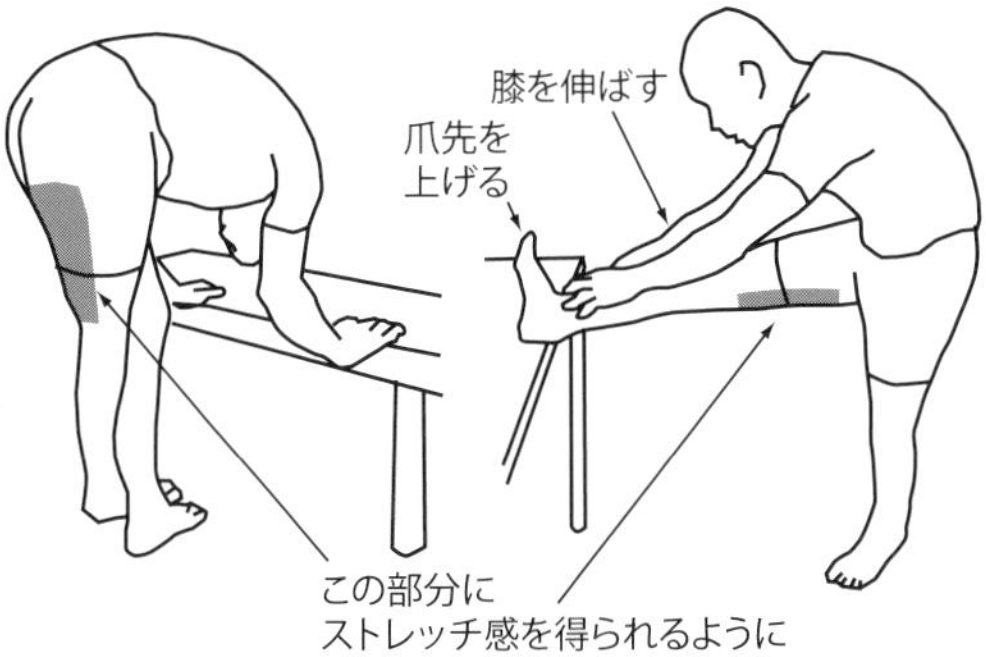

図1. 大腿四頭筋のトレーニング
（レッグ・エクステンション）

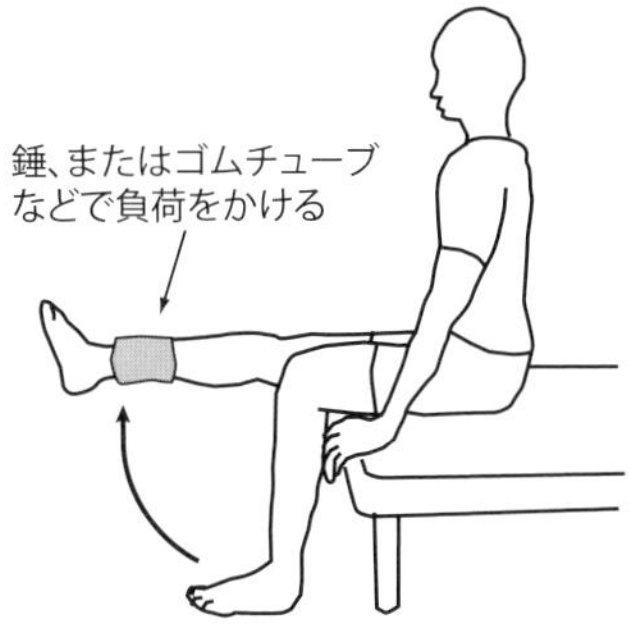

図3. 大腿四頭筋のストレッチ

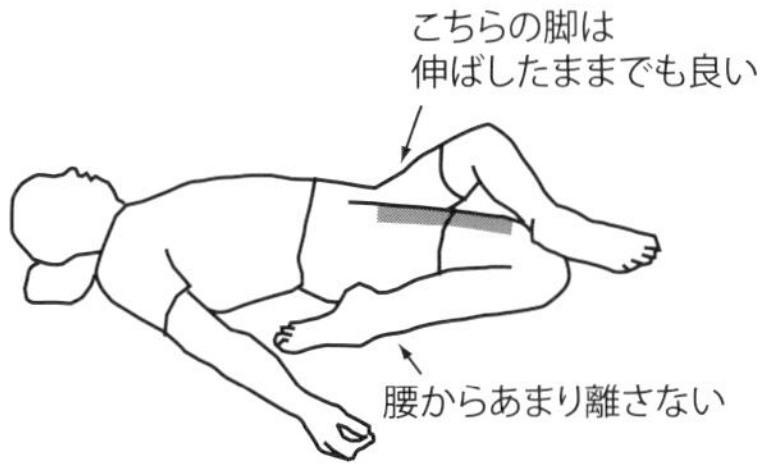

図4. 側副靭帯保護のためのテーピング

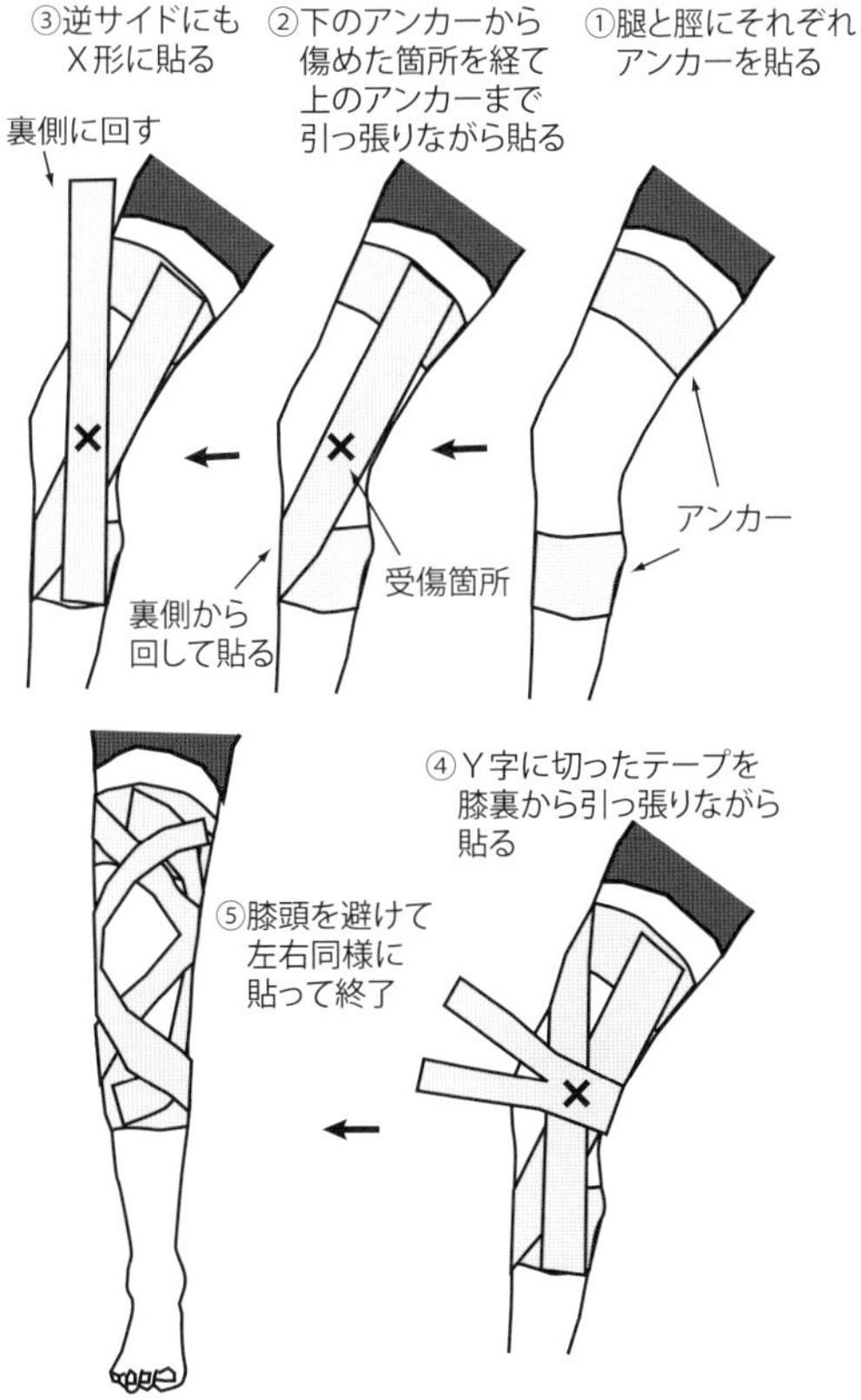

図5. 内反型変形性膝関節症の模式図

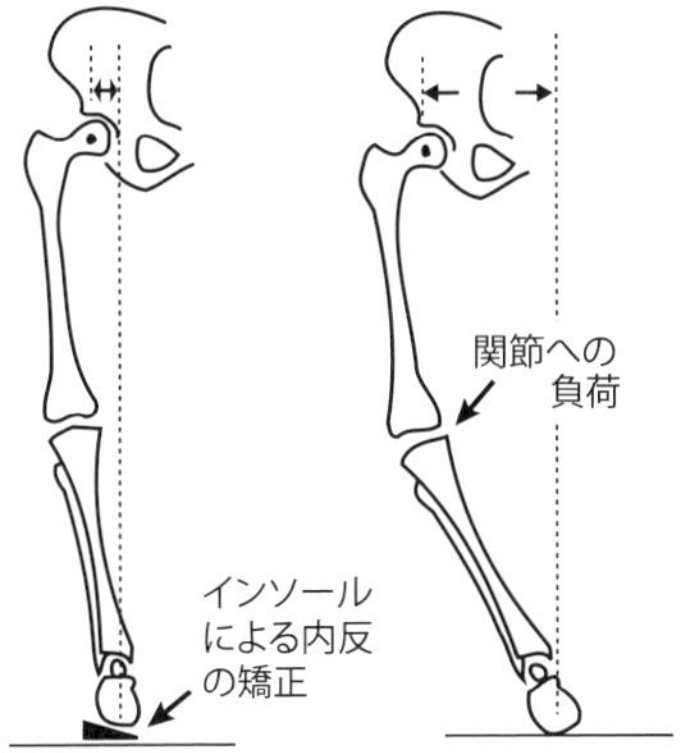

【足の障害】

■足関節靭帯損傷

ボルダリング時の不用意な着地で急増しているもので、足関節を内反（内側ひねり）して受傷するもの。この場合は外側側副靭帯損傷となる（図2）。きつめのシューズでさらにダウントゥやターンインが強いものだと足関節が内反しやすく、着地時の受傷リスクが上がる。

　症状としては外くるぶし（外果）の周囲が腫れて痛む。捻挫なので基本はアイシングと安静だが、外果骨折（剥離を含む）を起こしている可能性もあるのでX線検査はやはり必要だ。

　靭帯損傷のみの場合、関節不安定性が生じていなければテーピング固定（99ページ）による安静で治癒するが、明らかな不安定性（緩み）が見られる場合は手術を要することもある。

■踵骨骨折

やはりボルダリング落下時に踵から強く着地して受傷するもの。

　受傷すると通常は痛みで歩行不能となる。また正常な踵骨は横から見ると〝へ〟の字のような形をしているが（163ページ図）、骨折でこれが平坦な形に変形する。この変形が強いと痛みが後まで残るため、手術となることが多い。さらにアキレス腱に牽引されて腱付着部がくちばしのように剥離骨折するパターンもある。なお、距骨を骨折した場合は血流が乏しい部位ゆえ、より専門的な処置が必要になる。

　また、きついクライミングシューズの常用による外反母趾の多発も、近年問題視されている。それによると一般人での罹患率が4％なのに対し、クライマーのそれは34％に達するという。

図1．足首周辺の靭帯

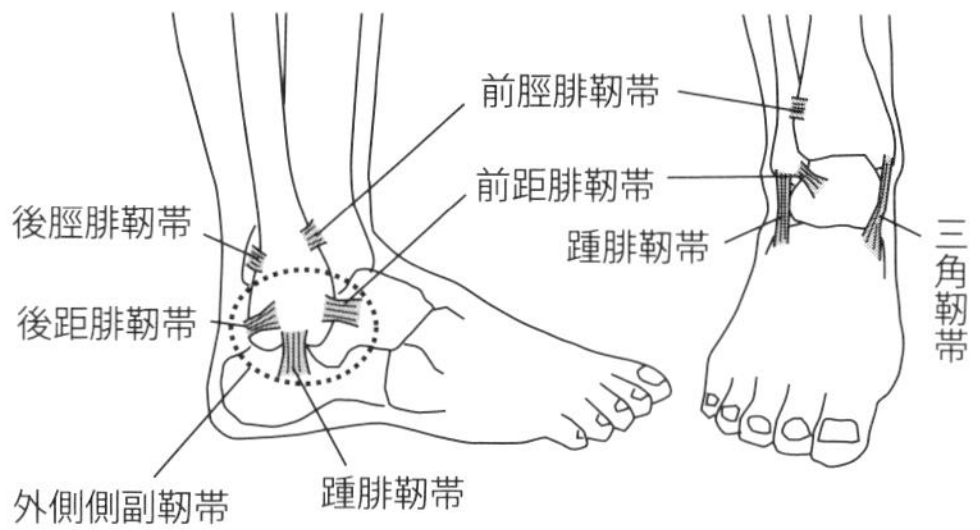

図2．外側側副靭帯
損傷の様子

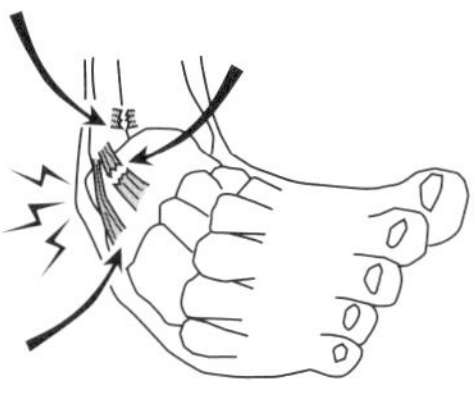

治療例

症例①（26歳、女）

症状＝ジムで深いドロップニーでアンダーを取りに行くムーブを繰り返していると、突然、バキッという轢音とともに右膝に激痛。しばらくすると曲げることも伸ばすこともできなくなった。

診断＝外側半月板の中後方の断裂。

処置＝関節鏡視下手術を行なう。

経過＝術後約1カ月は炎症性の関節水腫が続くも、約6週間後よりクライミングに復帰。軽い痛みが1年ほど残った。

症例②（35歳、男）

症状＝右膝に頻繁にロッキングと膝抜け（加重時にカクッと膝が折れてしまう）が出てくるようになり、特に立ち込みやハイステップが辛くなった。

診断＝X線検査では変形性変化は認められなかったが、関節鏡視下手術にて内側半月板の繰り返し損傷による変性断裂と軟骨加重部の損傷が認められた。

処置＝断裂した半月板を取り除き、その後、ヒアルロン酸の投与を行なう。

経過＝その後、引っかかりやロッキングの症状は消失するも、内側の痛みは完全には消失していない。

症例③（23歳、女）

症状＝コンペ中、ホールドと壁の間に左足をヒールフックした状態で股関節、膝を強く外旋させて体重保持した際に膝に衝撃を感じた。痛くて歩行不能となった。膝外側に圧痛、腫脹あり。

診断＝外側側副靭帯損傷。

処置＝ブレースによる固定を2週間。松葉杖保護で加重は許可。

経過＝3週目から可動域練習開始。6週目から軽い運動許可。3カ月で不安定性なく、クライミング可能となった。

症例④（33歳、男）

症状＝ジムで深いドロップニーから遠いホールドに向かって伸び上がろうとした瞬間、バキッと大きな音がした。ロープにぶら下がった時、膝はドロップニーをしたままの状態になっており、無理に戻そうとすると、さらにバキッと激痛が走り、そのまま動かせなくなった。

診断＝外側半月板損傷。

処置＝出先での事故だったので、3日後に帰京してから手術。

経過＝処置が遅れたため、回復～リハビリも長引き、10カ月ほどでクライミング再開。その後もドロップニーは極力やらないようにしている。

症例⑤（50歳、男）

症状＝往年のアルパインクライマー。左膝の水腫と膝抜けが続く。X線検査で両膝とも進行期の変形性変化が見られ、正座も困難な状態であった。

診断＝関節鏡にて内側半月板の摩耗と変性が認められた。

処置＝膝抜けの原因になっていると思われる断裂部を切除。

経過＝症状はなくなり水腫も治まったが、下山時などの軽い痛みは残る。

症例⑥（33歳、男）

症状＝雪山で急斜面下山中に膝に激痛。下山後自宅そばのスポーツ整形に赴くが、X線検査で問題なしと診断される。その1週間後、再び雪山で激痛が走り、急遽下山。専門の大学病院を受診する。

診断＝軟骨剝離。

処置＝即日内視鏡手術を施す。

経過＝3週間ほどの自力リハビリで、すぐに復帰。ただしその後も数年ごとに数回、軟骨が剝離し、その都度内視鏡手術を行なう。半月板のロッキングを起こしたこともあるが、そのまま経過観察で特に後遺症はなく、今に至っている。

症例⑦（48歳、男）

症状＝雪稜歩行中に滑落。右足を強く打って受傷。右足関節に腫脹と疼痛。

診断＝右距骨骨折。

処置＝受傷3日目に手術（スクリュー固定）を行なう。

経過＝術後6週間は荷重をかけることを禁止した後、7週目から徐々に歩行練習。受傷後3カ月でハイキングを開始し、4カ月目からクライミングも再開。術後1年でクライミングもほぼ問題なし。

症例⑧（39歳、女）

症状＝ボルダリング中、最後のマントリングで左ヒールが外れて落下。クラッシュパッドの隙間の岩盤に踵から落下して受傷。直後に踵の腫脹と疼痛が出現。

診断＝X線検査にて踵骨骨折と診断。

処置＝手術（整復固定術）。

経過＝6週目から加重練習を開始し、術後3カ月目からクライミング開始。僅かな踵痛が残存している。


症例⑨（45歳、男、クライミング歴20年）

症状＝外岩で外傾した足場にアウトエッジで乗り込んで思い切り伸び上がろうとした時に外側のくるぶしにクリックを伴って痛みが走る。そのまま登ろうとしたが痛くて力が入らず、テーピングをして下山。1週間ほど様子を見ていたが軽快しないので受診。

診断＝触診で長腓骨筋腱の脱臼を確認。容易に整復できるが、足首を伸ばして外に力を入れると、また脱臼してしまう。

処置＝2週間のギプス固定とその後はサポーター使用での経過観察。

経過＝8週間は安静と指示されたが、実際には6週目からクライミングを再開。ただし受傷から半年ほどは痛みと軽い脱臼感はあった。現在、4年ほど経過しているが、登るのに不自由はない。腱は脱臼位のままである。

症例⑩（15歳、女）

症状＝クライミングシューズを替えてから徐々に左母趾内側の痛みが出てきた。歩行でも痛くなるため受診した。母趾内側の突出あり、同部に圧痛あり。

診断＝X線検査にて中等度の外反母趾と診断。

処置＝ゆるめのシューズに変更。

経過＝痛みは自然消失した。

資料・参考文献

クライマーズ・ボディ　前之園多幸・菊地敏之　東京新聞出版局

クライマーズ・バイブル（上・下）　内藤直也　フロンティアスピリッツ

CLIMBING INJURIES SOLVED　Dr.Lisa Erikson

CLIMB INJURY-FREE　Dr.Jared Vagy, DPT　The Climbing Doctor

ONE MOVE TOO MANY…　V.Schoeffl　T.Hochholzer

パフォーマンス　ロック・クライミング　D・ゴダード、U・ノイマン　山と溪谷社

運動生理学概論　浅野勝己編著　杏林書院

THE SPORTS MEDICINE BIBLE　中嶋寛之監訳　ナップ

スポーツ生理学の基礎知識　チームO^2　山海堂

筋肉はふしぎ　杉晴夫　講談社ブルーバックス

関節はふしぎ　高橋長雄　講談社ブルーバックス

細胞を読む　山科正平　講談社ブルーバックス

乳酸を活かしたスポーツトレーニング　八田秀雄　講談社

最新スポーツストレッチング　上水流洋　成美堂出版

運動神経がよくなる本　白石豊　光文社

スポーツ運動学　クルト・マイネル　大修館書店

スポーツ傷害　予防・処置・リハビリ　中嶋寛之、他　西東社

スポーツ選手の応急手当　三宅公利　大泉書店

実戦スポーツケア　中山明善、他　山海堂

困ったときのスポーツ障害治療ガイド　丹羽幸一　洋泉社

図解スポーツ・リハビリテーション　小山郁　山海堂

ウイダー・スポーツ・ニュートリション・バイブル　森永製菓

エイジレス・アスリート　リチャード・A・ウィネット　ベースボール・マガジン社

アンチ・ドーピングの基本　第一東京弁護士会スポーツ法研究部会編　同文舘出版

スポーツ・アイシング　山本利春、他　大修館書店

キネシオテーピング　全国キネシオテーピング協会編　スキージャーナル

SUPERテーピングテクニック　ソニー企画／メジャー・トレーナーズ　永岡書店

「肩」に痛みを感じたら読む本　鈴木一秀　幻冬舎

投球障害肩　こう診てこう治せ　筒井廣明、他　メジカルビュー

肩バイブル　手塚一志　ベースボール・マガジン社

ハードコア人体実験室『ロック&スノー』22〜39号　新井裕己　山と溪谷社

トレーニング究極理論『ロック&スノー』27号　新井裕己　山と溪谷社

クライミング障害を防ぐ『ロック&スノー』20〜27号　加藤勝行　山と溪谷社

菊地敏之 きくち・としゆき

1960年神奈川県生まれ。フリーからアルパインまで様々な分野で活躍。元クライミングジャーナル編集長。現日本山岳ガイド協会フリークライミング・インストラクター。著書に『最新クライミング技術』『我々はいかに石にかじりついてきたか』『クライマーズ・ボディ』(東京新聞出版局)、『新版関東周辺の岩場』『新版日本の岩場』(白山書房)、『日本マルチピッチ・フリークライミングルート図集』(山と溪谷社) など。

前之園多幸 まえのその・かずゆき

1959年奈良県生まれ。北里大学医学部卒。80年代の日本のフリークライミング揺籃期から現在まで、長年にわたってフリークライミングに関わる。現在、奈良県広陵町で「まえのその医院」を開業。登る整形外科医として、関西方面のクライマーの相談役として親しまれている。

六角智之 ろっかく・ともゆき

1962年群馬県生まれ。千葉大学医学部卒。千葉市立青葉病院診療局長。専門は整形外科、手外科、スポーツ医学。クライミング歴30年のファンクライマー。日本山岳・スポーツクライミング協会理事、IFSC Med Com memberとして、コンペティターたち(主にユース選手)の健康管理に日々心血を注いでいる。

*本書は、2005年に東京新聞出版局より刊行された『クライマーズ・ボディ』をもとに再編集したものです。

カバーデザイン＝野村勝善＋HANA*Co
校正＝末吉桂子

クライマーズ
コンディショニング ブック

2019年7月1日　初版第1刷発行
2019年8月1日　初版第2刷発行

著　者　菊地敏之

監　修　前之園多幸
六角智之

発行人　川崎深雪

発行所　株式会社 山と溪谷社
〒101-0051
東京都千代田区神田神保町1丁目105番地
http://www.yamakei.co.jp/

印刷・製本　図書印刷株式会社

●乱丁・落丁のお問合せ先
山と溪谷社自動応答サービス ☎03-6837-5018
受付時間／10:00-12:00、13:00-17:30(土日、祝日を除く)
●内容に関するお問合せ先
山と溪谷社 ☎03-6744-1900(代表)
●書店・取次様からのお問合せ先
山と溪谷社受注センター ☎03-6744-1919　FAX 03-6744-1927

*定価はカバーに表示してあります。

ISBN978-4-635-16024-7